westermann

FiNALE Prüfungstraining

Zentralabitur **2019**

Geschichte

Nordrhein-Westfalen

Sabine Castelli
Peter Kock

FiNALEonline.de

Liebe Abiturientin, lieber Abiturient,

FiNALEonline.de ist die optimale Ergänzung zu diesem Abiturtrainer. Hier finden Sie:

- die Original-Prüfungsaufgaben 2018 nach Eingabe des Codes: **GE6K5W9**
- eine Abi-Checkliste für die effektive Zeitplanung
- allgemeine Tipps zur Prüfungsvorbereitung

Einfach mal reinschauen: www.finaleonline.de

westermann GRUPPE

Druck A[1] / Jahr 2018
Alle Drucke der Serie A sind im Unterricht parallel verwendbar.

Redaktion: lüra – Klemt & Mues GbR, Wuppertal
Kontakt: finale@westermanngruppe.de
Layout: Druckreif! Sandra Grünberg, Braunschweig
Umschlaggestaltung: Janssen Kahlert Design & Kommunikation, Hannover
Umschlagfoto: Peter Wirtz, Dormagen
Druck und Bindung: westermann druck GmbH, Braunschweig

ISBN 978-3-7426-**1918**-1

Inhaltsverzeichnis

Arbeiten mit Finale ... 5

Informationen und Tipps zur Prüfung

Die schriftliche Abiturprüfung im Fach Geschichte ... 7

Tipps zur Arbeitsorganisation ... 13

Basiswissen

IF 6.1: Nationalismus, Nationalstaat und deutsche Identität im 19. und 20. Jahrhundert 16

Die „Deutsche Frage" im 19. Jahrhundert ... 16
Der Nationalstaatsgedanke am Beispiel Deutschlands ... 19
Die deutsche Revolution 1848/49 ... 25
Der Nationalstaatsgedanke am Beispiel eines anderen Landes: Polen ... 29
„Volk" und „Nation" im Kaiserreich ... 31
Reichsgründung von oben: Innen- und außenpolitische Grundlagen des Deutschen Kaiserreichs ... 31
Die Gründung des Deutschen Reichs ... 35

IF 4: Die moderne Industriegesellschaft zwischen Fortschritt und Krise ... 40

Die „Zweite Industrielle Revolution" und die Entstehung der modernen Massengesellschaft ... 40
Die „Erste Industrielle Revolution" ... 40
Die Herausbildung der modernen Massengesellschaft und die „Soziale Frage" ... 43
Fokusthema 2018: Veränderung der Lebenswirklichkeit für die Industriearbeiterschaft in den Bereichen Arbeit und soziale Sicherheit
Vom Hochimperialismus zum ersten „modernen" Krieg ... 45
Die Außenpolitik des Kaiserreichs unter Bismarck ... 45
Das Ende des Kaiserreichs – Politik unter Wilhelm II ... 49
Die imperialistische Expansion ... 54
Fokusthema 2018: Merkmale, Motive, Ziele, Funktionen und Formen des Imperialismus am Beispiel Afrikas
Ursachen des Ersten Weltkriegs ... 58
Der Erste Weltkrieg als „moderner" Krieg ... 61
Das Epochenjahr 1917 ... 63
Kriegsende und politischer Umbruch in Deutschland ... 64

IF 5: Die Zeit des Nationalsozialismus – Voraussetzungen, Herrschaftsstrukturen, Nachwirkungen und Deutungen ... 67

Politische und ideologische Voraussetzungen des Nationalsozialismus ... 67
Die Weimarer Republik ... 67
Ursachen und Folgen der Weltwirtschaftskrise: Scheitern der Weimarer Republik ... 70
„Volk" und „Nation" im Nationalsozialismus ... 73
Die Herrschaft des Nationalsozialismus in Deutschland und Europa ... 74
Nur LK: NS-Wirtschaftspolitik ... 77
Fokusthema: Nur LK: NS-Außenpolitik bis 1939 ... 78
Der Zweite Weltkrieg ... 81
Der Völkermord an den europäischen Juden ... 85
Widerstand ... 87

Fokusthema 2018: Motive und Formen der Unterstützung, der Anpassung und des Widerstands (Hinweis: Vergangenheitspolitik und -bewältigung, s. IF 7, S. 131 ff.)

IF 6.2: Nationalismus, Nationalstaat und deutsche Identität im 19. und 20. Jahrhundert ... 91

Nationale Identität unter den Bedingungen der Zweistaatlichkeit in Deutschland ... 91
Die Nachkriegsjahre 1945–1949 ... 91
Das Grundgesetz und die Gründung der BRD ... 91
Die Ära Adenauer – BRD 1949–1969 ... 94
Die BRD 1969–1989 ... 100
Neue deutsche Ostpolitik im Rahmen der internationalen Entspannungspolitik ... 103
Entstehung und gesellschaftspolitische Entwicklung der DDR ... 105
Die DDR 1949–1971 ... 108
Die DDR 1971–1989 ... 111
Die Überwindung der deutschen Teilung im friedlichen Revolutionsjahr 1989 ... 113
Die Vereinigung der beiden deutschen Staaten 1989/1990 ... 116

IF 7: Friedensschlüsse und Ordnungen des Friedens in der Moderne ... 121

Nur LK: **Multilateraler Interessenausgleich nach dem Dreißigjährigen Krieg** ... 121
Europäische Friedensordnung nach den Napoléonischen Kriegen ... 123
Der Wiener Kongress ... 125
Internationale Friedensordnung nach dem Ersten Weltkrieg ... 126
Der Versailler Vertrag ... 127
Frieden nach dem Zweiten Weltkrieg ... 130
Die Potsdamer Konferenz und die Folgen ... 130
Nur LK: Flucht und Vertreibung ... 136
Fokusthema 2018: Umgang mit dem Nationalsozialismus in den Besatzungszonen
Die bipolare Welt nach 1945 – der Kalte Krieg ... 138
Der Prozess der europäischen Einigung bis zur Gründung der Europäischen Union ... 146

Beispiele für Prüfungsaufgaben

Beispiel 1: Leistungskurs, Aufgabentyp A ... 149
Methode: Eine Karikatur interpretieren ... 149
Beispiellösung zu Prüfungsbeispiel 1 ... 151
Beispiel 2: Leistungskurs, Aufgabentyp A ... 157
Methode: Eine politische Rede interpretieren ... 157
Beispiellösung zu Prüfungsbeispiel 2 ... 160
Beispiel 3: Grundkurs, Aufgabentyp B ... 168
Methode: Sekundärliteratur interpretieren ... 168
Beispiellösung zu Prüfungsbeispiel 3 ... 171

Ausgewählte Originalprüfungen 2017

Prüfung 1: Leistungskurs, Aufgabentyp A (IF 4, 5, 7) ... 175
Prüfung 2: Leistungskurs, Aufgabentyp A (IF 6) ... 182
Prüfung 3: Grundkurs, Aufgabentyp B (IF 4) ... 189
Prüfung 4: Grundkurs, Aufgabentyp A (IF 5, 6) ... 194
Prüfung 5: Mündlich, Aufgabentyp A (IF 4) ... 201
Prüfung 6: Mündlich, Aufgabentyp B (IF 5) ... 206

Arbeiten mit FiNALE

FiNALE Prüfungstraining Geschichte unterstützt Sie praxisnah bei der Vorbereitung auf die schriftliche, aber ggf. auch auf eine mündliche Abiturprüfung im Fach Geschichte. Der Praxisteil stellt zu beiden Schwerpunktbereichen authentische Aufgaben zur Verfügung, die auf die Aufgabentypen des Abiturs 2019 abgestimmt sind. Sie finden im Buch zudem die schriftlichen Originalprüfungen 2017, versehen mit Erklärungen und beispielhaften Lösungen.
Sobald die Originalprüfungen 2018 zur Veröffentlichung freigegeben sind, können Sie die Unterlagen dafür unter **www.finaleonline.de** abrufen. Auf der Website steht ferner eine Übersicht bereit, die Ihnen dabei hilft, Ihre Lerneinheiten im Vorfeld der Abiturprüfung zu planen.

So bereitet Sie FiNALE auf das Abitur im Fach Geschichte vor:
- Die „Informationen und Tipps zur Prüfung" fassen die wichtigsten Aspekte zur Vorbereitung der Prüfung zusammen. Sie lernen Operatoren und Anforderungsbereiche sowie die Bewertungskriterien zu Inhalten und Darstellungsleistungen kennen. Wertvolle Tipps helfen, Punkte zu sammeln.
- Das „Basiswissen" bietet Ihnen einen präzisen Überblick zu den abiturrelevanten Inhaltsfeldern des Zentralabiturs. Überblicksinformationen zu allen Inhalten, Übersichten zu historischen Ereignissen und Personen, Begriffserläuterungen, Schaubilder, Hinweise auf Forschungsmeinungen sowie zentrale Zitate machen geschichtliches Wissen anschaulich. Kästen mit Informationen oder Tipps weisen auf Wesentliches hin. Schnell finden Sie so das Wissen, das Sie brauchen.
- Die „Beispiele für Prüfungsaufgaben" sind so konzipiert, dass Sie die wichtigsten Prüfungsformate kennen lernen: den Umgang mit historischen Text- und Bildquellen sowie wissenschaftlicher Sekundärliteratur. Es wird Ihnen deutlich, was die Operatoren beim konkreten Beispiel verlangen, und Stichpunkte erklären die inhaltlichen Erwartungen.
- Sollten Sie „Geschichte als mündliches Prüfungsfach" gewählt haben, finden Sie zwei mögliche Prüfungstexte und -verläufe in diesem Trainer. Die Prüfungstexte werden mit Übersichtsinformationen zu erwarteten Lösungen präsentiert. Dazu kommen zwei denkbare Verläufe eines Prüfungsgesprächs, das unterschiedliche Inhaltsfelder des Fachs abdecken muss. Sie erfahren, was von Ihnen erwartet wird, und Sie bereiten Ihre mündliche Prüfung gezielt vor.
- Die ausgewählten „Originalprüfungen des Zentralabiturs NRW 2017" zeigen Ihnen Prüfungsaufgaben mit Materialien, Hinweise zu den erwarteten Lösungen sowie ein weitgehend ausformuliertes Lösungsbeispiel.

Mit FiNALE können Sie sich gezielt Ihren Bedürfnissen entsprechend vorbereiten, aber auch einen Überblick über die gesamte Abiturprüfung in Geschichte erhalten.

Wir wünschen Ihnen viel Erfolg!

Informationen und Tipps zur Prüfung

Aktuelle Informationen zur Abiturprüfung, die Sie sich unbedingt anschauen sollten: https://www.standardsicherung.schulministerium.nrw.de/cms/zentral-abitur-gost, → Fächer → Geschichte

Die Abiturprüfungen im Fach Geschichte orientieren sich am Kernlehrplan sowie an den Vorgaben zum Zentralabitur, die Sie jeweils aktuell auf der angegebenen Internetseite finden. Der inhaltliche Schwerpunkt der Vorgaben liegt auf der Geschichte des 19. und 20. Jahrhunderts. Zugleich sollen Sie im Verlauf des Geschichtsunterrichts Wissen und Können in den Bereichen Sachkompetenz, Methodenkompetenz, Urteils- und Handlungskompetenz erworben haben. Dies bedeutet insbesondere, dass Sie:
- Merkmale von Epochen und historischen Sachverhalten sowie zentrale historische Begriffe, Personen und Strukturen kennen,
- den fachlich korrekten Umgang mit Medien und Materialien des Faches Geschichte (z. B. historische Text- und Bildquellen, darstellende Texte, Materialarten unterscheiden, Perspektivität erkennen) beherrschen,
- sich mit kritischer Distanz ein Urteil über Aussagen zu historischen Sachverhalten bilden und auch begründet wertend mit Positionen auseinandersetzen können,
- Ihre Kenntnisse und Fähigkeiten einsetzen können, um eigenständige Formen zu entwickeln, die historischen Sachverhalte darzustellen oder zu diskutieren.

Das inhaltliche Wissen, das während der Oberstufe im Fach Geschichte erworben werden soll, ist in sieben **Inhaltsfelder** gegliedert. Die IF 1 bis 3 sind Gegenstand der Einführungsphase und in Bezug auf die Inhalte nicht relevant für die Abiturprüfung. Im **Zentralabitur** werden nur die **IF 4 bis 7** zugrunde gelegt, denen jeweils mehrere inhaltliche Schwerpunkte zugeordnet sind. Sie finden alle Fachinhalte zu den IF 4 bis 7 im Basisteil des FiNALE Prüfungstrainers. Die Darstellung der historischen Zusammenhänge folgt hier weitgehend einer chronologischen Anordnung. Wie sie den Inhaltsfeldern zuzuordnen sind, können Sie dem Inhaltsverzeichnis auf Seite 3f., aber auch den Kapiteln entnehmen.
Im Zentralabitur werden darüber hinaus jährlich **Fokussierungen** vorgenommen. Sie dienen dazu, die inhaltlichen Voraussetzungen für die Abitur-Prüfungen zu vereinheitlichen. Die Prüfungen können sich jedoch auf die gesamten inhaltlichen Vorgaben der IF 4 bis 7 beziehen. Sich bei der Vorbereitung nur auf die Fokus-Themen zu konzentrieren, ist nicht ratsam. Sie finden dennoch zu jedem dieser Fokusthemen Informationen im Basisteil.

Tipp zum Punktesammeln

Die Aufgabenstellungen insbesondere im Leistungskurs verlangen oftmals Bezüge über Epochen- oder Themengrenzen hinweg. Vergegenwärtigen Sie sich die größeren historischen Entwicklungen, wie z. B. die „Deutsche Frage“, als Beispiel für die Entstehung und Entwicklung des Nationalstaats.

Die schriftliche Abiturprüfung im Fach Geschichte

Sie haben im Grundkurs und im Leistungskurs die Auswahl zwischen je **drei Prüfungsvorschlägen.** In den schriftlichen Abiturprüfungen sind folgende Aufgabenarten üblich:

A1: Interpretation sprachlicher oder nichtsprachlicher historischer Quellen mit gegliederter Aufgabenstellung.

B1: Analyse von Sekundärliteratur und kritische Auseinandersetzung mit ihr mit gegliederter Aufgabenstellung.

Dieser FINALE-Prüfungstrainer bietet Ihnen Beispiele für entsprechende Prüfungsaufgaben mit detaillierten Erläuterungen, was von Ihnen erwartet wird.
Die zu bearbeitenden Materialien sind historische Text- oder Bildquellen (z. B. Karikaturen, Plakate) bzw. Auszüge aus (meist wissenschaftlicher) Sekundärliteratur.

Tipp zum Punktesammeln

Die gegliederten Aufgabenstellungen umfassen jeweils die drei Ihnen vertrauten Anforderungsbereiche.
Die Aufgaben 1 und 2 haben häufig eine etwas höhere Maximalpunktzahl (z. B. je 28 Punkte), die Aufgabe 3 eine leicht geringere (z. B. 24 Punkte).
Eine **gute oder sehr gute Leistung** können Sie nur mit einer guten Leistung im Anforderungsbereich III erzielen. Für ein ausreichendes Gesamtergebnis benötigen Sie ein Mindestmaß an Punkten aus dem Anforderungsbereich II.

Die Anforderungsbereiche und Operatoren

Anforderungsbereich I: Reproduktion
Im Wesentlichen zeigen Sie in der ersten Aufgabe, dass Sie das vorgelegte Material „verstanden“ haben, indem Sie es anhand der formalen Kriterien vorstellen. In der inhaltlichen Analyse geben Sie die zentralen Aussagen wieder bzw. beschreiben z. B. Bildelemente.

Anforderungsbereich II: Reorganisation und Transfer
In der zweiten Aufgabe wenden Sie Ihr historisches Wissen auf das Material und die in der Aufgabe geforderten Sachverhalte an. Sie ordnen ein, erklären oder erläutern mit Bezug zu historischen Beispielen und Entwicklungen, die Sie detailliert kennen sollten.

Anforderungsbereich III: Reflexion und Problemlösung
Der dritte Anforderungsbereich erfordert von Ihnen Ausführungen, die in ein Sach- oder Werturteil auf der Grundlage einer kritischen Auseinandersetzung münden. Hier fließen die Ergebnisse aus den beiden vorherigen Aufgabenbereichen zusammen und Sie schließen die Interpretation unter Berücksichtigung Ihres Wissens und des Gesamtzusammenhangs ab.

Dabei können Sie (zusätzlich) aufgefordert sein, historische Aussagen, historisches Handeln oder Positionen der Wissenschaft zu überprüfen oder zu vergleichen bzw. sich ein Urteil zu bilden.

Es ist eine Liste mit Operatoren vorgegeben, die in Klausuren und Prüfungen Anwendung finden. Zur Erläuterung finden Sie in der folgenden Übersicht einige Hinweise bzw. Hervorhebungen.
Eine genaue Beschreibung dessen, was von Ihnen verlangt wird bzw. wie Sie vorgehen können, erhalten Sie bei den Erläuterungen zu den Beispielen für Prüfungsaufgaben in diesem FINALE-Band.

Tipp zum Punktesammeln

Sie müssen die einzelnen Anforderungen kennen, die die Operatoren an Sie richten. Folgende Operatoren werden am häufigsten verwendet:
analysieren, einordnen, erklären, erläutern, beurteilen, bewerten, sich auseinandersetzen, vergleichen.

Operator	**Beschreibung: Was ist zu tun?**	**AFB**
nennen	zielgerichtet Informationen, Sachverhalte, Merkmale zusammentragen, ohne diese zu kommentieren	I–II
beschreiben	Merkmale/Aspekte eines Sachverhalts oder eines Materials (z. B. eines historischen Bildes) detailliert darstellen	I–II
zusammenfassen	historische Sachverhalte und Aussagen unter Beibehaltung des Sinnes auf Wesentliches reduziert darstellen *Aussagen im Material sollen wiedergegeben werden, in eigenen Worten zusammengefasst.*	I–II
analysieren, untersuchen	formale Merkmale von Materialien untersuchen und Inhalt bzw. Gedankengang in Textquellen und Darstellungen wiedergeben bzw. Bildelemente beschreiben *In der Regel bearbeiten Sie den Operator „analysieren" in der <u>ersten Aufgabe.</u> Er gehört überwiegend zum Anforderungsbereich II, da es hier um die systematische Erschließung des Materials geht. Dies verlangt bereits Elemente der Reorganisation, da Sie z. B. den Gedankengang oder die Argumentationsstruktur strukturiert und aspektgeleitet (d. h. nicht einfach linear) darstellen sollen.*	überw. II

begründen	Aussagen (z. B. Urteil, These, Wertung) durch Argumente stützen, die auf historischen Beispielen und anderen Belegen gründen	überw. II
einordnen	einen oder mehrere historische Sachverhalte in einen historischen Zusammenhang stellen *Das zu bearbeitende Material soll in die engere und weitere historische Entwicklung eingeordnet werden. Dabei geht es um den konkreten Zeitpunkt der Entstehung bzw. des beschriebenen Sachverhalts sowie um die Entwicklungen und Prozesse, die zu diesem Sachverhalt in eine begründete Beziehung gesetzt werden können. Dies sind Aspekte, die zeitlich vorher und nachher stattgefunden haben. Eine begründete Beziehung bedeutet dabei immer, sich unmittelbar auf das Material zu stützen. Vermeiden Sie „Nacherzählungen“ historischer Entwicklungen, die losgelöst vom Material sind.*	überw. II
erläutern	historische Sachverhalte durch Wissen und Einsichten in einen Zusammenhang einordnen und durch zusätzliche Informationen und Beispiele verdeutlichen *Sie erläutern einen historischen Sachverhalt, indem Sie Ihr Vorwissen darauf anwenden und dessen Bedeutung für einen Gesamtzusammenhang darstellen. Es geht dabei um die Verwendung weiterer Beispiele zur Erläuterung eines Geschehens oder eines Prozesses, die Sie möglichst detailliert kennen sollten.*	überw. II
herausarbeiten	aus Materialien bestimmte historische Sachverhalte herausfinden, die nicht explizit genannt werden, und Zusammenhänge zwischen ihnen herstellen	überw. II
charakterisieren	historische Sachverhalte in ihren Eigenarten beschreiben und diese dann unter einem bestimmten Gesichtspunkt zusammenfassen	II–III
entwickeln	auf der Grundlage erarbeiteter Ergebnisse zu einer eigenen Deutung gelangen; dabei gewonnene Analyseergebnisse verwerten, <u>um in einem vorgegebenen Textformat (z. B. Rede, Leserbrief, Diskussionsbeitrag)</u> zu einer eigenen Deutung zu gelangen	II–III
vergleichen	auf der Grundlage von Kriterien historische Sachverhalte problembezogen gegenüberstellen, um Gemeinsamkeiten, Unterschiede, Teil-Identitäten, Ähnlichkeiten, Abweichungen oder Gegensätze zu beurteilen	II–III

	Diese Aufgabe mündet in eine Beurteilung, die Sie auf der Grundlage der strukturierten Abwägung von Gemeinsamkeiten und Unterschieden abgeben	
beurteilen	den Stellenwert historischer Sachverhalte in einem Zusammenhang bestimmen, um ohne persönlichen Wertebezug zu einem begründeten Sachurteil zu gelangen *Das Sachurteil verlangt von Ihnen eine Beurteilung des Handelns oder von Positionen in einer historischen Situation ohne Ihre persönliche Stellungnahme. Die Beurteilung kann zustimmend, relativierend und differenzierend oder ablehnend ausfallen.*	III
bewerten	wie beurteilen, aber zusätzlich mit Offenlegen und Begründen eigener Wertmaßstäbe, die Pluralität einschließen und zu einem Werturteil führen, das auf den Wertvorstellungen des Grundgesetzes basiert *Mit der Anwendung eigener Wertmaßstäbe gelangen Sie zu einem Werturteil, das aus Ihrer Perspektive historisches Handeln, eine Position oder eine Darstellung beurteilt.*	III
Stellung nehmen	eine Problemstellung / eine Bewertung / eine Position auf der Grundlage fachlicher Kenntnisse prüfen und nach sorgfältiger Abwägung eine Einschätzung formulieren	III

Die Bewertungskriterien

Die inhaltliche Leistung

Zur Bewertung der Abiturklausuren erhalten die Lehrkräfte Vorgaben. Diese bestehen aus erwarteten **Teilleistungen für jede Aufgabe,** die nach detaillierten **Kriterien** bepunktet werden. Dabei können bis zu vier Punkte für Einzelleistungen z. B. im Bereich der formalen Analyse vergeben werden oder Punkte entsprechend eines **Orientierungsrahmens.** Die Punktzahl bemisst sich hierbei z. B. am Grad der Ausführlichkeit und der Korrektheit der Leistungen. Der Lehrkraft werden innerhalb dieses Orientierungsrahmens Kriterien für die volle und die halbe Punktzahl für eine Teilleistung vorgegeben.

Tipp zum Punktesammeln

Punkte werden innerhalb der Aufgaben auch für Teilleistungen vergeben, deren Gliederung sich oftmals aus der Formulierung der Aufgabenstellung ergibt. Es werden z. B. zwei Operatoren verwendet oder historische Aspekte aufgezählt.
Sie sollten diese Angaben in den Aufgabenstellungen beachten: Dementsprechend können Sie Ihre eigenen Ausführungen gliedern, sodass Sie Ihrer Darstellung eine Struktur geben, die sich – wie gesagt – häufig aus der Aufgabenstellung ergibt.
*Beispiel für eine **Aufgabe 2** mit der Gesamtpunktzahl 28:*
Interpretieren Sie die Quelle, indem Sie sie in den zeitlichen Zusammenhang einordnen (14 Punkte) und die für die Argumentation des Verfassers relevanten historischen Bezüge genauer erläutern (14 Punkte).
(aus: Abiturprüfung NRW 2014, Grundkurs, Vorschlag HT 1)

Die Darstellungsleistung

Neben den inhaltlichen Kriterien gibt es vorgegebene, für alle Prüfungsaufgaben identische Kriterien zur Bewertung der Darstellungsleistung. Diese umfasst 20 Punkte, demnach 20 Prozent der Gesamtpunktzahl, die Ihr Gesamtergebnis erheblich beeinflussen können. Die Darstellungsleistung gliedert sich in folgende Aspekte auf:

Anforderungen	Mögliche Punkte
Der Prüfling …	
strukturiert seinen Text schlüssig, sowie gedanklich klar und bezieht sich dabei genau und konsequent auf die Aufgabenstellung. *Achten Sie auf die Gliederung Ihrer Aufgabenbearbeitung. Sie kann sich oftmals aus der Aufgabenstellung ergeben. Benennen Sie klar, welchen Aspekt Sie bearbeiten, sodass Ihre Ausführungen nachvollziehbar sind. Der Bezug zur Aufgabenstellung ergibt sich aus den Operatoren und den inhaltlichen Bezügen: Vermeiden Sie es, lange Darstellungen ohne einen Materialbezug zu verfassen, sondern beziehen Sie sich konsequent auf Aussagen aus dem Material.*	**5**

bezieht beschreibende, deutende und wertende Aussagen schlüssig aufeinander. *Es geht hier um Ihre Fähigkeit, die einzelnen Arbeitsschritte zu unterscheiden und schließlich zu einer Gesamtinterpretation zusammenzuführen. Ihre Erklärungen zu historischen Sachverhalten sowie Ihre urteilenden Aussagen müssen auf den Ergebnissen der Analyse gründen und sich genau aufeinander beziehen.* *Beispielsweise wären Ihre Ausführungen nicht schlüssig, wenn Sie ohne Bezug zur vorherigen Darstellung ein sachliches oder wertendes Urteil aus einer persönlichen Meinung heraus abgäben.*	**4**
belegt seine Aussagen durch angemessene und korrekte Nachweise (Zitate, Bezüge u. a.). *Sie müssen mit dem Material arbeiten und Ihre Aussagen belegen. Beachten Sie dabei dies:* *– Verwenden Sie möglichst kurze Zitate bzw. zitierte Begriffe.* *– Zitate dürfen nicht allein stehen, ihre Verwendung und Bedeutung ist zu erklären.* *– Es müssen sich grammatisch richtige und sinnvolle Sätze ergeben.* *– Dafür notwendige Änderungen setzen Sie in eckige Klammern.* *– Zitate setzen Sie in Anführungszeichen und geben Zeilenangaben in runden Klammern an.* *– Sie können Ihre Aussagen nachweisen, indem Sie auf Passagen des Textes verweisen (z. B. vgl. Z. 7–9). Die Nachweise müssen genau sein.* *– In der ersten Aufgabe (Analyse) sollten Sie nur kurze Kernbegriffe zitieren, ansonsten Aussagen in* ***indirekter Rede*** *unter Verwendung des* ***Konjunktivs*** *wiedergeben.* *– Sie müssen in jedem Fall deutlich machen, dass es sich nicht um Ihre eigenen Aussagen handelt.* *– Wenn Sie Abschnitte zusammenfassen, geben Sie an, auf welche Passage des Textes Sie sich beziehen. In den beiden anderen Aufgaben können Sie ebenfalls Zitate verwenden und Sie müssen sich auf Textabschnitte beziehen.* *– Zitieren Sie möglichst nur Kernaussagen oder Begriffe. Nutzen Sie solche Nachweise, um Ihren Materialbezug deutlich zu machen.*	**3**
formuliert unter Beachtung der Fachsprache präzise und differenziert. *Es wird erwartet, dass Sie sich fachlich – also geschichtswissenschaftlich – korrekt ausdrücken können. Dazu verwenden Sie genaue Bezeichnungen und Fachsprache. Beispielsweise sollten Sie bei einer Diskussion von Verfassungsproblemen die Gewalten fachsprachlich präzise mit Legislative, Exekutive und Judikative benennen. Funktionsbezeichnungen handelnder Personen, Titel von Einrichtungen (z. B. Reichsverweser, Alliierter Kontrollrat) oder Forschungsbegriffe (z. B. Hallstein-Doktrin, Soziale Frage, Liberalismus, „Gefälligkeitsdiktatur“) sollten Sie korrekt anwenden.*	**4**

schreibt sprachlich richtig (Grammatik, Orthographie, Zeichensetzung) sowie syntaktisch und stilistisch sicher. *Die sprachliche Korrektheit ist Voraussetzung für eine angemessene Leistung. Ihr Satzbau muss klar sein und Sie sollten Schachtelsätze vermeiden. Der Stil sollte zudem sachlich, „wissenschaftlich-distanziert" sein. Daher müssen Ihre Aussagen „neutral" statt persönlich sein, d. h. Formulierungen wie „Ich finde/meine" o. Ä. sind nicht akzeptabel. Sie müssen auch umgangssprachliche Ausdrücke vermeiden. Desgleichen sind bildliche Sprache und ein ausschweifender, „journalistischer Stil" mit Vergleichen oder hochgestochenen Formulierungen fehl am Platze. Nutzen Sie das in der Prüfung zur Verfügung gestellte Nachschlagewerk zur Rechtschreibung zur Kontrolle in der Endkorrektur.*	**4**
Gesamtpunktzahl Darstellungsleistung:	**20**

Tipps zur Arbeitsorganisation

Die Vorbereitungen auf die Abiturprüfungen sollten Sie frühzeitig planen. Teilen Sie sich die Fächer und Inhalte anhand eines Arbeitsplans (z. B. geordnet nach Wochen bis zu den Prüfungen) auf – machen Sie nicht alles auf einmal.
Lücken, die sich beim Wiederholen oder Lernen ergeben, sollten gezielt und gesondert gefüllt werden, z. B. indem Sie bei inhaltlichen Wissenslücken mit Ihren Aufzeichnungen und dem Lehrbuchkapitel wiederholen.
Die gesamten Grundlagen können Sie gezielt mit diesem FiNALE-Prüfungstrainer wiederholen.

In der Abiturprüfung

Die Auswahl der Aufgaben

Zunächst sind Sie vor die Auswahl der Prüfungsaufgaben gestellt, für die Sie 30 Minuten Zeit haben. Entscheiden Sie nicht vorschnell, weil Ihnen etwa ein Thema besonders liegt, sondern:

- werten Sie zunächst die Aufgabenstellungen und die erforderlichen inhaltlichen Bezüge aus;
- prüfen Sie, inwieweit Sie Operatoren und inhaltliche Schwerpunkte verbinden können.

Die Zeiteinteilung während der Prüfung

Nach der Auswahl teilen Sie sich die Zeit ein:
Insgesamt stehen Ihnen **nach der Auswahlzeit**

- im **Grundkurs 180 Minuten** und
- im **Leistungskurs 255 Minuten**

zur Verfügung.

Teilen Sie diese Zeit für Ihr Konzept, die Bearbeitung und Niederschrift zu den einzelnen Aufgaben sowie für eine Endkorrektur ein.
Als **Faustregel** sollten Sie ca. ein Drittel der Bearbeitungszeit für die Analyseaufgabe einplanen und zwei Drittel für die Aufgaben 2 und 3.

Lassen Sie sich für die **Endkorrektur** mindestens **20 Minuten** Zeit. Wenn Sie für die Konzeption etwa 30 Minuten im Grundkurs und 45 Minuten im Leistungskurs veranschlagen, bleiben Ihnen für die Bearbeitung der Aufgaben im Grundkurs knapp zwei Zeitstunden (120 Minuten) und im Leistungskurs etwas mehr als drei Zeitstunden.

Tipp zum Punktesammeln

Das müssen Sie vermeiden: unstrukturiert vorgehen, vorschnell ein Fazit notieren, Stichpunkte ohne Bezug zu den Aufgaben machen. Gehen Sie so vor:

1. Lesen Sie die **Aufgabenstellung** sorgfältig. Beachten Sie die Operatoren und unterstreichen Sie die Schlüsselwörter darin: **Was genau ist gefragt?**
2. Überlegen Sie, welche inhaltlichen Schwerpunkte mit der Aufgabenstellung verbunden und was **die wichtigsten Aspekte des Themas** sind.
3. Markieren Sie in den Texten etc. die **Schlüsselbegriffe,** die einen Bezug zu diesen Aspekten haben. Erarbeiten Sie auf dieser Grundlage zunächst ein stichpunktartiges Konzept für Ihre Darstellung.
4. Stellen Sie sicher, dass Ihre Ausarbeitung die Aspekte in einer sinnvollen **Struktur** aufnimmt und dass sie **an die Aufgabenstellung anschließt.**

Ein Konzept anlegen

Es empfiehlt sich, für jeden Teil der Aufgabenstellung die wichtigsten Stichpunkte zunächst in Form eines Konzepts festzuhalten und die Gedanken dann zu gliedern, um die Reinschrift anschließend zügig anfertigen zu können.
Das Konzept hilft Ihnen, die Struktur Ihrer Texte festzulegen. Die Form muss Ihren Vorlieben entsprechen und als Liste, Tabelle o. Ä. gestaltet sein. Eine Möglichkeit, den Stoff zu ordnen, könnte z. B. sein:

- in einem **Cluster** Stichworte zur Aufgabenstellung zu sammeln oder/und
- mithilfe einer **Mind-Map** zusammengehörende Sachverhalte zu strukturieren (Oberbegriffe festlegen, anschließend Unterbegriffe zuordnen) und diese anschließend, sofern für die Aufgabenstellung relevant, farbig zu markieren.

Das Konzept bereitet die Gliederung Ihrer Ausarbeitung zu **jeder der drei Aufgabenstellungen** vor: Jede der Darstellungen muss erkennbar eine Einleitung (Hinführung zum Thema/Aufgabenstellung), einen Hauptteil (Darlegung Ihrer Argumentation) und einen Schluss (Ihr begründetes Fazit) enthalten.

Besonderheiten der mündlichen Prüfung

Wenn Sie Geschichte als mündliches Abiturfach gewählt haben, trifft der Großteil der bisherigen Aussagen auch auf Sie zu. Die Anforderungen in den unterschiedlichen Bereichen sowie Vorgaben für die Operatoren sind die gleichen.
Sie werden in der mündlichen Prüfung ebenfalls ein Material mit gegliederter Aufgabenstellung erhalten, mit dem Sie sich in knapperer Form auseinandersetzen müssen. Dazu haben Sie **30 Minuten Zeit.** Die mündliche Prüfung ist in zwei Teile gegliedert:

- Im **ersten Prüfungsteil** wird von Ihnen erwartet, dass Sie Ihre Ergebnisse zusammenhängend vortragen. Dafür stehen Ihnen etwa 10 Minuten Zeit zur Verfügung. Sie sollten einen solchen Vortrag unbedingt an Beispielen und vor anderen üben, weil es eine ungewohnte Form der Präsentation ist. Es geht hier um größtmögliche Effizienz, denn Sie müssen sich zu allen drei Aufgaben äußern. Allerdings wird in der dritten Aufgabe meist ein geringerer Umfang erwartet.
- Im **zweiten Prüfungsteil** wird dann zu einem bis drei anderen inhaltlichen Schwerpunkten übergeleitet und Sie bekommen Fragen gestellt. Die Vorgaben besagen, dass hier ebenfalls alle drei Anforderungsbereiche und verschiedene Operatoren zur Anwendung kommen sollen.
  Eine gute oder sehr gute Leistung können Sie auch hier nur erzielen, wenn Sie korrekte Antworten im Anforderungsbereich III geben.
  Die Inhalte müssen unterschiedliche Halbjahre umfassen, sodass es zu einer breiten Streuung kommen kann.

Die Beispielprüfungen in diesem Prüfungstrainer umfassen auch zwei **Beispiele mündlicher Abiturprüfungen** (S. 200 und S. 205), sodass Sie sich darauf ebenfalls gut vorbereiten können.

Basiswissen

IF 6.1: Nationalismus, Nationalstaat und deutsche Identität im 19. und 20. Jahrhundert

Die „Deutsche Frage" im 19. Jahrhundert

Die Idee der „Nation" ging entstehungsgeschichtlich mit der Idee des „Rechts auf Selbstbestimmung" der Individuen und Völker einher, der die Philosophen der Aufklärung im 18. Jahrhundert Geltung verschafften. Die Vorstellung einer „nationalen Zusammengehörigkeit" kam in Europa unter dem Eindruck der ersten Teilung Polens im Jahr 1772 auf, also bereits im Vorfeld der französischen Revolution. Der Wille zur Nation und zum Nationalstaat verband sich mit der Forderung nach politischer und sozialer Teilhabe. Der Nationalismus ist demnach eine Erscheinung der Moderne, erwachsen auch aus der Erschütterung der alteuropäischen Welt mit ihren feudal geprägten Strukturen durch die Amerikanische und die Französische Revolution.
Im späten 18. Jahrhundert entwickelte sich unter der Leitvorstellung des Nationalismus eine Befreiungsideologie, die sich gegen die ständisch organisierte Gesellschaftordnung richtete. Die staatlichen und auch die gesellschaftlichen Ordnungen in Europa veränderten sich infolgedessen im Laufe von etwa 100 Jahren völlig. Die Ständeordnung wurde beseitigt und das Bürgertum verschaffte sich gesellschaftliche Teilhabe. Den Interessen der Nation oder des Nationalstaats wurde während dieser Phase Vorrang vor allen anderen Normen und Werten eingeräumt.

Das Verständnis von „Nation"

Der Begriff „Nation" (vom lat. *nasci*, dt. „geboren werden") hat im Verlauf der Geschichte einen schillernden Bedeutungswandel erfahren. Bei den Autoren der Antike, wie beispielsweise Tacitus (röm. Historiker und Senator, 58–120), bedeutete „Nation" so viel wie „Stamm", gemeint war eine Abstammungsgemeinschaft. Andere Autoren bezeichneten mit dem Begriff aber auch die „Stämme" der Völkerwanderungszeit oder Kulturverbände, eine Homogenität im ethnischen Sinne war nicht entscheidend. Im Mittelalter umfasste „Nation" die Zugehörigkeit von Studenten und Professoren zu einer Universität. Teilnehmer kirchlicher Konzile bezeichnete man als „deutscher", „englischer", „französischer" und „spanischer" Nation. Im späten Mittelalter und in der frühen Neuzeit wurden ständische Vertretungen „Nationen" genannt, also die Gesamtheit der Abstimmungs- und damit (Mit-)Entscheidungsberechtigten bei politischen Angelegenheiten einer Region. Sie hoben sich von der großen Masse der Bevölkerung ab, die diese Rechte nicht hatte. Vorwiegend assoziierte man mit „Nation" die jeweils herrschende Schicht eines Landes, z. B. die „Adelsnation" in Polen. Als „Nationen" bezeichneten sich auch die Generalstände in Frankreich, gewählte Vertreter der Stände, die ein Mitbestimmungsrecht in Steuerangelegenheiten hatten. Das Bewusstsein des „Dritten Standes", die Nation zu repräsentieren, verband sich im Vorfeld der Französischen Revolution mit der Forderung nach Neugestaltung des politischen Lebens, nach individuellen Freiheitsrechten und politischer Mitbestimmung.

Info **Nation = Sprache?**

Noch im 18. Jahrhundert stand der Idee der Nation in fast allen Staaten Europas die Tatsache entgegen, dass eine gemeinsame, allen gleichermaßen verständliche Sprache nicht gegeben war. Einig war man sich jedoch in der Vorstellung, dass erst eine gemeinsame Sprache auf Dauer ein nationales Zusammengehörigkeitsgefühl erschaffen und bewahren könne. Deshalb gab es vielfältige Bemühungen, neben den regionalen Dialekten eine gemeinsame Hochsprache entstehen zu lassen.

Im 19. Jahrhundert gab es mehrere Argumentationslinien für eine identitätsstiftende Begründung der „Nation“, wesentlich darunter die folgenden:

- Daniel Friedrich List (1789–1846) definierte „Nation“ 1841 als einen geschlossenen **(Zentral-)Staat** mit einer hinlänglichen **Infrastruktur** und einheitlichen Voraussetzungen für Handel und Geldverkehr.
- John Stuart Mill (1806–1873) zufolge entstand eine „Nation“ durch das Gefühl der nationalen Zugehörigkeit, das durch „objektive“ Merkmale wie ethnische Zugehörigkeit, Sprache und Religion zwar gefördert, im Grunde aber eigentlich erst durch die **gemeinsame Vergangenheit** erzeugt werde.
- Ernest Renan (1823–1892) definierte „Nation“ als konstituiert durch den täglichen, **freien Akt der Zustimmung** ihrer Mitglieder, die diesen in der Regel aus einem Gefühl historischer Verbundenheit heraus erbringen würden.
- Friedrich Meinecke (1862–1954) unterschied zwischen der **„Kulturnation“** (Sprach-/Kulturgemeinschaft, z. B. Deutschland) und der „Staatsnation“ westeuropäischer Prägung (territoriale, zentral regierte Gemeinschaft, z. B. Frankreich). Strenge Unterscheidungen seien jedoch nicht möglich, die eine Auffassung gehe in die andere über.

Im 20. Jahrhundert diente die Idee der Nation unterschiedlichen politischen Strömungen als Rechtfertigung: Marxismus-Leninismus, Faschismus und die sich nach dem Zweiten Weltkrieg neu ausrichtenden Staaten folgten sehr unterschiedlichen Vorstellungen. Den Begriff der Nation verbindlich zu definieren, fällt vor dem Hintergrund seines oftmals schwierigen politischen Charakters nicht leicht.

Der Begriff „Nation“ in der Geschichtswissenschaft

Eine breite wissenschaftliche Beschäftigung mit dem Begriff „Nation“ gab es erst nach dem Ersten Weltkrieg, als sich zahlreiche Nationalstaaten neu formierten. Es konkurrierten zwei Strömungen:

- Der **ältere Forschungsansatz** umriss die Definition von „Nation“, die im 19. Jahrhundert weithin vertreten wurde: Nationen galten demnach als **gottgewollte, natürliche Einheiten**. Diese leitete man historisch ab und schrieb ihnen eine organische, seit dem Mittelalter feststellbare Entwicklung hin zu einem Höhepunkt ihres Bewusstseins und ihrer Ausprägung in der Neuzeit zu. Das Streben nach einem Nationalstaat bezog seine Legitimation aus dieser Vorstellung, ebenso ein gemeinsames, quasi unhinterfragbares Wertesystem. Dieses System nationaler Werte setzte man gleich mit einem Nationalbewusstsein. Davon abzugrenzen war der „Nationalismus“ als eine übersteigerte Form nationalen Selbstverständnisses.

- Der **jüngere Forschungsansatz** widersprach dieser Auffassung der Zwangsläufigkeit von Nationalismus und Nation. „Nation" wurde als ein **historisch und zeitlich begrenztes Phänomen** betrachtet, das sein Zustandekommen nicht einer natürlichen Entwicklung oder gar einem übernatürlichen Schöpfungsakt verdankte, sondern das auf einer allgemein geteilten Vorstellung beruhte. Erst die „Erfindung" der Nation ermögliche es dem Nationalismus, Menschen gemeinsam zu mobilisieren, um politische Ziele zu verfolgen, z. B. die Bildung eines Nationalstaats.

Dem **heutigen Verständnis** folgend bedeutet „Nation" (nach Otto Dann) eine Gesellschaft, die aufgrund gemeinsamer geschichtlicher Herkunft eine **politische Willensgemeinschaft** bildet. Eine Nation verstehe sich als **Solidargemeinschaft** und sie gehe von der **Rechtsgleichheit ihrer Mitglieder** aus. Sie sei angewiesen auf einen Grundkonsens in ihrer politischen Kultur. Nationen seien

- stets auf ein bestimmtes Territorium orientiert (sog. Vaterland) und
- ihre wichtigsten Ziele seien
  - die eigenverantwortliche Gestaltung ihrer Lebensverhältnisse,
  - politische Selbstverantwortung (Souveränität) innerhalb ihres Territoriums,
  - ein eigener Nationalstaat.

Nationalismus sei demgegenüber ein politisches Verhalten, das nicht von der Überzeugung einer Gleichheit aller Menschen und Nationen getragen sei, das fremde Völker und Nationen als minderwertig einschätzte und behandelte und den eigenen Nationalstaat über andere stellte.

Debatte Definition „Nationalismus"

Eine Definition des Begriffs „Nationalismus" fällt schwer: Die Gegenüberstellung von „Nation" versus „Nationalismus" wird in der Forschung kritisch gesehen. Der Begriff des Nationalismus ist seit der Kapitulation Deutschlands 1945 negativ besetzt. Positiv gefasst könnte man von einem „Nationalbewusstsein" sprechen. In der Forschung versucht man, den Nationalismus anhand seiner zu einem bestimmten Zeitpunkt bestehenden Ausprägung typologisch zu ordnen, aber stets mit dem Hinweis auf die Existenz von Mischformen. Die in der Wissenschaft am häufigsten verwendeten Definitionen sind:

- **integrierender Nationalismus**, z. B. in England und Frankreich. Ein bereits bestehender Herrschaftsverband wurde unter Erzeugung einer neuen Legitimationsbasis zum Nationalstaat ausgebaut.
- **unifizierender Nationalismus**, z. B. in Italien und Deutschland. Voneinander unabhängige Ethnien aus getrennten Herrschaftsverbänden wurden zu einer einzigen Nation erklärt und auf der Basis dieses Konstrukts wurde das Ziel eines Nationalstaats (gewaltsam) durchgesetzt.
- **sezessionistischer Nationalismus**, z. B. in der Spätphase der Vielvölkerstaaten Österreich-Ungarn, Russland und im Osmanischen Reich. Der Zerfall dieser Reiche führte zur Entstehung neuer Nationalstaaten.
- **Transfernationalismus**, z. B. in den ehemaligen Kolonien. Dort wurden Nationalstaatsideen als „Westimport" wirksam.

Der Nationalstaatsgedanke am Beispiel Deutschlands

Die Bedeutung Napoléons

Ein einmaliges Ereignis: Der Sohn eines Rechtsanwalts, 1769 auf Korsika geboren, krönt sich 1804 im Beisein des Papstes zum Kaiser. Ermöglichte erst die Revolution den Werdegang Napoléons? Im revolutionären Paris wurde Napoléon zum Offizier ausgebildet und stieg anschließend zum General auf. Bis dahin war diese Position lediglich den Adeligen vorbehalten. Im Herbst 1795 gelang es dem General mit seiner Armee, die bürgerliche Regierung vor einem Aufstand zu bewahren, bei dem Anhänger des Königs mit eigenen Truppen eine Machtübernahme erzwingen wollten. Aber genau diese von ihm gerettete Regierung setzte er nur vier Jahre später mit einem Militärputsch ab, erklärte das Ende der Revolution und ließ sich zum „Ersten Kanzler“ ernennen. Napoléons Alleinherrschaft wurde durch eine im gleichen Jahr erlassene Verfassung legitimiert. Als Kaiser schaffte es Napoléon, seine Herrschaft bis 1812 unter Einsatz seiner „Großen Armee“ auf weite Teile Europas auszubreiten. Weil es Napoléon gelang, der bei seiner Machtübernahme gegebenen außenpolitischen Bedrohung Frankreichs durch die anderen europäischen Mächte entgegenzutreten, wehrten sich die Franzosen, die noch wenige Jahre zuvor für Freiheit und Gleichheit gekämpft hatten, nicht gegen seine Alleinherrschaft. Innenpolitisch führte er mit Erfolg einige Reformen durch: die weitere Zentralisierung der Verwaltung, den Ausbau der Verkehrswege, die Sanierung der Staatsfinanzen, die Gründung der Banque de France. 1804 wurde das **Gesetzbuch Code civil** erlassen, das als ***Code Napoléon*** bekannt ist und erstmals bürgerliche Rechte sicherstellte. Die hier formulierten gesetzlichen Grundlagen haben bis zum heutigen Tag in vielen Ländern Bedeutung, in einigen Teilen Deutschlands blieben sie bis 1900 in Kraft. Für besondere Verdienste seiner Soldaten stiftete Bonaparte 1802 die Ehrenlegion. Infolge zahlreicher europäischer Siege konnte Napoléon hohe Steuern in den besetzten Ländern eintreiben und damit u. a. die Staatsfinanzen sanieren. Er legte dem Volk bestimmte Fragen zur Abstimmung vor und präsentierte sich so als „Kaiser des Volkes“. Im Widerspruch zu diesem Bild wurden jedoch alle Entscheidungen von oben getroffen, mangelnde Bereitschaft zur Beteiligung der Bürger zeigte sich z. B. in der Pressezensur.

Das Ende des „Heiligen Römischen Reiches Deutscher Nation“

Wollte Napoléon zu Beginn seiner Herrschaft Frankreich gegen die europäischen Mächte schützen, so verfolgte er zunehmend stärker das Ziel, ein einheitliches Europa im Geiste des französischen „Fortschritts“ zu schaffen. Das konnte nur durch Unterwerfung der europäischen Staaten gelingen.

Auch Deutschland war von Napoléons Eroberungsfeldzügen betroffen. Die Gebiete links des Rheins wurden 1801 besetzt und gehörten fortan (bis 1813) zum französischen Kaiserreich. Unter dem Druck Napoléons verzichtete Kaiser Franz II. auf die deutsche Kaiserkrone, was das Ende des Heiligen Römischen Reiches Deutscher Nation bedeutete. Weitere Siege Napoléons kosteten Preußen seine polnischen Besitzungen und alles Land westlich der Elbe (etwa ein Drittel seines gesamten Gebietes und die Hälfte seiner Bevölkerung).

Weil einige Fürsten von der territorialen Umverteilung profitierten, wehrten sie sich nicht gegen Napoléon: Freie Städte und kleine Territorien wurden den größeren Fürstentümern zugeschlagen oder zu Staaten zusammengefasst. Als Entschädigung für die verlorenen linksrheinischen Gebiete wurde Kirchenbesitz enteignet oder aufgelöst (**Säkularisation**). Mehrere Millionen einst bischöflicher Untertanen waren nun weltlichen Fürsten unterstellt.
16 deutsche Fürsten schlossen sich 1806 unter französischer Führung im **Rheinbund** zusammen. Erklärtes Ziel war militärische Unterstützung im Falle einer Bedrohung (v. a. durch Österreich). Die meisten Rheinbundstaaten übernahmen das von Napoléon geschaffene Gesetzbuch *Code civil* und passten ihre Verwaltung dem französischen Vorbild an: Der Adel verlor Privilegien, Kirche und Staat wurden streng getrennt, Aufgaben im Bereich der Bildung und Krankenpflege sollte der Staat übernehmen.

Preußische Reformen

1806 unterlag Preußen in der Schlacht von Jena und Auerstedt. Große Gebietsverluste, erdrückende Tributzahlungen an Frankreich und das Bestreben, sich im Kreis der Großmächte zu behaupten, nötigten die preußische Staatsführung seit 1807 zu Modernisierungen, die auf den Ideen der Aufklärung beruhten und Teil einer gesamteuropäischen Entwicklung waren. König Friedrich Wilhelm III. beauftragte Karl Freiherr vom Stein und Karl August Fürst von Hardenberg mit Reformen, die eine staatliche Neuordnung, Verwaltungsreformen sowie Änderungen in der Agrarverfassung und Gewerbeordnung umfassten. Anstelle von persönlichen Beratern des Königs führten nun Minister mit eigenem Fachbereich die staatlichen Amtsgeschäfte. Es gab Städteordnungen zur Festlegung der bürgerlichen Mitbestimmung sowie Bestrebungen zu einer gerechteren Steuerordnung, unterschieden nach Stadt und Land sowie zwischen einzelnen Ständen. Das Ende der Erbuntertänigkeit sicherte den Bauern Freiheitsrechte zu, die Gewerbefreiheit beendete die Aufsicht des Staates über das Wirtschaftsleben und beseitigte das Zunftmonopol. Militärreformen erfolgten unter Gerhard von Scharnhorst, August Neidhardt von Gneisenau und Hermann von Boyen. Die Prügelstrafe wurde abgeschafft, die allgemeine Wehrpflicht eingeführt.
Wilhelm von Humboldt erneuerte das Bildungswesen, Schulen wurden modernisiert und die Berliner Universität gegründet. Gneisenau formulierte den Anspruch dieser Reformbemühungen so: Preußen müsse sich auf „den dreifachen Primat der Waffen, der Wissenschaft und der Verfassung“ gründen.

Die Bedeutung der Napoléonischen Kriege für Deutschland als Nation

Der Befreiungskrieg gegen Napoléon war die **Geburtsstunde der deutschen Nationalbewegung**. Zwar gab es schon seit dem Mittelalter das „Heilige Römische Reich Deutscher Nation“, aber dieses Reich besaß keine klaren Grenzen und es gab kein Staatsvolk: Viele Millionen Angehörige sprachen z. B. Polnisch, Tschechisch oder Italienisch. Ständig änderte sich die Zahl der Teilstaaten: 1789 zählte man innerhalb des Reiches weit über tausend politische Einheiten, die für sich Souveränität beanspruchten. Mit der Abdankung des letzten Kaisers 1806 existierte das Heilige

Römische Reich nicht mehr – Interesse in der Bevölkerung regte sich deshalb kaum. Als König Friedrich Wilhelm III. von Preußen am 17. März 1813 seinen Aufruf „An mein Volk" erließ, in dem er „Preußen und Deutsche" zum Kampf gegen die Truppen Napoléons aufforderte, zeigte sich ein Zusammengehörigkeitsgefühl. In erster Linie traten junge und gebildete Menschen mit großer Leidenschaft für die „teutsche Sache" ein. Viele traten den „Lützower Jägern" bei, einem Freiwilligenverband, der eine einfache schwarze Uniform mit roten Aufschlägen und goldfarbenen Knöpfen trug. Hier liegt der Ursprung für die späteren deutschen Nationalfarben. Auch Frauen trugen ihren Teil zum nationalen Gefühl bei. Es bildeten sich „Frauen-Vereine zum Wohl des Vaterlandes". Unter anderem verkauften sie Handarbeiten und Textilien und finanzierten so die militärische Ausrüstung der Männer.
Es war mitnichten eine gemeinsame Sprache, Kultur oder Geschichte, die ein Nationalgefühl hervorriefen. Es war die Besatzung durch Napoléon: Erst durch die Abgrenzung gegenüber dem gemeinsamen Feind Frankreich entstand bei vielen Deutschen das Bewusstsein, Teil einer Nation zu sein.

Der Deutsche Bund

Der infolge des Wiener Kongresses entstandene Deutsche Bund bestand aus insgesamt 35 souveränen Fürstentümern und vier freien Städten. Die Fürstentümer hätten unterschiedlicher nicht sein können: Da gab es kleine Fürstentümer wie Schaumburg-Lippe (340 km^2 groß) und die europäischen Großmächte wie Preußen (etwa 340 000 km^2 groß) und Österreich, auch wenn sie mit nur einigen Teilen ihres Staatsgebietes dem Deutschen Bund angehörten.
Zum Deutschen Bund gehörten auch ausländische Herrscher, für Hannover z. B. die Könige von England, für Holstein und Lauenburg die von Dänemark und für Luxemburg und Limburg die der Niederlande.
Es gab keine gesamtdeutsche Bundesregierung, sondern lediglich die **Bundesversammlung in Frankfurt** als einzige gesamtdeutsche Einrichtung, die jedoch kaum Befugnisse besaß. Hier trafen sich Gesandte der Einzelstaaten, die weisungsgebunden waren und stets auf ihre Partikularinteressen achteten.

Nationale und liberale Bewegungen

Viele Menschen waren unzufrieden mit den Ergebnissen des Wiener Kongresses und äußerten ihren Unmut über die Restauration und die Politik Metternichs. Nicht nur waren die Hoffnungen auf einen einheitlichen deutschen Nationalstaat nicht erfüllt worden, sondern auch die Erwartungen auf Gewährung von Freiheitsrechten wie Presse- und Versammlungsfreiheit und auf politische Mitbestimmung wurden enttäuscht. Zwar sah Artikel 13 der Bundesakte für alle Staaten des Deutschen Bundes eine landständische Verfassung vor, tatsächlich aber erließen zwischen 1818 und 1821 nur wenige Fürsten Verfassungen – die meisten wollten sich in ihrer Macht nicht einschränken lassen.
Insbesondere Studenten versuchten ihre nationale Gesinnung nach außen zu tragen, um die deutsche Kleinstaaterei zu überwinden. Sie schlossen sich zu einer nationalen deutschen **Burschenschaft** zusammen.

Mit der Forderung nach Freiheitsrechten traten neben den nationalen Strömungen auch liberale Ideen in Erscheinung. Vertreter des **Liberalismus** forderten
- die persönliche Freiheit eines jeden Menschen,
- Schutz durch den Staat und
- eine Justiz, die die Gleichheit vor dem Gesetz schützte und vertrat,
- staatliche Zurückhaltung in Wirtschaft und Gewerbe.

Kernforderungen waren die **individuellen Freiheitsrechte** wie die Meinungs-, Presse-, Rede- und Versammlungsfreiheit sowie die freie Religionsausübung. Politische Forderungen waren **liberale Verfassungen** und die Mitwirkung an politischen Entscheidungen durch gewählte Vertreter.
Die Herrscher der Restaurationszeit wollten Stabilität und wendeten sich gegen nationale Bestrebungen und gegen die Ideale der Freiheit. Ihre Forderung nach absolutem Gehorsam als Pflicht aller Untertanen stand den Idealen der (Bildungs-)Bürger entgegen, die an der Politik beteiligt werden wollten. Der Student Ludwig Rödiger aus Jena prägte mit Blick auf die Freiheitskriege einen Ausspruch, der den Nerv der Zeitgenossen traf: „Wer bluten darf für das Vaterland, der darf auch davon reden, wie er ihm am besten diene in Frieden." Im Oktober 1817 traf er sich mit Gleichgesinnten zur ersten großen Demonstration der deutschen Geschichte.

Das Wartburgfest

Aus Anlass des vierten Jahrestags der Völkerschlacht bei Leipzig und des 300. Jahrestags des Thesenanschlags von Martin Luther und dem Beginn der Reformation trafen sich im Oktober 1817 etwa 500 Professoren und Studenten auf der Wartburg, wo Luther die Bibel übersetzt hatte. Sie äußerten dort ihre **Kritik an der Restauration**. In vielen Reden wurden die nationale Einheit und die Gewährung von liberalen Rechten gefordert. Am Abend entzündeten die Studenten ein Feuer und verbrannten symbolisch Bücher, die als „un-deutsch" und reaktionär galten, z. B. den *Code civil* als Symbol der Fremdherrschaft.
Das Wartburgfest und gerade die Verbrennung der Bücher versetzten die regierenden Fürsten in Alarmbereitschaft und sie ließen die Teilnehmer polizeilich verhören und verfolgen. Die Atmosphäre wurde dadurch noch mehr aufgeheizt. Zwei Jahre später wurde der Dichter August von Kotzebue von dem Studenten Carl Ludwig Sand ermordet. Kotzebue hatte als politischer Berater des russischen Zaren die liberalen und nationalen Ideen der Bürger verspottet. Metternich nahm diesen Mord zum Anlass, um systematisch national und liberal eingestellte Bürger, in erster Linie Professoren, Studenten, Journalisten und Schriftsteller, zu überwachen und zu verfolgen.

Die Karlsbader Beschlüsse

Metternich berief noch im Jahr **1819 die Karlsbader Konferenzen ein**. Die dort gefassten Beschlüsse, später als Bundesgesetz verabschiedet, galten für den gesamten Deutschen Bund und unterdrückten alle liberalen und nationalen Bestrebungen:
- die Freiheit der Lehre wurde eingeschränkt,
- Burschenschaften und Turnvereine (national eingestellt) wurden verboten,
- Presse und Bücher unterlagen der Zensur.

Diese Karlsbader Beschlüsse bedeuteten zwar eine verheerende Niederlage für die liberalen und nationalen Bürger, aber nicht das Ende ihrer Bestrebungen.

Info Turnvater Jahn

Parallel zur Entwicklung der Burschenschaften vollzog sich die des **Turnwesens**, dessen soziale Spannbreite, anders als die der Burschenschaften, weit über das Akademikertum hinausging. Friedrich Ludwig Jahn (1778–1852) legte seine Erziehungsvorstellungen in seinem 1810 erschienenen Buch „Deutsches Volksthum“, die spezielle Turnerideologie 1816 zusammen mit Ernst Eiselen in „Die deutsche Turnerkunst“ dar. „Turnen“ war ein neues Kunstwort, das Jahn entwickelte (wahrscheinlich vom Wort „Turnier“ abgeleitet). Turnen solle in erster Linie der **vormilitärischen Jugenderziehung** dienen (Jahn wandte sich ausschließlich an das männliche Geschlecht) und die körperliche Ertüchtigung solle der militärischen Grundausbildung nützlich sein. 1811 wurde in Berlin der erste Turnplatz eröffnet und bereits 1817 gab es 12000 Turner in 150 örtlichen Vereinen. Ende 1817 wurde das Turnen verboten und das politische Engagement von Jahn machte ihn für die Obrigkeit verdächtig. Er wurde 1819 verhaftet und kam erst 1825 wieder frei.
Jahn propagierte **drei politische Ziele**:
- die Befreiung von der französischen Vorherrschaft,
- die Einheit Deutschlands unter preußischer Führung und
- die politische Teilhabe des einzelnen Staatsbürgers, festgelegt durch eine nationale Verfassung.

Das Revolutionsjahr 1830

Nicht nur im Deutschen Bund haderten die Bürger mit der restaurativen Politik, wie sich z. B. im Jahr 1830 deutlich in **Paris** zeigte: Hier entbrannte die **Julirevolution**, weil Pressefreiheit und Wahlrecht eingeschränkt werden sollten. König Karl X. wurde zur Abdankung gezwungen und Louis Philippe, der Herzog von Orléans, wurde in einer sensationellen Zeremonie von den Abgeordneten als **„Bürgerkönig“** gekrönt und gefeiert. Diese Euphorie übertrug sich auf andere Länder in Europa:
- In den **Vereinten Niederlanden** setzten Katholiken und Liberale des Südens den König ab und erklärten ihren Landesteil zum souveränen Staat Belgien.
- Der Genuese Guiseppe Mazzani gründete in **Italien** den Geheimbund „Junges Italien“, der das Ziel der nationalen Einheit Italiens anstrebte.
- Den **Griechen** gelang nach jahrelangen Freiheitskämpfen die Unabhängigkeit vom Osmanischen Reich.
- In **Polen** wurden die Russen durch patriotische Offiziere und Vertreter des Bildungsbürgertums vertrieben. Der Aufstand wurde niedergeschlagen und mehr als 9000 polnische Freiheitskämpfer flohen nach Westeuropa, jedoch galten sie vielen Deutschen als Vorbild für den eigenen Freiheitskampf.

Im **Deutschen Bund** kam es zu Aufständen, v. a. in den Staaten, in denen es bisher keine Verfassung gegeben hatte, z. B. Hannover, Hessen-Kassel, Sachsen und

Braunschweig. Mehrere Fürsten machten daraufhin Zugeständnisse und lockerten die Zensur. Politische Versammlungen wurden erlaubt. Nationale, liberale und demokratische Forderungen wurden nun nicht mehr vermehrt durch das Bildungsbürgertum geäußert, sondern auch von breiten Kreisen des Kleinbürgertums und der Handwerkerschaft.
Diese Situation nutzten die Journalisten Johann August Wirth und Philipp Jakob Siebenpfeiffer und luden „Männer und Frauen jeden Standes“ aus „allen deutschen Stämmen“ zu einem „Nationalfest“ in Hambach ein. Mit diesem Fest wollten sie u. a. die Stärke und Geschlossenheit des „Vaterlandsvereins zur Unterstützung der freien Presse“ unterstreichen, den sie Ende Januar 1832 gegründet hatten. Hambach lag in der Rheinpfalz, die erst durch den Wiener Kongress an Bayern gefallen war. Lange Zeit hatte sie zur französischen Republik gehört. Die wenig liberale bayerische Verfassung entsprach daher nicht den Vorstellungen der mit politischen Freiheitsrechten vertrauten Bürger.

Das Hambacher Fest

Am 27. Mai 1832 kamen auf dem **Hambacher Schloss** 20000 bis 30000 deutsche Männer und Frauen aus unterschiedlichen gesellschaftlichen Schichten, aber auch polnische Freiheitskämpfer und französische Delegierte, zusammen. In einem unvergleichlichen Festzug zogen die Massen zum Hambacher Schloss, angeführt von der Kapelle der Bürgergarde, gefolgt von Frauen mit der polnischen Fahne und einer schwarz-rot-gold Fahne mit der Aufschrift: „Deutschlands Wiedergeburt“.
Viele Redner trugen ihre Vorstellungen einer politischen Reform Deutschlands vor. Neben der Vorstellung eines vereinten Deutschlands wurden Forderungen nach einer konstitutionellen Monarchie oder gar einer Demokratie verkündet. Die Menschen sollten sich nicht mehr unter das Joch der Fürsten beugen. Über konkrete Schritte, wie es weitergehen sollte, wurde jedoch keine Einigung erzielt.
Der bayerische König ließ, auch auf Drängen von Metternich, Truppen in die Pfalz einrücken, die die Versammlung zerschlugen. Viele Beteiligte mussten fliehen oder wurden, wie Siebenpfeiffer und Wirth, wegen versuchten Umsturzes der Staatsregierung vor ein Geschworenengericht gestellt. Sie wurden zwar zur Überraschung der Regierung freigesprochen, jedoch wegen Beleidigung in- und ausländischer Behörden verurteilt und damit mundtot gemacht.

Die Göttinger Sieben

In England bestieg 1837 Königin Viktoria den Thron. Eigentlich hätte sie auch das Königreich Hannover regieren müssen, das in Personalunion mit England verbunden war. Dies jedoch ließ das deutsche Fürstenrecht nicht zu, das eine weibliche Erbfolge nicht vorsah. So kam Viktorias Onkel Ernst August auf den hannoverschen Thron, der die Verfassung von 1819 wiederherstellte und die Beamten vom Eid auf die neue liberale Verfassung entband. Sieben berühmte Professoren der Göttinger Universität, unter ihnen auch die Brüder Grimm, erhoben dagegen Protest: Sie seien es ihrem Gewissen, ihren rechtsstaatlichen Überzeugungen und ihrer persönlichen Ehre als Universitätslehrer schuldig, auch weiterhin am Staatsgrundgesetz von 1833 festzuhalten. Sie

boten der Obrigkeit die Stirn. Die Professoren wurden vom Göttinger Universitätsgericht verhört und mit der Begründung der Gehorsamsverweigerung entlassen, drei von ihnen hatten zudem das Königreich Hannover unverzüglich zu verlassen.
Die Göttinger Sieben, wie sie nun genannt wurden, versuchten, Genugtuung durch die Justiz zu erlangen, fanden aber keine Fürsprecher. Erst infolge einer 1838 gemeinsam verfassten Rechtfertigungsschrift (die aufgrund der Zensur nicht in Deutschland erscheinen konnte, sondern über die Schweiz nach Deutschland gelangte) solidarisierte sich die bürgerliche Öffentlichkeit mit ihnen. Es dauerte aber noch Jahre, in denen die Professoren ihr Gehalt zum Teil durch Spendengelder bestritten, bis jeder der Sieben wieder eine Anstellung oder den Ruf an eine Universität erhielt. Dennoch brachten ihnen ihr Mut und ihre Zivilcourage europaweit Anerkennung.

Die deutsche Revolution 1848/49 Märzrevolution

Paris: Abdankung Louis Philippes

Im Februar 1848 verbot der „Bürgerkönig“ Louis Philippe politische Großveranstaltungen zum Thema Wahlrecht. Die Bürger hatten diese gefordert, weil der König sich weigerte, das Zensuswahlrecht aufzuheben (das Zensuswahlrecht gestand nur den etwa 200 000 reichsten Franzosen ein Wahlrecht zu). Innerhalb weniger Stunden verbarrikadierten daraufhin Bürger, Handwerker und Arbeiter Straßen und stellten sich gegen die königstreuen Truppen. Dieser „Bürgerkrieg“ schaffte es, in wenigen Tagen die Monarchie zu beseitigen: König Louis Philippe musste abdanken und floh nach England. Die **Republik wurde ausgerufen** und eine provisorische Regierung eingesetzt: Diese Nachricht verbreitete sich in ganz Europa wie ein Lauffeuer.

Barrikadenkämpfe in Wien, Berlin und München

Im März 1848 griff die Revolution von Paris auf Berlin und weitere Städte über: Versammlungen und Kundgebungen wurden abgehalten. Je nach Ort und anwesenden Personen waren die Forderungen unterschiedlich, besonders häufig aber wurde der Wunsch nach nationaler Einheit und einer liberalen Politik laut. In den kleineren Territorien gaben die Fürsten sofort nach. Nur in den beiden größten Staaten, Österreich und Preußen, gab es Sonderentwicklungen.

In **Wien** kam es am 13. März zu blutigen Unruhen mit Toten und Verwundeten. Noch in der Nacht erklärte Metternich seinen Rücktritt und floh nach London. Am 15. März ließ der Kaiser verkünden, dass die Zensur abgeschafft werde, und er versprach eine Verfassung, eine Nationalgarde und die Einberufung einer Ständeversammlung aus allen Teilen der Habsburger Monarchie.
Die nicht deutschen Nationalitäten im Habsburgerreich ergriffen ihre Chance zur Unabhängigkeit und so erhoben sich Ungarn, Tschechen und Italiener gegen die Herrschaft Habsburgs. Wegen der Gefährdung der Monarchie ließ der Kaiser die Aufstände jedoch mit russischer Hilfe militärisch erfolgreich zerschlagen.
Am 16. März erreichte **Berlin** die Nachricht, dass die Wiener Regierung kapituliert hatte. Nun brachen hier Straßenkämpfe aus und erst nach mehr als 250 Todesopfern

lenkte König Friedrich Wilhelm IV. ein und versprach, alle Forderungen der Revolutionäre, die sog. **Märzforderungen**, zu erfüllen.
Einen besonderen Verlauf nahm die Revolution in **Bayern**. König Ludwig I. sicherte seinen Thron, indem er auf die Märzforderungen einging. Letztendlich aber war er der einzige Fürst, der in den Wirren der Revolution tatsächlich zurücktreten musste, u. a., weil er wegen eines Konflikts mit katholischen Professoren die Münchener Universität schließen ließ und überdies seine Geliebte, die Tänzerin Lola Montez, zu einer Fürstin machen wollte. Nach Protesten der Bevölkerung trat er zurück. Sein Nachfolger Max II. ging auf viele Forderungen der Revolutionäre ein.

Auf dem Weg zu einer Verfassung

In den meisten Staaten des Deutschen Bundes warteten die Bürger nach dieser Welle der Revolutionen und Kämpfe auf die versprochenen Verfassungen und Reformen. Die wenigen Versuche, die Reformen voranzutreiben, scheiterten. In Heidelberg trafen sich am 5. März 1848 51 liberale Politiker, um über die weitere Bewegung zu beraten. Auf ihre Initiative traten daraufhin am 31.3.1848 über 500 Abgeordnete aus den deutschen Ländern in Frankfurt zu einem sog. **Vorparlament** zusammen. Hier wurde nach einigen Debatten beschlossen, die Neuordnung der Einzelstaaten nur in Übereinstimmung mit den Fürsten durchzuführen. Es sollte eine Nationalversammlung gewählt werden. Trotz – auch gewaltsamer – Proteste von wenigen Radikalen wurde die **Verfassungsgebende Nationalversammlung am 18. Mai 1848** in der Frankfurter Paulskirche eröffnet.

Info Nationales Symbol: Die Paulskirche in Frankfurt/M.

Die Paulskirche war erst 1833 als evangelisch-lutherische Hauptkirche der Stadt geweiht worden. Sie wurde anstelle der 1786 abgerissenen mittelalterlichen Barfüßerkirche erbaut und diente bis 1944 als evangelische Hauptkirche. Am 18. März 1944 brannte die Kirche nach einem Bombenanschlag aus und wurde nach dem Zweiten Weltkrieg als erstes historisches Gebäude in Frankfurt wieder aufgebaut.

Heinrich von Gagern, ein liberaler Politiker, war der Präsident der Nationalversammlung und formulierte als Ziel des **Paulskirchen-Parlaments** die Schaffung einer **Verfassung** für Deutschland, für das gesamte Reich. Es gab 586 Abgeordnete, die in Teilen durchaus unterschiedliche Vorstellungen mitbrachten. Mit Nachrückern zählte die Nationalversammlung 809 Abgeordnete.
Die **Sozialstruktur der Abgeordneten** war vorwiegend bürgerlich: 491 der Abgeordneten waren Juristen, 95 Prozent hatten das Abitur, mehr als drei Viertel aller Teilnehmer hatten ein Universitätsstudium absolviert (**„Professorenparlament"**). Höhere Staatsbeamte waren in der Mehrzahl. Viele der Abgeordneten standen wegen ihrer oppositionellen Haltung schon länger in Konflikt mit den Landesherren. Teilnehmer waren u. a. Turnvater Jahn und Jakob Grimm.
Durch die unterschiedlichen Haltungen der Abgeordneten bedingt, kam es im Parlament anfangs zu Tumulten, die jedoch durch die Verabschiedung einer Geschäftsord-

nung schnell beendet waren. Die Methoden einer parlamentarischen Arbeit wurden Routine, Ausschüsse arbeiteten den Plenardebatten vor und besonderes Gewicht wurde auf die Publizität der Arbeit gelegt: Die „stenographischen Berichte" hatten eine Auflage von 15 000 Exemplaren und erreichten binnen weniger Tage die gesamte deutsche Öffentlichkeit.

Ein modernes Element des Paulskirchen-Parlaments war die **Fraktionsbildung**, aus der sich in den folgenden beiden Jahrzehnten die ersten deutschen Parteien entwickeln sollten. In der Paulskirche fehlten Sitzungsräume, deshalb sind die Fraktionen unter den Namen der Frankfurter Wirtshäuser bekannt, in deren Nebenzimmern sie ihre Sitzungen abhielten. Schnell fanden sich politische Interessengemeinschaften zusammen, den Vorreiter bildeten die linken Demokraten um den Leipziger Robert Blum. Abstimmungen brachten mitunter Bewegung in das Fraktionswesen – Übertritte zu anderen Fraktionen waren nicht ungewöhnlich. Etwa ein Drittel der Abgeordneten ordnete sich keiner Fraktion zu. Die Gruppen bildeten sich vom Blickwinkel der Rednertribüne aus betrachtet wie folgt:

- **links**: radikale **Demokraten**; Hauptziel: republikanische Staatsform,
- **Mitte**: die **Liberalen**; zahlenmäßig die stärkste Fraktion, Hauptziel: konstitutionelle Monarchie,
- **rechts**: **Konservative**; kleine Gruppe, Hauptziel: Monarchie ohne Parlament.

Schon am 3. Juli verkündete der Abgeordnete Beseler als Sprecher des gewählten Verfassungsausschusses eine wichtige Entscheidung, nämlich die Verfassungsgebung mit der Formulierung der Grundrechte zu beginnen. Die in 14 Artikel gegliederten 60 Grundrechtsparagraphen enthielten eine Fülle von modernen Bestimmungen, auf die 1919 und 1948/49 zurückgegriffen werden konnte. Noch bevor die anderen Teile der Verfassung ausgearbeitet waren, wurden die Grundrechte am 22.12.1848 verkündet und traten am 27.12. in Kraft.

Das Scheitern der Revolution

Über die anderen Teile der **Verfassung** wurde lange debattiert, sodass sie erst im März 1849 vorlag:

- Die **Staatsform des Deutschen Reiches** sollten monarchische ebenso wie demokratische Elemente prägen.
- Die Selbstständigkeit der deutschen **Territorien** wurde geschwächt; Außenpolitik, Heer und Gesetzgebung fielen an die gesamtdeutsche Zentralgewalt.
- In einer knappen Abstimmung entschieden sich die Abgeordneten für die **„kleindeutsche Lösung"**, einen vom preußischen König als Kaiser geführten Nationalstaat ohne Österreich mit seinen nicht deutschsprachigen Ländern.

Ende März 1849 war die Reichsverfassung verkündet worden und die Abgeordneten hatten den preußischen König Friedrich Wilhelm IV. zum deutschen Kaiser gewählt. Eine Abordnung, die sog. Kaiserdeputation, reiste nach Berlin und wurde am 3. April von **Friedrich Wilhelm IV**. empfangen. Dieser wies die Krone jedoch zurück, jene „mit dem Ludergeruch der Revolution behaftete" Kaiserkrone, jene „aus Dreck und Letten (Lehm) gebackene" Kaiserkrone eines „Reichs der Deutschen".

Info Die Grundrechte in der Verfassung von 1848

Der **Grundrechtskatalog** orientierte sich am französischen Vorbild und enthielt die „klassischen“ Freiheitsrechte:

§ 133 Jeder Deutsche hat das Recht, an jedem Ort des Reichsgebietes seinen Aufenthalt zu nehmen. [...]

§ 137 Vor dem Gesetz gilt kein Unterschied der Stände: Der Adel als Stand ist aufgehoben.

§ 138 Die Freiheit der Person ist unverletzlich. [...]

§ 143 Jeder Deutsche hat das Recht, durch Wort, Schrift, Druck und bildliche Darstellung seine Meinung frei zu äußern.

§ 144 Jeder Deutsche hat volle Glaubens- und Gewissensfreiheit. [...]

§ 158 Es steht jedem frei, seinen Beruf zu wählen und sich für denselben auszubilden, wie und wo er will. [...]

§ 161 Die Deutschen haben das Recht, sich friedlich und ohne Waffen zu versammeln; einer besonderen Erlaubnis dazu bedarf es nicht.

§ 162 Die Deutschen haben das Recht, Vereine zu bilden. [...]

§ 164 Das Eigentum ist unverletzlich. [...]

INFO Gründe für das Scheitern der Revolution 1848/49

Dass die Revolution 1848/49 nicht zu dauerhaften Veränderungen führte, hatte **mehrere Ursachen**:

- Die revolutionäre Bewegung war schwach und zersplittert, denn sie hatte keine einheitliche Zielsetzung, aber auch keine militärischen Mittel, um ihre Positionen gewaltsam durchzusetzen.
- Die Monarchien waren stark: Militär und Verwaltung standen loyal hinter dem alten System.
- Die Revolutionäre mussten zugleich zwei umfassende Strukturfelder schaffen: einen geeinten deutschen Nationalstaat und eine liberale Verfassung, die Grundrechte garantierte.
- Die Bauern unterstützten die Revolution nicht, damit fehlte eine starke Kraft für die Durchsetzung.
- Die Revolutionäre hatten keinen Rückhalt im Besitzbürgertum. Dieses fürchtete eine soziale Revolution und war eher am Erhalt der Verhältnisse interessiert.
- Das Paulskirchen-Parlament wurde von der Bevölkerung als „Professoren-Parlament“ verunglimpft. Die Abgeordneten hatten keine parlamentarische Erfahrung, endlose Debatten waren an der Tagesordnung.
- Die Revolution fand dezentral statt, man verzettelte sich.

Die Revolution 1848/49 wird bisweilen als **„halbe Revolution“** bezeichnet, denn

- die Erfolge blieben gering, sozusagen auf halber Strecke stecken,
- das Bürgertum war nur mit halber Kraft dabei,
- es gab eher punktuellen Aufruhr als wirkliche Umsturzversuche.

Die **offizielle Ablehnung der Kaiserwürde** durch den preußischen König folgte am 28. April, ein Rückschlag für die Paulskirchen-Versammlung.
Die alten Machthaber holten zum Gegenschlag aus. Bis Mitte April hatten Österreich, Preußen, Sachsen, Bayern und Hannover ihre Zustimmung zur Reichsverfassung verweigert. Die österreichischen und preußischen Abgeordneten wurden abberufen, was das Ende der Nationalversammlung bedeutete. Ein in Stuttgart von einer kleinen Gruppe radikaler Demokraten gebildetes „Rumpfparlament“ wurde gewaltsam aufgelöst. Es gab wenige Proteste aus der Bevölkerung, man war revolutionsmüde geworden, lediglich einige regional begrenzte Erhebungen am Rhein, in Dresden, in der Pfalz, in Baden und in Berlin kamen auf, aber auch sie kapitulierten vor preußischen Truppen (Friedrich Wilhelm IV.: „Gegen Demokraten helfen nur Soldaten.“).

Die **Märzrevolution war gescheitert**. Die Arbeit der Nationalversammlung aber und die erreichten Ergebnisse waren für die weitere Entwicklung zur Demokratie wichtig.

Der Nationalstaatsgedanke am Beispiel eines anderen Landes: Polen

Am 1. Juli 1569 wurde mit der „Union von Lublin“ die Vereinigung des Königreichs Polen mit dem Großherzogtum Litauen beschlossen. Damit war ein über 800 000 km² großes Gebiet entstanden, das zwar einen gemeinsamen Reichstag und ein einheitliches Münzwesen besaß, aber getrennte Verwaltungen, Heere und Gesetze hatte. Ethnisch war diese Union vielfältiger als jeder andere Staat der Zeit. Der polnische Adel konnte seine Machtstellung gegenüber dem Königtum so weit ausbauen, dass man von einer „Adelsrepublik“ sprach – bis 1795 sollte diese auch in gewisser Weise Bestand haben.
Strukturelle Missstände durch Kriege und Aufstände und der fehlende Wille zu Reformen bei den Verantwortlichen schwächten den Staat Polen. Hinzu kam die militärische Einmischung der Nachbarn (Österreich, Preußen und Russland). All dies führte schließlich zum Zusammenbruch des Staates durch drei Teilungen (1772, 1793 und 1795), bei denen Polen seine Souveränität an die Besatzer verlor. Die weiteren Entwicklungen verliefen in allen drei Teilungsgebieten sehr unterschiedlich. Aufstände aber gab es überall, sie wurden niedergeschlagen. Bis 1918 trat Polen als souveräner Staat nicht wieder auf, die polnische Kultur aber blieb trotz der eigenen Staatenlosigkeit und fremdstaatlicher Unterdrückung weitestgehend erhalten.

Die polnischen Aufstände nach dem Wiener Kongress

Nach der Wiederherstellung der Verhältnisse vor den Napoléonischen Kriegen mit den Wiener Beschlüssen von 1815 war die polnische Nation nicht lange bereit, den Status quo (ein mit Russland vereinigtes „Kongress-Polen“ rund um Warschau) anzuerkennen. Insbesondere junge Polen akzeptierten die Unterdrückung durch die fremden Mächte nicht, auch wenn diese gemäßigt war.
Erste Unruhen kamen mit den Revolutionen von 1830 in Paris und anderen Städten Europas auf, die sich zum Aufstand gegen die russische Herrschaft hochschaukelten. Weitere Aufstände folgten, denn ausgerechnet in einer Zeit, in der ganz Europa den

Weg zur Nationalstaatlichkeit zu gehen begann, verloren die Polen ihre Eigenstaatlichkeit. Sie standen gerade zu dieser Zeit vor den Trümmern ihres einst so stolzen Doppelreichs, waren Opfer dreier Mächte. Dieser Zustand führte zu einer ganz besonderen Ausprägung des polnischen Nationalismus: Fanatisch wie nirgendwo sonst in Europa ersehnte man in den polnischen Gebieten den Nationalstaat als eine Form der Vollendung der Nation und mit teilweise hoher Gewaltbereitschaft und Waffeneinsatz versuchte man, ihn zu erkämpfen. Die Folge waren große Aufstände, z. B. schon 1806 gegen Preußen, der „Novemberaufstand" gegen Russland 1830, der Aufstand von 1846 in Galizien, der Aufstand im „Revolutionsjahr" 1848 gegen die preußische Herrschaft in Posen sowie der „Januaraufstand" gegen Russland.
Der **„Novemberaufstand" 1830** gegen Russland führte in ganz Europa, auch in Deutschland, zu einer „Polenbegeisterung" und der Entstehung von sog. Solidaritätskomitees und „Polenliedern". Den Höhepunkt der Begeisterung bildete das Hambacher Fest 1832, auf dem deutsche und polnische nationale Bestrebungen miteinander verbunden wurden.
Im russischen Teilungsgebiet andererseits wurde die Stellung der Polen infolge des Aufstands massiv eingeschränkt und eine erneute Unterdrückung begann. **1846** begannen die Polen mit der Planung eines **gesamtpolnischen Aufstands** mit Schwerpunkt im preußischen Posen und in der freien Stadt Krakau. Der Plan wurde allerdings verraten und die Verschwörer verhaftet.

Das preußische Teilungsgebiet

Im preußischen Teilungsgebiet gelang 1823 die endgültige Bauernbefreiung. Die gemäßigte Politik gegenüber den Polen wurde erst Ende 1830 durch den neuen Oberpräsidenten Eduard Heinrich von Flottwell zunehmend antipolnisch. Das zeigte sich v. a. in der Bildungs- und Kirchenpolitik. Unter dem neuen preußischen König Friedrich Wilhelm IV. deutete sich erneut eine liberalere Politik gegenüber und mit den Polen an, bis die Aufstandspläne von 1846 eine Wende brachten.
Die **Märzrevolution 1848** führte erneut zu polnischen Organisationen in der Provinz Posen. Dort kam es zum Aufstand (**„Großpolnischer Aufstand"**), der von der preußischen Armee schnell niedergeschlagen wurde. In der dreitägigen „Polendebatte" in der Frankfurter Paulskirche traten nur noch wenige Abgeordnete für die Rechte der Polen ein.

Die polnische Nationalbewegung 1864–1914

Das Scheitern der Aufstände unterdrückte den Wunsch nach einem Nationalstaat nicht – ganz im Gegenteil. Eine Gruppe elitärer Polen versuchte, sich ohne Aufstände von der zunehmenden „Russifizierung" und „Germanisierung" zu befreien. Sie setzte Hoffnung in eine langsame Entwicklung mit Schwerpunkt auf den eigenen Fähigkeiten in den Bereichen Wirtschaft, Bildung und Kultur. Dieses Vorgehen bezeichnete sie mit dem Begriff „organische Arbeit".
Begründer dieses Ansatzes waren Schriftsteller, die auch die „fliegenden Universitäten" gründeten, bei deren heimlichen Treffen die Probleme der Zeit diskutiert wurden. Angehörige der Bewegung nannten sich **Positivisten**. Im Rahmen dieses kulturellen Nationalkampfs besann man sich wieder auf die Vergangenheit: Patri-

otisch motivierte Gemälde entstanden, patriotische Literatur jener Zeit orientierte sich an der Geschichte. Auch antideutsche und antipreußische Zeilen spielten im Nationalkampf der Polen dieser Zeit eine wichtige Rolle.

Der Nationalstaat Polen

Die Gegner der polnischen Nation waren so mächtig, dass eine Nationalstaatsgründung erst am **11. November 1918** mit Unterstützung der Westalliierten gelang. Nach der Niederlage der Achsenmächte im Ersten Weltkrieg erlangte Polen auf Betreiben der Siegermächte seine Souveränität zurück und im Vertrag von Versailles (1919) wurde der polnische Nationalstaat auch international bestätigt.
Nur wenige Jahre später sollte allerdings das „Teilungstrauma“ der Polen wieder wachgerufen werden, als das nationalsozialistische Deutschland und die stalinistische Sowjetunion im Zweiten Weltkrieg Polen besetzten und unter sich aufteilten.

„Volk“ und „Nation“ im Kaiserreich

Reichsgründung von oben: Innen- und außenpolitische Grundlagen des Deutschen Kaiserreichs

Die Jahre zwischen der gescheiterten Märzrevolution 1848/49 und der Gründung des Deutschen Reiches 1871 werden als wichtigste Umbruchphase der neueren deutschen Geschichte betrachtet. Nach dem Scheitern der Revolution 1848/49 standen die politischen Verhältnisse im Zeichen der **Restauration**, also der Wiederherstellung früherer Machtverhältnisse. Der preußische König beispielsweise erließ eine Verfassung, die weit hinter den demokratischen Prinzipien der „Paulskirchen-Verfassung“ zurückblieb und das Dreiklassenwahlrecht einführte. Es handelte sich um eine **oktroyierte Verfassung**, denn sie war dem Volk aufgezwungen worden. Die Inhalte dieser Verfassung waren an den Forderungen der 1820er-, 1830er- und 1840er-Jahre ausgerichtet.

Info Dreiklassenwahlrecht

Preußen erhielt zunächst das allgemeine Wahlrecht, das schon 1850 durch das *Dreiklassenwahlrecht* (auch: *Zensuswahlrecht*) abgelöst wurde. Die Bürger wurden je nach der Höhe ihres Steueraufkommens in drei Klassen eingeteilt. Die erste Steuerklasse war die kleinste, die dritte umfasste über 80 Prozent der wahlberechtigten Menschen, dennoch wählten alle die gleiche Zahl an Wahlmännern, die wiederum die Abgeordneten des Preußischen Abgeordnetenhauses wählten (indirekte Wahl). Dies widersprach grundlegenden demokratischen Vorstellungen: Die Stimme eines Wählers aus der ersten Klasse hatte ein erheblich höheres Gewicht als die eines Wählers aus der dritten Klasse.

Der Weg zum Nationalstaat: Liberale und demokratische Nationalbewegung

Nationalismus und Liberalismus waren die beiden großen politischen Bewegungen des 19. Jahrhunderts, wobei sich der Nationalismus schon vor 1815 im Kampf gegen die napoleonische Fremdherrschaft entwickelt hatte. Die Ziele waren ähnliche:

- **Nationalismus:** Die Vorkämpfer des Nationalstaats in der Zeit nach dem Wiener Kongress strebten nationale Unabhängigkeit und Einheit, verfassungsgarantierte Freiheiten und politische Mitspracherechte sowie wirtschaftliche Sicherheit und soziale Gerechtigkeit an. Diese Bewegung zeichnete sich durch nationale Einheits- und Freiheitsbestrebungen aus.
- **Liberalismus:** Der Liberalismus wendete sich gegen den Partikularismus (Vorrang der Einzelinteressen gegenüber dem Ganzen) der Einzelstaaten und dessen institutionellen Vertreter, den Deutschen Bund. Man war überzeugt, der Staatenbund blockiere und unterdrücke jede Auseinandersetzung um Freiheit und Verfassung in den Einzelstaaten. Die Schlagworte „Einheit und Freiheit" wurden zur Parole.

individuelle Freiheit, wenig Eingriff einer Macht

Info **Nationalismus im späten 19. Jahrhundert**

Im letzten Drittel des 19. Jahrhunderts entwickelte sich der Nationalismus fort von den ursprünglich demokratischen Zielsetzungen zu einer Integrations- und Expansionsideologie. Ein übersteigerter Nationalismus konnte schnell in Aggression und Gewalt umschlagen. Er wendete sich dann nach innen häufig gegen Minderheiten und gegen äußere Feinde als Krieg, meist verbunden mit nationalem Sendungsbewusstsein. Im Deutschen Kaiserreich vollzog sich ein Wandel vom liberalen zum **reaktionären Nationalismus**, der sich durch die Abkehr von demokratisch-liberalen Vorstellungen auszeichnete. Im Zuge des Kolonialismus bildete sich ein übersteigerter Nationalismus aus, der als **Chauvinismus** bezeichnet wird.

Deutscher Dualismus: Konkurrenz zwischen Österreich und Preußen

Bereits im 18. Jahrhundert gab es Auseinandersetzungen zwischen Österreich und Preußen um die Vorrangstellung im damaligen deutschen Staatsgebiet. Dieser Konflikt war im **Siebenjährigen Krieg (1756–1763)** zu einem ersten Höhepunkt gelangt. Während der Einigungskriege in den 1860er-Jahren eskalierte er erneut. Der österreichisch-preußische Dualismus ging auf unüberbrückbare Gegensätze zwischen beiden Staaten zurück.

Preußischer Verfassungskonflikt

1859 versuchte die preußische Regierung das Heer zu verstärken, aber das Parlament mit seiner liberalen Mehrheit verweigerte die Zustimmung zum Staatshaushalt und blockierte so auch die Heeresreform. Der zentrale Konflikt galt der Machtaufteilung zwischen König und Parlament, er wurde erst gelöst, als der am 24.9.1862 zum Ministerpräsidenten ernannte Bismarck eine **„Lücke" in der preußischen Verfassung** entdeckte: Wenn keine Einigung erzielt werde, dürfe der König auch ohne Zustimmung des Parlaments regieren, denn die Verfassung schreibe nicht vor, wie in so einem Fall zu verfahren sei. Es folgten fünf Jahre autoritären Regierens: Die **Heeresreform** wurde ohne verfassungsgemäß bewilligten Etat durchgesetzt. 1866 billigte das Parlament die unrechtmäßigen Staatsausgaben nachträglich, das Entlastungsgesetz **(„Indemnitätsgesetz")** beendete den Verfassungskonflikt, aber das Verhältnis zwischen preußischer Regierung und Parlament blieb angespannt.

Deutsch-dänischer Krieg 1864

Bismarck war stets bemüht, innenpolitische „Unstimmigkeiten“ durch außenpolitische Erfolge zu überwinden. Einen solchen Anlass bot ihm die internationale Krise um die Herzogtümer Schleswig, Holstein und Lauenburg. Hier trafen nationale Ansprüche und dynastische Erbtitel aufeinander. 1863 beschloss der dänische Reichsrat, Schleswig in den dänischen Staat zu integrieren. Das allerdings war ein **Bruch des Londoner Protokolls**: Am 8. Mai 1852 hatten die Großmächte Großbritannien, Frankreich, Russland, Preußen, Österreich, Schweden und Dänemark einen völkerrechtlich wirksamen Vertrag geschlossen, der den Status des dänischen Gesamtstaats festlegte. Dänemark hatte die Eigenständigkeit der Herzogtümer Schleswig und Holstein anerkannt. Im Gegenzug billigten die fünf europäischen Großmächte und Schweden die dänischen Erbfolgerechte für die Herzogtümer.
Nach der Annexion forderte die betroffene Bevölkerung nationale Unabhängigkeit, während Bismarck gemeinsam mit Österreich die Wiederherstellung des alten Zustands verlangte. Kopenhagen ließ das gestellte Ultimatum verstreichen, unterlag jedoch 1864 im sich anschließenden **Deutsch-dänischen Krieg** schnell. Er wurde durch den **Frieden von Wien 1864** beendet. Die Regierungen in Berlin und Wien unterstellten die Herzogtümer ihrer gemeinsamen Verwaltung: Österreich verwaltete Holstein und Preußen das nördlicher gelegene Schleswig.

Preußisch-österreichischer Krieg 1866

Der Sieg gegen Dänemark 1864 brachte den österreichisch-preußischen Dualismus nur kurz zur Ruhe. Schon im Frühjahr 1866 spitzte sich die Lage wieder zu:
- *Österreich* forderte vom Deutschen Bund (Bundestag in Frankfurt) eine endgültige Regelung der schleswig-holsteinischen Frage.
- *Preußen* interpretierte dies als Vertragsbruch und ließ seine Armee in das österreichisch verwaltete Holstein einrücken.
- *Österreich* sah die Bundesverfassung verletzt, was den Krieg auslöste.
- *Preußen* erklärte die Kriegserklärung als unzulässig, trat aber aus dem Deutschen Bund aus und erklärte ihn für aufgelöst.

Eigentlich hatte weder Österreich noch Preußen 1866 eine **Kriegserklärung** ausgesprochen. Preußische Parlamentäre überreichten den Österreichern im Juni 1866 lediglich Notifikationen, dass sich Preußen mit Österreich im Kriegszustand befände. Die offiziell vom Deutschen Bund aufgestellten Koalitionstruppen umfassten neben Österreich die süddeutschen Armeen, Preußen bekam Unterstützung von den mittel- und norddeutschen Kleinstaaten und Städten und dem neu gegründeten Königreich Italien, mit dem es 1866 ein gegen Österreich gerichtetes Bündnis eingegangen war. Entschieden wurde der Krieg nach nur wenigen Wochen in der **Schlacht von Königgrätz** (3.7.1866). Bismarck erwirkte beim König und seinen Generälen einen **Waffenstillstand**, maßvolle Friedensbedingungen sollten Österreich beruhigen und dem Misstrauen des europäischen Auslands, v. a. Kaiser Napoléons III., entgegenwirken. Der **Frieden von Prag** (23.8.1866) brachte für Österreich nur geringe Einbußen: Es musste Venetien an Italien abtreten und der Auflösung des Deutschen Bundes zustimmen. Damit war Österreich aus Deutschland hinausgedrängt.

Gründung des Norddeutschen Bundes

Preußen annektierte jetzt Schleswig und Holstein, Hannover, Kurhessen, Hessen-Nassau und Frankfurt. Bismarck schloss Norddeutschland bis zur Mainlinie zum **Norddeutschen Bund** zusammen. Dieses Militärbündnis wurde vollständig von Preußen beherrscht. Am 12.2.1867 wählten alle 22 Mitgliedsstaaten in einer gleichen, allgemeinen und direkten Wahl den **norddeutschen konstituierenden Reichstag**. Sieger waren die Altliberalen, die Freikonservativen und die Nationalliberalen. In der Koalition standen die Konservativen, das Zentrum und die Fortschrittspartei. Als einziger Sozialdemokrat errang August Bebel in Sachsen ein Mandat.
Wichtigste Aufgabe des Reichstags war die Erarbeitung einer **Verfassung**, die am 16.4.1867 verabschiedet wurde und mit der ein kleindeutscher föderalistischer **Bundesstaat unter preußischer Führung** gegründet war (nationales Hoheitszeichen: schwarz-weiß-rote Trikolore, hanseatisches Weiß-Rot und preußisches Schwarz). Folge war eine Machtverschiebung in Mitteleuropa, der Napoléon III. nur (widerwillig) zustimmte, weil Bismarck versicherte, er werde die Einigungsbestrebungen auf das Gebiet nördlich der Mainlinie beschränken.
Allerdings schloss Bismarck zeitgleich geheime „Schutz- und Trutzbündnisse“ mit den süddeutschen Staaten, die diese für den Fall eines Krieges zur Waffenhilfe verpflichteten. Auch die **Neuorganisation** des Deutschen Zollvereins 1867 führte zum (wirtschaftlichen) Anschluss der süddeutschen Staaten an den Norddeutschen Bund. Im Zuge der Neuorganisation des Deutschen Zollvereins verabschiedete das Zollparlament **zentrale Reformen**, u.a. gemeinsames Handelsrecht, Handelsvertrag mit Österreich, vereinheitlichte Maße und Gewichte, Gewerbeordnung (1869/70) mit allgemeiner Gewerbefreiheit sowie Norddeutsches Strafgesetzbuch (1870).

Info August Bebel: „Übervater“ der Sozialdemokraten

August Bebel (1840–1913) war einer der Begründer des „Verbands der Arbeitervereine Deutschlands“. Er arbeitete dort mit Wilhelm Liebknecht zusammen. Nach dem deutsch-österreichischen Krieg gründeten die beiden die **Sächsische Volkspartei**, die ein geeintes, demokratisches Deutschland forderte. Bis zu seinem Lebensende gehörte Bebel dem nationalen Parlament an und kritisierte den preußischen Militärstaat. 1869 gründete er in Eisenach die **Sozialdemokratische Arbeiterpartei (SDAP)**. Das von ihm verfasste Parteiprogramm forderte u.a. die „Abschaffung der jetzigen Produktionsweise“ und die „Errichtung des freien Volksstaates“. Bebel kämpfte für den Frieden. Bei der Abstimmung über die Kriegskredite für den Deutsch-französischen Krieg enthielt er sich und distanzierte sich vom weiteren Vorgehen.
1870 wurden Bebel und Liebknecht verhaftet und des Hochverrats angeklagt, 1875 kam Bebel wieder frei. Bald schlossen sich die bis dahin konkurrierenden Arbeiterparteien zur „Sozialistischen Arbeiterpartei Deutschlands“ zusammen, die 1890 ihren heutigen Namen **Sozialdemokratische Partei Deutschlands (SPD)** annahm. Bebel erhielt den Widerstand gegen die herrschenden Verhältnisse trotz der Sozialistengesetze aufrecht und arbeitete im Geheimen weiter.

Deutsch-französischer Krieg 1870/71

In Frankreich betrachtete man Deutschlands Stärke unter Preußens Vorherrschaft mit Sorge. Bismarck sah in einem militärischen Konflikt mit Frankreich ein geeignetes Mittel, die nationale Einigung Deutschlands zu vollenden. Er konnte auf die Bündnisse mit den süddeutschen Staaten setzen. Anlass zum Krieg bot schließlich die Kandidatur des Erbprinzen Leopold von Hohenzollern-Sigmaringen für die Thronfolge in Spanien, die von deutscher Seite unterstützt, von französischer Seite jedoch zurückgewiesen wurde: Wilhelm I. veranlasste den Verzicht Leopolds, eine diplomatische Niederlage Preußens. Frankreich setzte nach und forderte vom König (der in Bad Ems kurte), dass Hohenzollern für alle Zeiten auf den spanischen Thron verzichte. Wilhelm informierte Bismarck über diese Forderung (sog. Emser Depesche), der sie noch am gleichen Tag redigiert und gekürzt veröffentlichen ließ, was einen nationalen Sturm der Entrüstung und auch im Ausland Unverständnis hervorrief. Nun sah Frankreich seine Ehre verletzt und erklärte Preußen am 19.7.1870 den Krieg.

Bismarck beurteilte Deutschlands Lage günstig: England, Russland und Österreich erklärten sich für neutral, die süddeutschen Staaten sahen den Bündnisfall als gegeben an und unterstellten ihre Armeen der preußischen Führung. Der deutsche Aufmarsch erfolgte schnell, dank Eisenbahn. Die deutschen Armeen umfassten rund 510 000 Soldaten, das französische Berufsheer hatte 336 000 Mann. Beide Heere wuchsen jedoch im Verlauf des Kriegs über die Millionengrenze. Erstmals zeigte sich hier der veränderte Charakter der Kriegsführung im Zeitalter des industrialisierten Volkskriegs: Heere von mehreren Hunderttausenden standen einander gegenüber, der Einsatz von Eisenbahnen, Industrie und moderner Technik wie weitreichender Artillerie bestimmten die Feldzüge. Kopf der deutschen Kriegsführung war **Helmuth Graf von Moltke**, die deutsche Offensive verlief erfolgreich.
Nach der **Niederlage bei Sedan** kapitulierte Frankreich am 2.9.**1870**. Napoléon III. wurde in Kassel inhaftiert. Erneute Kampfhandlungen nach Ausrufung der Republik endeten mit der **Einnahme von Paris im Januar 1871**. Weil Bismarck die Einmischung anderer Mächte verhindern wollte, setzte er auf einen milden Frieden (**Friede von Frankfurt**, 10.5.1871), aus dem folgende Ergebnisse resultierten:
- Abtretung von Elsass-Lothringen an das Deutsche Reich,
- eine Kriegsentschädigung durch Frankreich über fünf Milliarden Francs.

Dieser von den deutschen Staaten gemeinsam geführte Krieg vollendete den Prozess der deutschen Einigung.

Die Gründung des Deutschen Reichs

Noch während des deutsch-französischen Kriegs verhandelte Bismarck mit den süddeutschen Staaten über einen Beitritt zum Norddeutschen Bund. Während Baden und Hessen-Darmstadt sich schnell anschlossen, zögerten Württemberg und Bayern. Bismarck erreichte ihre Zustimmung nur durch Reservatrechte (u. a. Selbstverwaltung der Post und Bahn, Mitsprache bei der Heeresorganisation, für Bayern zunächst auch außenpolitische Mitspracherechte).

Bismarck wollte für die Gründung des neuen kleindeutschen Nationalstaats, der den Namen „Deutsches Reich" tragen sollte, einen symbolträchtigen Gründungsakt. So gewann er den bayerischen König Ludwig II. dafür, dem preußischen König Wilhelm I. im Namen der deutschen Fürsten die Würde eines „Deutschen Kaisers" anzubieten. Wilhelm I. zögerte, der Titel sagte ihm nicht zu, musste er doch die „glänzende preußische Krone mit dieser Schmutzkrone" vertauschen. Wenn schon, dann wollte er „Kaiser der Deutschen" sein, woraufhin Bismarck Protest einlegte. Er verlas am nächsten Tag die Proklamation und umging die strittige Frage des Titels mit dem Ausruf am Ende: „Es lebe Seine Majestät, der Kaiser Wilhelm!"
Als Datum für die **Reichsgründung** wurde der **18. Januar 1871** gewählt. 170 Jahre zuvor, am 18. Januar 1701, hatte sich Kurfürst Friedrich von Brandenburg zum „König in Preußen" gekrönt. Ort der Proklamation war der **Spiegelsaal von Versailles**: nach dem Sieg über Frankreich eine Demütigung der Franzosen.

Das Kaiserreich war ein **preußisch dominierter Obrigkeitsstaat**. Formell ein Fürstenbund, führten Kaiser und Reichskanzler die drei Säulen des absolutistischen Staates: Heer, Bürokratie und Diplomatie. De facto handelte es sich um einen Militärstaat, der Kaiser war als oberster Kriegsherr in Volk, Kultur und Politik präsent. Die **Verfassung des Deutschen Reichs** wurde am **16. April 1871** durch den **Reichstag** verabschiedet.

- **Staatsform** war eine **konstitutionelle Monarchie**, dem Staatsoberhaupt wurde der Titel „Deutscher Kaiser" verliehen. Er war zugleich preußischer König. Das Amt des Kaisers war erblich, aber nicht mehr souverän, der Kaiser also an die Verfassung gebunden.
- Das Deutsche Reich war ein **föderalistisch organisierter Bundesstaat**. Die **Staatsgewalt** lag nicht bei einer Nation oder beim Volk, sondern beim **Bund der deutschen Monarchen**.

Info Verfassung von 1871

Die Verfassung von 1871 wies folgende **Kriterien** auf: keine gleichberechtigte Stellung der Bundesstaaten; Machtverteilung: starke verfassungsrechtliche Stellung der Exekutive; verfassungsrechtliche Sicherung der Hegemonie Preußens; keine Grundrechte; sie war unveränderbar; starke Position des Reichskanzlers in der Exekutive: Er konnte nur durch den Kaiser abgesetzt werden. Durch Vorsitz im Bundesrat nahm er auch Einfluss auf die Gesetzgebung (also auf die Legislative); keine klare Trennung zwischen Exekutive und Legislative, die Judikative war weitestgehend unabhängig; das Parlament wurde als Volksvertretung gewählt und beschloss die Gesetze und den Haushalt, es hatte dem Reichskanzler gegenüber eine gewisse „Kontrollfunktion" und konnte ihn zwar nicht absetzen, aber Gesetze verhindern; die Regierung war allein dem Kaiser verantwortlich; die Macht war sehr ungleich verteilt, die Verfassung und damit die politische Praxis war abhängig von einer fähigen Exekutive (Kaiser und/oder Reichskanzler).

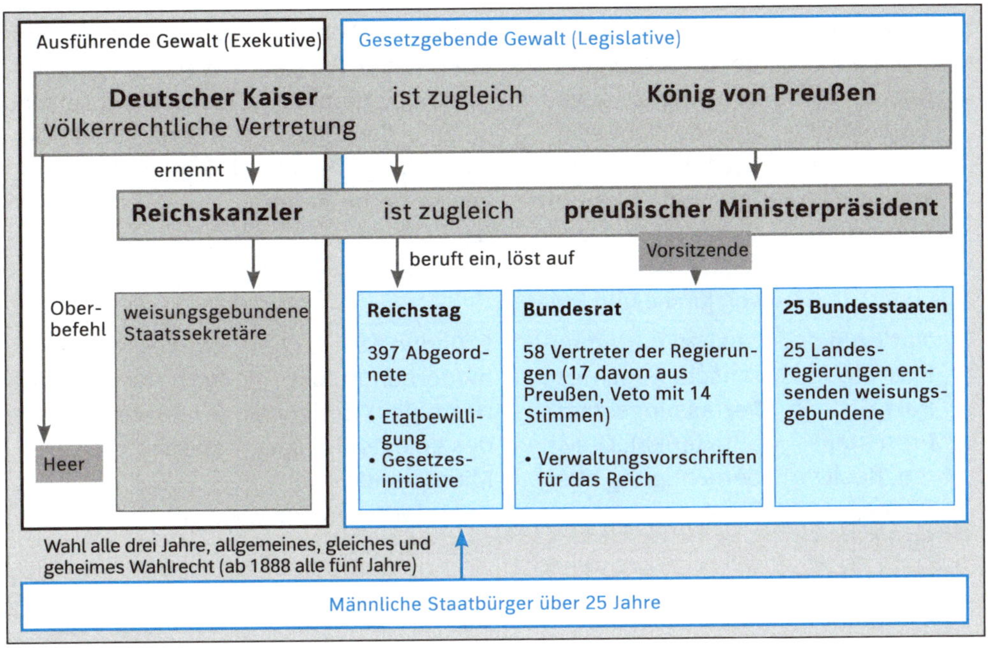

Die Verfassung des Deutschen Reichs von 1871

Die Parteien im Kaiserreich

Fünf politische Parteien spielten im Kaiserreich eine Rolle: SPD, Zentrum, Fortschrittliche Volkspartei, Nationalliberale Partei, Deutsche Konservative Partei. Ihre wichtigsten Zielsetzungen sind in der folgenden Übersicht dargestellt.

	Verfassung und Verwaltung	**Sozial- und Wirtschaftspolitik**	**Außen- und Militärpolitik**
SPD v. a. Arbeiter	Abschaffung der Klassenherrschaft, allgemeines Wahlrecht, direkte Gesetzgebung durch das Volk (Entscheidung über Krieg und Frieden), Presse- und Meinungsfreiheit, Gleichberechtigung, weltliche Schulen	Vergesellschaftung des Eigentums an Produktionsmitteln, stufenweise steigende Einkommenssteuer, Vermögenssteuer, Abschaffung der Zölle, Arbeiterschutzgesetze, staatliche Sozialversicherung, Koalitionsrecht	Volksheer statt stehender Heere, allgemeine Wehrhaftigkeit, internationales Gericht
Zentrum v. a. Katholiken aller sozialen Schichten	Autonomie der Kirche, konfessionelle Schulen, dezentralisierte Verwaltung,	gesetzliche Lösung der sozialen Fragen, Förderung der landwirtschaftlichen Bevölkerung und des Mittelstandes	gegen Militarismus, festes Bündnis mit Österreich

Fortschrittliche Volkspartei v.a. linksliberales/demokratisches Bürgertum, freie Berufe	Gleichberechtigung der Staatsbürger vor dem Gesetz, allgemeines Wahlrecht, konstitutionelle Verfassung, Volksvertretungsrechte, Frauenrechte, Trennung von Kirche und Staat	gestufte Einkommenssteuer, Arbeiterschutz, Herabsetzung der Zölle, Tarifverträge, Kartellverbot, Verbesserung der Lage der Lohnarbeiter	Sicherung der vollen Wehrkraft, allgemeine Wehrpflicht, internationale Gerichtsbarkeit
Nationalliberale Partei Protestanten, Besitz-/Bildungsbürgertum, rechtsliberal	Ausbau parlamentarischer Rechte, Verfassungsstaat, antiklerikal, Gleichberechtigung aller Bürger	Gründung eines modernen Industriestaats, Kräftigung des selbstständigen Mittelstands und der Interessen der Beamten	starkes Militär, feste Vertretung nationaler Interessen nach außen
Deutsche Konservative Partei Großgrundbesitzer, Unternehmer, nationalistischer Mittelstand	Monarchie, bürgerliche Freiheiten, Zusammenwirken von Staat und Kirche, Kampf gegen jüdischen Einfluss, Kampf gegen Sozialdemokraten	konfessionelle Volksschulen, vereinfachte Sozialgesetzgebung, Besserung der Lage der Arbeiter, Stärkung des Mittelstands, Zollschutz	Erhalt der vollen Wehrkraft, Kolonialpolitik

Umgang mit Opposition und Minderheiten

Das Kaiserreich war ein **autoritärer Obrigkeitsstaat** unter preußischer Führung, die Integration des Reichs sollte im Innern mithilfe eines verstärkten Nationalismus gefestigt werden, infolgedessen wurden nationale Minderheiten (zu Unrecht) als „national unzuverlässig" ausgegrenzt, die Verfassung sah keinen Minderheitenschutz (z. B. für Polen, Dänen, Elsässer oder Lothringer) vor.
Die Juden (1871: 1,25% der Bevölkerung) hatten mit der Reichsverfassung die rechtliche Gleichstellung erlangt. Sie trugen maßgeblich zum Wirtschaftswachstum bei, stellten einen hohen Anteil an den bürgerlichen Schichten (Rechtsanwälte, Unternehmer, Bankiers), doch eine Laufbahn als staatliche Beamte blieb erschwert.
Wer zu Bismarcks Zeiten der Reichsregierung in Grundsatzfragen entgegentrat, sah sich schnell als **„Reichsfeind"** bezeichnet. Diese Diffamierung traf eine Zeit lang die Katholiken (sog. Kulturkampf) und für die gesamte Zeitdauer des Kaiserreichs bis 1914 die Sozialdemokraten, in denen Bismarck den Hauptfeind des Reichs sah. Sie versuchte er durch eine Doppelstrategie zu bekämpfen: „Sozialistengesetze" (1878–1890) und „Sozialgesetzgebung".

Auseinandersetzung mit der Sozialdemokratie

Preußens Eliten suchten eine Lösung gegen die Sozialdemokratie. Zwei Attentate auf Wilhelm I. wurden als Vorwände genutzt, gegen die Sozialdemokraten vorzugehen. Mit dem **Sozialistengesetz von 1878** wurden alle sozialdemokratischen Vereine, Versammlungen und Publikationen verboten, nicht jedoch die Partei. Führende Sozialdemokraten wurden verhaftet und ausgewiesen. Die Arbeiterbewegung konnte allerdings nicht zerschlagen werden, sie gewann eher an Rückhalt und setzte ihre Aktivitäten fortan im Untergrund oder im Ausland fort. Bei den Reichstagswahlen 1912 wurde die SPD stärkste Partei in Deutschland.

Bismarck wollte die Arbeiter in irgendeiner Weise an den monarchischen Staat binden. Deshalb führte er folgende **Sozialversicherungssysteme** ein, alle anteilig finanziert durch Beiträge von Arbeitgebern und Arbeitnehmern:

- 1883 die gesetzliche Krankenversicherung,
- 1884 die Unfallversicherung,
- 1889 eine Rentenversicherung.

Trotz des zu Beginn geringen Erfolgs und teils auch geringer Akzeptanz (z. B. durch die Liberalen) stellten die Gesetze beachtliche sozialpolitische Fortschritte dar, die auch im Ausland als beispielhaft galten. Da Bismarck jedoch zeitgleich mit diesen Maßnahmen weiterhin die Sozialdemokraten verfolgte, dokumentierte er deutlich, dass der Staat keineswegs primär die Interessen der Arbeiter im Blick hatte. Die gegen die Sozialdemokraten gerichtete Politik Bismarcks zeigte aber nicht die gewünschten Erfolge: Der Reichstag verlängerte das Sozialistengesetz nicht.

Der Kulturkampf

Die Anhänger des Nationalismus fühlten sich in den 1870er-Jahren durch die Katholiken bedroht, die auf der Autonomie der Kirche beharrten und diese frei von den Hoheitsrechten des Staats halten wollten. Bismarck unterstellte der katholischen Kirche und der Zentrumspartei als ihrer politischen Interessensvertretung, dass sie von Rom ferngesteuert seien und „reichsfeindliche“ Kräfte unterstützten (z. B. Polen oder das Elsass). Er fand bei den Liberalen und den Protestanten Unterstützung und eine Mehrheit für den Abbau der kirchlichen Schulaufsicht (**Schulaufsichtsgesetz, 1872**), er **verbot den Jesuitenorden (1872)**, stellte politische Predigten unter Strafe (**sog. Kanzelparagraph, 1871**), kontrollierte die Ausbildung und Anstellung des Klerus und machte die Rechtsgültigkeit einer Ehe ausschließlich von der standesamtlichen Beurkundung abhängig (**Zivilstandsgesetz, 1874**).

Dieser Konflikt, der sog. Kulturkampf, entfremdete die katholischen Staatsbürger dem Kaiserreich, verfehlte allerdings die beabsichtigte Wirkung: Das Zentrum konnte bei Wahlen seinen Stimmenanteil verdoppeln und wurde 1881 stärkste Reichstagsfraktion. Weil Bismarck durchaus Wert auf die Loyalität der deutschen Katholiken legte, beendete er den Konflikt, indem er einige Kirchengesetze abmilderte oder zurücknahm. Die staatliche Schulaufsicht und die Zivilehe blieben allerdings bestehen.

IF 4: Die moderne Industriegesellschaft zwischen Fortschritt und Krise

Die „Zweite Industrielle Revolution“ und die Entstehung der modernen Massengesellschaft

Das Zentralabitur sieht als Thema die „Zweite Industrielle Revolution“ vor. Damit ist die Entwicklung ab dem letzten Drittel des 19. Jahrhunderts gemeint: Deutschland wurde vom Agrar- zum Industriestaat. Als Grundlage sollten die Faktoren der ersten industriellen Revolution bekannt sein, die im Folgenden knapp zusammengefasst sind.

Die „Erste Industrielle Revolution“

Die industrielle Revolution nahm ihren Anfang in Großbritannien, das „als Werkbank der Welt“ bekannt wurde. Die nachfolgend beschriebenen Merkmale waren dort ab ca. 1750 gegeben, damit hatte das Land einen Vorsprung von mehreren Jahrzehnten gegenüber den Staaten auf dem Kontinent. Zentrale Regionen, in denen die Industrialisierung ihren Ausgang nahm, waren neben England v. a. Belgien und der Norden und Osten Frankreichs.

Info Schrittmachertechnologien

Technische Neuerungen setzten den Prozess der Industrialisierung im späten 18., frühen 19. Jahrhundert in Gang:

1767 Spinning Jenny, mechanisierte Produktionsverfahren in der Textilindustrie;
1776 Dampfmaschine, wodurch u. a. Kohlegruben entwässert wurden, sodass Steinkohle auch im Tiefbau abgebaut werden konnte und **Energie** unabhängig von naturräumlichen Bedingungen (z. B. Wasserkraft) verfügbar wurde;
1784 Puddelverfahren zur verbesserten **Stahlerzeugung** mit Steinkohlenkoks;
1803 Dampfschiff;
1825 Eisenbahn, in deren Folge Infrastrukturen/Transportwege entstanden.

- **Agrarrevolution/wachsende Fabrikarbeiterschaft:** Infolge struktureller Veränderungen in der Landwirtschaft wurde eine wachsende Zahl von Arbeitskräften für die gewerbliche Produktion verfügbar, z. B. durch die Verdrängung von Kleinbauern durch Einhegungen von Ländereien in Großbritannien oder als Ergebnis der sog. „Bauernbefreiung“ in Preußen (Entfeudalisierung/Ablösung der Verpflichtung gegenüber Grundherren, infolgedessen jedoch Landlosigkeit).
- **Steigende Nachfrage/Ausweitung von Handelsbeziehungen:** Die maschinenbedingte Steigerung der Produktivität der Landwirtschaft führte zu Bevölkerungswachstum, welches folgerichtig eine stetig steigende Nachfrage nach landwirtschaftlichen und gewerblichen Produkten mit sich brachte. Produktionssteigerungen und der Ausbau von Verkehrswegen schufen neue Märkte. Neben

dem expandierenden Binnenmarkt wurden im Zuge der Kolonialisierung weitere Rohstoff- und Absatzmärkte geschaffen. Dies zeigte sich besonders im Dreieckshandel zwischen England, Afrika und Amerika (Handel mit afrikanischen Sklaven für die amerikanische Rohstoffproduktion, die zur Herstellung von Fertigprodukten in England genutzt wurde).
- **Kapitalbildung/wachsender Unternehmergeist:** Durch die Gründung von Aktiengesellschaften und die Konzentration von Geldmengen bei den Banken konnten große Kapitalmengen für wirtschaftliche Unternehmungen bereitgestellt werden. Erfindergeist und bürgerliche Tatkraft im Zuge der Emanzipation führten zu zahlreichen Erfindungen, Unternehmensgründungen und auch wirtschaftlichen Experimenten mit mehr oder weniger Erfolg.

Im **deutschen Raum** hemmten mehrere Faktoren die Entwicklung:
- staatliche Zersplitterung mit Zöllen und Handelshemmnissen (Kleinstaaterei),
- kleinräumige Planung, z. B. der Verkehrsinfrastruktur,
- schleppende Akzeptanz neuer Produktionsverfahren,
- Kapitalmangel.

Um die wirtschaftlichen Hemmnisse im Bereich des Deutschen Bundes zu verringern, wurde **1834** der **Deutsche Zollverein** gegründet. Verschiedene Zollvereinigungen deutscher Staaten konkurrierten seit 1818 miteinander. Besonders Preußen hatte wegen seines zersplitterten Herrschaftsgebiets im Westen und Osten großes Interesse an Zollabkommen. Bis 1870 traten dem Deutschen Zollverein bereits bestehende Zollgemeinschaften und weitere Einzelstaaten bei. Ausnahmen waren Österreich und die Hansestädte Hamburg und Bremen.

Info Der Begriff „Revolution“

Als Revolution (lat. *revolutio*, Umwälzung) bezeichnet man üblicherweise einen vergleichsweise plötzlichen, einschneidenden Bruch bestehender Zustände. Im Gegensatz zur *Evolution* als einer langsamen, kontinuierlich verlaufenden Entwicklung und zur *Reform* als einer planmäßigen, schrittweisen Veränderung markiert die *Revolution* in der Geschichte scharfe Zäsuren (Einschnitte). Auch Prozesse, die zu tief greifenden Veränderungen geführt haben, bezeichnet man als Revolution (aktuell: die digitale Revolution). Verallgemeinernd wird der Begriff für politische, gesellschaftliche, technologische und kulturelle Neuerungen verwendet.

Wissenschaftlich-technischer Fortschritt

Die Industrialisierung konnte sich in Deutschland erst ab 1850 vollständig durchsetzen. Schwerpunktregionen waren in Preußen das Ruhrgebiet und der Niederrhein, Schlesien, der Raum Berlin und Teile Sachsens sowie im Süden Bayern, Baden und Württemberg. Von zentraler Bedeutung war die **Eisenbahn als Motor der Industrialisierung**. Sie ermöglichte vielfache Entwicklungen:
- Beschleunigung der Transportgeschwindigkeit,
- niedrigere Transportkosten,
- bessere Verfügbarkeit von Rohstoffen/Produkten,

- höhere Mobilität von Arbeitskräften,
- Produktionssteigerung von Steinkohle und Roheisen,
- Gründung von Aktiengesellschaften zur Deckung des Finanzierungsbedarfs,
- Beschleunigung der Kommunikation und gesellschaftliche Mobilisierung.

Neben dem Ausbau der Verkehrsinfrastruktur und dem allmählichen Abbau von Handelshemmnissen prägte technologischer Fortschritt die zweite Phase der Industrialisierung in Deutschland. Insbesondere nach der Gründung des Deutschen Kaiserreichs 1871 ergänzten die Bereiche **Chemie** und **Elektrotechnik** die führenden Industriezweige Kohle- und Stahlindustrie, Maschinenbau und Textilindustrie. Die neuen Industriezweige bildeten die Grundlage für Deutschland als führenden **Exporteur innovativer Technologie**. Im Bereich der Elektrotechnik wurden besonders die elektrische Beleuchtung und die Entwicklung von Elektromotoren bedeutend. Die Chemieindustrie lieferte Kunstdünger, der wiederum zu Fortschritten in der Landwirtschaft führte, sowie künstliche Farbstoffe und Pharmaka.

Die wirtschaftliche Entwicklung in der zweiten Industrialisierungsphase

Versorgungskrisen in der Mitte der 1840er-Jahre, die sich durch Missernten (besonders 1846/47) verstärkten, sowie die Revolutionsereignisse in Europa 1848/49 erschwerten die wirtschaftliche Entwicklung in der Jahrhundertmitte. Erst in den 1850er- und 1860er-Jahren stellte sich ein kontinuierlicher Konjunkturaufschwung ein, angetrieben v. a. durch den Eisenbahnbau sowie die Freihandelsabkommen des Deutschen Zollvereins.

Die **Reichsgründung 1871** hatte im Anschluss an die Hochkonjunktur der 1860er-Jahre zu wirtschaftlichem Optimismus und großen, teils riskanten Investitionen geführt. 1873 stürzte ein weltweiter Konjunktureinbruch **(wirtschaftliche Depression)** die Wirtschaft in die sog. **Gründerkrise**. Ursächlich war zunächst eine Bankenkrise in Österreich-Ungarn, die sich destabilisierend auch auf den deutschen Markt auswirkte. Infolge teils hoch spekulativer Investitionen (sog. Blasen) und des nun einsetzenden Kapitalabflusses brach die Konjunktur rasant ein.
Die internationale Verflechtung der Wirtschaft verschärfte die Situation: Europaweit und auch in den USA setzte man zunächst auf Produktionssteigerungen zur Ankurbelung der Wirtschaft. Verlorenes Vertrauen in die Wirtschaft führte jedoch zu einem Preisverfall (Deflation), der wiederum Absatzverluste und damit weitere Konjunktureinbrüche hervorrief. Die Folgen waren Konkurse und Investitionsausfälle auf Unternehmerseite sowie sinkende Löhne und wachsende Arbeitslosigkeit auf Arbeitnehmerseite. Eine anhaltende Erholung erfolgte erst wieder ab 1894/95 mit der Elektroindustrie als Leitsektor. Sie mündete in eine Hochkonjunkturphase, die bis 1914 andauerte.

Die Wirtschaftskrise hatte Folgen: Es kam zu sozialen Unruhen und Streiks (z. B. 1889 **Bergarbeiterstreik** im Ruhrgebiet), und der Freihandel wurde zugunsten von **Schutzzöllen** eingeschränkt, um die eigenen Märkte vor Importen zu schützen. Während die deutsche Außenhandelspolitik bis 1875 von liberalen Vorstellungen geprägt wurde, rief die Wirtschaftskrise nationalistische Reaktionen, insbesondere seitens der Schwerindustrie (Kohle, Stahl) und der Agrarwirtschaft, hervor. Preiswertere Produkte aus den USA sowie Weizenimporte aus Russland gefährdeten die europäische Binnenproduktion. In der Krise bildeten sich **Kartelle** (Unternehmensbündnisse zur Absprache von Preisen und Produktionsmengen), die den Markt zusätzlich beeinflussten.

Die Herausbildung der modernen Massengesellschaft und die „Soziale Frage“

Insgesamt trug Bismarcks die Wirtschaft stärker regulierende Politik ab 1878/79 zur Ausbildung eines **Interventionsstaats** bei. Dies bedeutete eine deutliche Abwendung vom Liberalismus, die innenpolitisch schließlich zur Spaltung der Nationalliberalen führte, die Bismarck bislang im Gegensatz zu den freisinnigen Liberalen unterstützt hatten.

Weitere staatliche Interventionen galten der **Sozialpolitik**, denn die Industrialisierung hatte tief greifende soziale Folgen. Es entwickelte sich zunächst eine Fabrikarbeiterschaft, die Landbevölkerung drängte in die dramatisch wachsenden Städte (**Urbanisierung**). Es entstanden völlig neuartige Städteregionen, wie z. B. das Ruhrgebiet sowie große Metropolen wie z. B. Berlin oder Paris. Während zu Beginn der Industrialisierung nur rund drei Prozent der Bevölkerung in Großstädten lebte, war es 1913 bereits etwa ein Fünftel.

Nach 1871 setzte eine enorme **Wanderungsbewegung der Fabrikarbeiter** ein (in der Regel von Ost nach West), sodass um 1907 jeder zweite Deutsche nicht mehr an seinem Geburtsort lebte. Die Zugewanderten suchten mit ihren Familien Arbeit und Wohnung.

Entstehung der modernen Massengesellschaft

Infolge dessen entstand in den Großstädten Wohnungsnot, verbunden mit hygienischen Problemen durch die Enge des Zusammenlebens. Große Wohnblocks und -siedlungen wurden errichtet, erst mit Verzögerung folgten Kanalisation, Elektrifizierung und Verkehrsinfrastruktur. Die Aufgaben beschäftigten alle wachsenden Kommunen in ganz Europa, in besonderem Maße jedoch die Großstädte, deren Expansion rasant verlief. Nach 1880 nahmen auch die Freizeit- und Konsumkultur gewaltigen Aufschwung: Sport- und Unterhaltungsstätten (z. B. Kinos) sowie große Warenhäuser hoben die Attraktivität großer Städte weiter. Allerdings hatte die Arbeiterschaft nur sehr eingeschränkten Zugang zu diesen Ressourcen, sie blieben ein Privileg des Bürgertums.

Die Faktoren „Arbeit“ und „Eigentum“ bestimmten die Lebensverhältnisse in der modernen Gesellschaft in hohem Maße, die traditionelle Ständeordnung weichte auf, es formierten sich gesellschaftliche „Klassen“, v. a. Arbeiterschaft und Bürgertum. Den Arbeiter kennzeichnete seine Abhängigkeit von Produktion und Lohn. Dem erstarkenden Bürgertum rechneten sich zunehmend neben den klassischen Unternehmern und

Bankiers auch selbständige Handwerker, Angestellte in Büros und Fabriken, Beamte auf unterschiedlichen Stufen sowie freiberuflich Tätige wie Juristen und Ärzte zu. Sie alle arbeiteten, was sie auch weiterhin von einem Großteil des Adels abgrenzte, der von Grundbesitz und Vermögen lebte.
Arbeit und Einkommen bestimmten den Alltag auf bisher unbekannte Weise. Die arbeitsteilige Produktion in Fabriken bedingte einen vollkommen neuen Zeitablauf, orientiert an Maschinenlaufzeiten und Arbeitsprozessen. Die Einführung der Fließbandproduktion (ab 1913 in den USA) wurde zum Symbol für die moderne Arbeitswelt, die fortan nicht vom Menschen, sondern von der Maschine bestimmt wurde.

Während in der ersten Industrialisierungsphase bis 1850 eine breite Verarmung und Verelendung **(Pauperismus)** um sich gegriffen hatte, stieg in der zweiten Phase das Lohnniveau in den Industrieregionen kontinuierlich an, von Einbrüchen, z. B. während der Gründerkrise, abgesehen. Zwar hatten die Lebensverhältnisse sich verbessert, doch mit den Einkommen stiegen auch die Lebenshaltungskosten, sodass das reale Einkommen kaum zunahm.
Daneben riefen die industriellen Arbeitsverhältnisse vielfach weitere **soziale Probleme** hervor:

- Lohnabhängig Beschäftigte waren weitgehend rechtlos: Löhne, Arbeitszeiten, Arbeitssicherheit sowie weitere Absicherungen waren ungeregelt und, wenn vorhanden, nicht ausreichend. In der Regel musste die gesamte Familie zum Einkommen beitragen, um überhaupt ein Mindestmaß an alltäglicher Versorgung zu sichern.
- Eine geregelte Schulbildung gab es kaum, Kinderarbeit war verbreitet.
- Krankheit und Alter bedeuteten Verarmung, weil das Einkommen wegbrach.
- Die Wohnverhältnisse waren äußerst beengt, in Großstädten bildeten sich Arbeiterwohnviertel mit großen Häuserblöcken heraus.
- Die Rolle der Frau veränderte sich, u. a. weil sie zum Familieneinkommen beitrug, was jedoch keineswegs zur Emanzipation führte. Haushaltsführung und Kindererziehung blieben Frauenaufgabe. Dennoch entwickelte sich innerhalb der Arbeiterbewegung eine Frauenbewegung.

Die **Ansätze zur Lösung der Sozialen Frage** sahen je nach gesellschaftlich oder politisch verfolgten Interessen unterschiedlich aus:

- **Staat:** Während der Phase der „Sozialistengesetze“ zwischen 1878 und 1890 wurden erste Bausteine einer staatlichen **Sozialgesetzgebung** geschaffen, um die Arbeiterschaft an den monarchischen Staat zu binden: **1883 Krankenversicherungsgesetz, 1884 Unfallversicherungsgesetz, 1889 Alters- und Invaliditätsversicherung.** Die Leistungen waren jedoch (noch) nicht existenzsichernd, sondern ein Zuschuss. Allerdings gab es erstmals gesetzliche Regelungen, um der verbreiteten Not zu begegnen. Zugleich nahmen die Regelungen zur **Arbeitssicherheit** und zum **Unfallschutz** zu.
- **Arbeiterbewegung:** Mit den Ideen des Sozialismus und Kommunismus versuchten zunächst Intellektuelle (z. B. Robert Owen, Henri de Saint-Simon sowie Karl Marx und Friedrich Engels) auf die sozio-ökonomischen Folgen der Industrialisierung zu

reagieren. Die sog. frühen Sozialisten, besonders in Großbritannien, Frankreich und Belgien, sowie das von Karl Marx und Friedrich Engels verfasste **Kommunistische Manifest** von **1848** boten Erklärungsmodelle für die neuen Verhältnisse und hielten einen Klassenkampf für unausweichlich. Sie zielten auf einen radikalen Umsturz der Besitz- und damit der Machtverhältnisse.
Innerhalb der Arbeiterschaft kam es zur Gründung von Arbeitervereinen und Gewerkschaften. In Deutschland wurde **1863** von Ferdinand Lassalle der **Allgemeine Deutsche Arbeiterverein (ADAV)** gegründet. Daraus entwickelte sich mit unterschiedlichen Abspaltungen und Vereinigungen die sozialdemokratische Bewegung als größte politische Arbeiterbewegung, die sich 1875 als Sozialistische Arbeiterpartei Deutschlands (SAP) und ab **1890** schließlich als **Sozialdemokratische Partei Deutschlands (SPD)** zur größten Arbeiterpartei entwickelte.

- **Unternehmen:** Zahlreiche Unternehmer erkannten die Notwendigkeit zur Linderung der Not ihrer Arbeiterschaft. Sie ließen Anlagen mit Werkswohnungen zur besseren Unterbringung der Arbeiterschaft und ihrer Familien bauen. Für ein Mindestmaß an Arbeitssicherheit sollten sog. **Fabrikordnungen** sorgen.
  Ihrem Selbstverständnis nach waren die Unternehmer „väterliche“ Gutsherren: Der Patriarch sorgte für seine Arbeiterschaft, verlangte im Gegenzug jedoch strikte Disziplin und Gehorsam.
- **Kirchen:** Vertreter der beiden christlichen Kirchen reagierten im Zeichen christlicher Nächstenliebe früh auf die Soziale Frage. Beide Kirchen setzten sich für Arbeitszeitverkürzung, Ruhetage, Lohnerhöhung, Gewinnbeteiligung, Mutter- und Kinderarbeitsschutz ein. Die Gründungen der **Inneren Mission**, der **Caritas** sowie zahlreicher christlicher Vereine setzten sich zum Ziel, die Not der Menschen zu lindern. Breiter wirkte schließlich die durch die **Sozialenzyklika *Rerum novarum* (1891)** begründete *Katholische Soziallehre*, in der Papst Leo XIII. sich für eine staatliche Sozialpolitik einsetzte.

Vom Hochimperialismus zum ersten „modernen“ Krieg

Die Außenpolitik des Kaiserreichs unter Bismarck

Info **Das Kissinger Diktat, 15.6.1877**

Die geografische und außenpolitische Lage des Deutschen Reichs erforderte Maßnahmen der deutschen Politik, die Bismarck im sog. **Kissinger Diktat**, einem Schlüsseldokument der deutschen Außenpolitik jener Jahre, formulierte. Ihm zufolge hatte die deutsche Sicherheitspolitik das Ziel, Frankreich außenpolitisch zu isolieren und Spannungen zwischen den anderen Mächten zu verhindern oder abzubauen. Einerseits wollte Bismarck das **Gleichgewicht in Europa stabilisieren**, andererseits den **deutschen Handlungsspielraum erweitern**. Dieses diplomatische Aktenstück diktierte Bismarck in Bad Kissingen.

Bismarck verstand Außenpolitik immer auch als Steuerungselement für die innenpolitische Stabilisierung. Er versicherte im Zuge seiner **friedenssichernden Außenpolitik** stets, dass Deutschland **saturiert** (ohne Expansionsstreben) sei. Nach dem Sieg über Frankreich musste Bismarck damit rechnen, dass der westliche Nachbar versuchen würde, den neuen internationalen Status quo zu verändern. Umso wichtiger war es, die Überlebensbedingungen des Deutschen Reichs zu sichern und die machtpolitische Situation für ein neues Gleichgewicht der Mächte zu nutzen.

Bismarcks Bündnissystem

Ein strategisch gut überlegtes Bündnissystem sicherte dem Deutschen Kaiserreich lange Zeit Frieden, der wichtig war, um das Reich im Inneren aufbauen zu können:

- Am **6.5.1873** wurde die **Deutsch-russische Militärkonvention** unterzeichnet, die gegenseitige Hilfe im Falle eines Angriffs durch Dritte zusicherte.
- **22.10.1873**: Die von Russland und Österreich-Ungarn im Juni unterzeichnete Militärkonvention wurde durch den Beitritt Wilhelms I. zum sog. **Drei-Kaiser-Abkommen**. Es verpflichtete die drei Staaten, sich im Angriffsfall gegenseitig beizustehen, andere Bündnisse waren nachrangig zu behandeln. Für das Deutsche Reich war damit die Gefahr eines französisch-russischen Bündnisses zunächst gebannt.
- Am **7.10.1879** wurde mit Österreich ein Verteidigungsbündnis geschlossen, der sog. **Zweibund**, ein militärischer Beistandspakt vorwiegend gegen Russland und seine Verbündeten. Der Zweibund war ein reines Verteidigungsbündnis, er sollte das Verhältnis zu anderen Staaten nicht verschlechtern. Österreich war der „natürliche" Verbündete des Deutschen Reichs, weil man sich als ein Volk betrachtete.
- Am **18.6.1881** löste das auf drei Jahre befristete, geheime sog. **Drei-Kaiser-Bündnis** das Drei-Kaiser-Abkommen ab, das wegen der verschlechterten deutsch-russischen Beziehungen auf Eis lag. Die Vertragspartner sicherten sich wechselseitig wohlwollende Neutralität für den Fall zu, dass einer der Vertragspartner in einen militärischen Konflikt mit einer vierten Macht verwickelt werden würde. 1884 wurde dieses Bündnis um drei Jahre verlängert, danach nicht mehr.
- Am **20.5.1882** wurde der Zweibund durch den Eintritt Italiens zum **Dreibund**. Das Deutsche Reich und Österreich-Ungarn sicherten Italien Hilfe im Falle eines französischen Angriffs zu. 1883 trat Rumänien dem Dreibund bei.
- Am **18.6.1887** schloss Bismarck einen **Rückversicherungsvertrag** mit Russland, um mit diesem geheim vereinbarten Neutralitätsabkommen einen möglichen Zweifrontenkrieg Deutschlands gegen Russland und Frankreich zu verhindern. Der Vertrag regelte die Neutralität des Deutschen Reichs bei einem Angriff von Österreich-Ungarn auf Russland und sicherte dessen Neutralität im Falle eines französischen Angriffs auf das Deutsche Reich. Außerdem versprach Bismarck deutsche Unterstützung für den Wunsch Russlands nach der Kontrolle der Meerenge zwischen Mittelmeer und Schwarzem Meer (Bosporus).

Es gab weitere Bündnisse, an denen das Deutsche Reich nicht direkt beteiligt war, die es aber indirekt durch Bündnisse mit anderen Staaten betrafen:
Am 12.2.1887 wurde unter Vermittlung Bismarcks das **Mittelmeerabkommen** zwi-

schen Großbritannien und Italien, geschlossen, dem am 24.3.1887 Österreich-Ungarn und am 4.5.1887 Spanien beitraten. Die Vertragspartner erkannten den Status quo im Mittelmeerraum an. Italien wurde gegen Frankreich gestärkt, das Osmanische Reich gesichert und die Expansion Russlands auf dem Balkan und an den Meerengen des Bosporus und der Dardanellen erschwert. Großbritannien rückte damit näher an den Dreibund, ohne dass das Deutsche Reich direkt an der Mittelmeerentente beteiligt war. Das Abkommen verlor jedoch an Bedeutung, als sich Großbritannien und Russland annäherten. Bismarck gelang es mit seiner Politik über Jahrzehnte hinweg, Frieden für das Deutsche Reich zu sichern. Zudem konnte er dazu beitragen, große militärische Auseinandersetzungen in anderen Regionen Europas zu verhindern. Ihm war die schwierige geografische Lage des Deutschen Reichs immer sehr bewusst: Es war, ohne sichere Grenzen, umgeben von mehreren der damaligen Weltmächte, die alle gleichermaßen unverblümt ihre Machtinteressen verfolgten. Einem Zusammenschluss zweier Großmächte hätte das Deutsche Reich nicht lange standgehalten, Bismarcks Bündnispolitik bot dem Kaiserreich Sicherheit.

Kolonialpolitik unter Bismarck

Bismarck betrieb **Kontinentalpolitik**, um die Existenz des Deutschen Reichs in der Mitte Europas zu sichern. Er lehnte die Kolonialpolitik zunächst ab, weil sie seiner friedenssichernden Politik des Kräftegleichgewichts entgegenwirkte, aber auch, weil die Verwaltung von Kolonialgebieten hohe Kosten verursachen würde. Zudem fürchtete er, dass eine deutsche Beteiligung am Wettrennen um Kolonien Konflikte mit den anderen Großmächten hervorrufen könnte.
Mitte der 1880er-Jahre konnte sich Bismarck schließlich den Forderungen großer Handelsfirmen, Kolonien nach britischem oder französischem Vorbild zu errichten, nicht mehr gänzlich verschließen. Noch während seiner Amtszeit wurde ein Kolonialreich geschaffen, dessen Bodenfläche die des Deutschen Reichs fünfmal überstieg: 1884 sprach Bismarck den Reichsschutz für die riesigen Besitzungen der Firma Lüderitz in **Südwestafrika** aus, wenig später hisste er die Reichsflagge in **Kamerun** und **Togo** für Firmen, die hier expandieren wollten.

Mit einem Schutzbrief unterstützte die Regierung Handel treibende Firmen in Übersee (Schutz der Firmen durch die Flotte), setzte aber dafür in den Kolonien keine staatlichen Kolonialverwaltungen ein, sondern sagte lediglich militärische Hilfe bei Konflikten mit den Einheimischen zu. Diese sog. **Schutzbriefherrschaft** funktionierte jedoch nicht, sie sicherte lediglich die rücksichtslose wirtschaftliche Ausbeutung eines Landes ab, ohne Re-Investitionen in dieses Land, jedoch verbunden mit hohen Ansprüchen an Militäreinsatz und Subventionen. 1889 wurden daraufhin alle Protektorate in **Reichskolonien** umgewandelt.

Es gab vermutlich eine Reihe von Motiven für Bismarck, seine ablehnende Haltung gegenüber dem Erwerb von Kolonien zumindest vorübergehend aufzugeben:
- Die außenpolitische Lage in Europa wirkte ruhig und ließ die Expansion auf andere Kontinente als zukunftsträchtige Option erscheinen.

- Andere Kolonialmächte, v. a. Großbritannien, sollten das Deutsche Reich als gleichberechtigten Partner im Spiel der Mächte anerkennen.
- Im Hinblick auf die bevorstehenden Reichstagswahlen und angesichts der schwachen Konjunktur sprachen auch innenpolitische und wirtschaftliche Gründe für eine Wendung in der Kolonialfrage.
- Der internationale Wettlauf um Kolonien schürte auch in Deutschland das Interesse bei Geschäftsleuten und Kolonialpropagandisten.

Bismarck blieb aber ein vorsichtiger Kolonialpolitiker, auch weil sich seine Hoffnungen auf eine langsame Veränderung der Gesamtkonstellation in Europa infolge eines Regierungswechsels in Frankreich und eines damit verbundenen wiederkehrenden Revanchegedankens nicht erfüllten.

Info Schutzbriefherrschaft: Zwei Fälle

Südwestafrika: Adolf Eduard **Lüderitz** war ein Bremer Tabak- und Großhändler, der mit seinem Freund Heinrich Vogelsang am 9.4.1883 in einer Bucht an der Küste des heutigen **Namibia** landete. Sie hörten, dass es in diesem Gebiet zahlreiche Bodenschätze gäbe. Auch hofften sie auf neue Absatzmärkte für ihre Waren. Sie kamen vor Ort zu dem Schluss, dass die Bucht „herrenlos" sei, also keinen Kolonialherren habe. Ein deutscher Missionar half den beiden, Kontakt zum Häuptling des Stammes aufzunehmen, der im Umfeld lebte, um über den Preis für das Land zu verhandeln.

Der Häuptling der „Nama" willigte in das Angebot der Händler ein: 100 Pfund Sterling Silber und 200 Gewehre bekam er für fünf englische Meilen Bucht (etwa 1,6 Kilometer). Vogelsang jedoch schrieb in den Vertrag, dass es sich um deutsche, geografische Meilen handelte (etwa 7,4 Kilometer). Wenig später zahlte Vogelsang dem Häuptling 500 Pfund, 60 Gewehre und eine rote Husarenuniform für einen riesigen Landstrich von 20 geografischen Meilen. Als der Häuptling den Betrug später erkannte, verlangte er das Land zurück. Lüderitz forderte daraufhin den Schutz des Deutschen Reichs an.

Ostafrika: Die größte und produktivste Kolonie besetzte 1884/85 eine von **Dr. Carl Peters** geführte Expedition – die dem Sultanat **Sansibar** zugehörige Küste. Ohne Kenntnis und Unterstützung Bismarcks gewann Peters die Zustimmung zahlreicher Stammeshäuptlinge zu einem Schutzvertrag mit dem Deutschen Reich. Erst nach massiver Einflussnahme nationalkonservativer Politiker ratifizierte Wilhelm I. im Februar 1885 schließlich die Verträge.

Der Sultan von Sansibar protestierte dagegen, da das im Binnenland liegende Schutzgebiet des Deutschen Reichs auf dem Weg zum Meer mitten durch sein Reich verlaufe. Der Sultan setzte Truppen gegen Peters Verbündete ein. Da damit der Fall zu einer „nationalen Prestigeangelegenheit" wurde, sah sich Bismarck gezwungen, militärisch einzugreifen. Der Sultan sah sich gezwungen, die Existenz von Deutsch-Ostafrika anzuerkennen. 1888 starb der Sultan Said Bargash und sein Nachfolger Khalifa verpachtete die gesamte Festlandküste an die Peters'sche Kolonialgesellschaft, welche nun faktisch das ganze Land als ihr Eigentum betrachtete und dessen Steuern und Zölle vereinnahmte.

Bismarck als Vermittler

Bismarck war seit dem Krieg 1870/71 auf eine dauerhafte Feindschaft zwischen dem Deutschen Reich und Frankreich eingestellt. Im Rahmen seiner Ausgleichspolitik war es ihm umso wichtiger, dass das Deutsche Reich das Vertrauen der europäischen Mächte gewann. Dieses erzielte er auf dem **Berliner Kongress 1878**. Es gelang ihm, als „ehrlicher Makler“ erfolgreich zwischen den Mächten zu vermitteln.

Info Der Berliner Kongress

Der Berliner Kongress wurde einberufen, weil es zahlreiche Konflikte und Spannungen zwischen den europäischen Staaten gab. Großbritannien z. B. fürchtete um seine Stellung in Europa und das europäische Mächtegleichgewicht. Österreich-Ungarn wollte an seinen südlichen Grenzen den russischen Einfluss begrenzen (Balkan-Krise). Als britische Flotten ins Marmarameer einliefen, schlug der österreichisch-ungarische Außenminister Gyula Andrássy einen Kongress vor, auf dem alle strittigen Fragen geregelt werden sollten.
Das Kaiserreich hatte kein Interesse am Balkan, deshalb erklärte sich Bismarck bereit, den Kongress zu leiten. Er wählte Berlin als Tagungsort aus, an der Konferenz nahmen Vertreter des Deutschen Reichs sowie des Osmanischen Reichs, aus Österreich-Ungarn, Frankreich, Großbritannien, Italien und Russland teil.

Weil Bismarck auf dem Kongress darauf verzichtete, für das Deutsche Reich Vorteile zu erzielen, gewann er insbesondere die Hochachtung der britischen Delegation. Die russische Delegation sah Bismarck nicht in diesem positiven Licht, weil der abschließend unterzeichnete **Berliner Vertrag** Russlands Ausweitung revidierte, was man Bismarck anlastete. Doch auch wenn sich das deutsch-russische Verhältnis danach verschlechterte, erlangte Bismarck nachhaltig den Ruf eines vertrauenswürdigen Außenpolitikers, v. a. in London.

Das Ende des Kaiserreichs – Politik unter Wilhelm II.

Nach der Thronbesteigung Kaiser Wilhelms II. kam es mit Bismarck allmählich zu grundlegenden Meinungsverschiedenheiten. Die öffentliche Meinung über den Thronwechsel 1888 und über Wilhelm II. war gespalten. Wilhelm II. war entschlossen, allein zu regieren, er gefiel sich in der Rolle des nahezu unumschränkten Alleinherrschers. Bismarck sah seine eigene Position, aber vorwiegend die des Deutschen Reichs, in Gefahr. Er hielt den jungen Kaiser für einen „Brausekopf“, der nicht schweigen könne und Deutschland in einen Krieg stürzen könne, ohne es zu ahnen oder zu wollen.
Die Differenzen zwischen Bismarck und Wilhelm II. beruhten auf Gegenseitigkeit. Wilhelm forderte Bismarck auf, sein Abschiedsgesuch einzureichen, was Bismarck am 18. März auch tat. Es war so geschickt formuliert, dass dem Kaiser die ganze Verantwortung für den Bruch zwischen den beiden zufiel. Am 20.3.1890 wurde Bismarck als Reichskanzler und preußischer Ministerpräsident entlassen. Allerdings war Bismarck zu diesem Zeitpunkt schon 75 Jahre alt.

„Der Kurs bleibt der alte, und nun mit Volldampf voraus!“, so leitete Wilhelm II. irreführend seine neue Politik ein, denn sowohl in der Außenpolitik als auch in der Innenpolitik änderte sich vieles. **Innenpolitisch** wollte der Kaiser die Arbeiter stärker an sich und den Staat binden, um sie von den Sozialdemokraten fernzuhalten. Er verlängerte das Sozialistengesetz nicht, sondern brachte eine umfangreiche **Arbeitsschutzversicherung** auf den Weg. Gewerbegerichte sorgten für die Einhaltung von Schutzmaßnahmen in Industrie und Gewerbe und für einen Interessenausgleich durch Schlichtung zwischen Arbeitgebern und Arbeitnehmern. Da die Sozialdemokraten ihre Opposition zur Regierung nicht aufgaben, griff Wilhelm bald auf die repressiven Maßnahmen Bismarcks zurück.
Die größten Veränderungen gab es jedoch in der **Außenpolitik**. Schon 1890 verlängerte Wilhelm den Rückversicherungsvertrag mit Russland nicht und suchte eine Allianz mit Großbritannien, der Macht, mit der Russland im Konflikt stand. Auch deshalb suchte Russland verstärkt Kontakt zu Frankreich, während der Kontakt zu Großbritannien nicht in der gewünschten Form zustande kam.
Entscheidend aber war die Überzeugung, das Deutsche Reich nur dann sichern zu können, wenn es global expandieren würde. Mitte der 1890er-Jahre war der neue Kurs klar: Auch das Deutsche Reich wollte eine führende **Welt- und Kolonialmacht** sein. Damit begann das „Wettrennen um die letzten freien Gebiete der Erde“ oder der „Scramble for Africa“ – ganz nach dem Motto des konservativen britischen Politikers Benjamin Disraeli: Wer Weltmacht sein wolle, der müsse für sein nationales Prestige möglichst viele Kolonien besitzen.

„Platz an der Sonne“

Am 6.12.1897 gab der Außenminister des Deutschen Reichs, **Bernhard von Bülow**, in seiner ersten parlamentarischen Rede die neue Devise bekannt: *„Die Zeiten, wo der Deutsche dem einen seiner Nachbarn die Erde überließ und dem anderen das Meer und sich selbst den Himmel reservierte, […] diese Zeiten sind vorbei. Wir wollen niemand in den Schatten stellen, aber wir verlangen auch unseren Platz an der Sonne!“*
Die **Kolonialpolitik** wurde zum festen Teil deutscher Außenpolitik, die Kolonien sollten erweitert werden. Nachdem das Deutsche Reich Lüderitz den Schutz für seine Gebiete im heutigen Namibia zugestanden und drei Kriegsschiffe in die Region entsandt hatte, um dieses Land zu schützen, hissten Marinesoldaten am 7.8.1884 die deutschen Flaggen in der nach Lüderitz benannten **Lüderitzbucht** und verkündeten die Gründung der ersten deutschen Kolonie „Südwestafrika“ (s. auch S. 47).

Wettrüsten zur See

Um Erreichtes zu sichern und weitere Ziele zu erreichen, sollte eine mächtige Kriegsflotte errichtet werden. „Wer über die Macht zur See verfügt, beherrscht die Welt“, lautete die Devise des Kaisers. Mit der Verabschiedung des **Ersten Flottengesetzes 1898** unter dem Leiter des Reichsmarineamts **Alfred Tirpitz** begann die Reichsleitung mit dem Ausbau der Flotte. Während dies in der Bevölkerung größtenteils Zustimmung fand, fühlte sich Großbritannien bedroht, denn seine Stellung als führende Weltmacht beruhte auf der Überlegenheit der eigenen Flotte. Verhandlungen zwi-

schen Großbritannien und dem Deutschen Reich lehnte Berlin ab. Damit begann ein gefährliches und teures **Wettrüsten zur See**.
1900 folgte das **Zweite Flottengesetz** mit der Begründung der „Abschreckung“. Die Zahl der Schlachtschiffe wurde verdoppelt und es wurde eine „Risikoflotte“ gebaut, die sich direkt gegen die britischen Interessen richtete.
1905/06 begann die englische Regierung ihrerseits, neue und stärkere Kriegsschiffe zu bauen, und obwohl das Deutsche Reich seine Flotte mehrfach verstärkte, konnte Großbritannien die Vorherrschaft zur See wahren.

Europäische Verhältnisse

Ende des 19. Jahrhunderts bestimmten zwei wesentliche Beziehungsgeflechte das Verhältnis der europäischen Großmächte: Einerseits gab es noch den **Dreibund** zwischen Österreich-Ungarn, dem Deutschen Reich und Italien von 1882, auf der anderen Seite stand die **Französisch-Russische Allianz**, die nach der Nichtverlängerung des Rückversicherungsvertrags im Januar 1894 als geheimes Defensivbündnis geschlossen wurde. Großbritannien versuchte zunächst, als neutrale Macht fern aller Bündnisse zu stehen. Die bis dahin positiv gestimmte Beziehung zum Deutschen Reich wurde durch die Flottenpolitik nachhaltig gestört.

Um die Jahrhundertwende hatte Großbritannien wachsende Probleme mit der Verteidigung des Empires. Es begann, sich mit seinen Rivalen in Mittel- und Südamerika, Asien, mit den USA (1901) und Japan (1902) zu einigen. Für das Deutsche Reich entscheidend war die Annährung an Frankreich und Russland.
Am 8.4.1904 unterzeichneten Großbritannien und Frankreich ein Abkommen namens **Entente cordiale** mit dem Ziel, Interessenkonflikte in den afrikanischen Kolonien (v. a. Ägypten und Marokko) zu beheben. Mit dem Eintritt Russlands 1907 entwickelte sich das Abkommen zur **Triple Entente**, die schließlich eine der Kriegsparteien im Ersten Weltkrieg war. Im Rahmen der Entente cordiale wurde Marokko an Frankreich und Ägypten an Großbritannien gegeben. Auch sicherte man einander den freien Verkehr durch den Suezkanal und durch die Straße von Gibraltar zu.
Die Verbindung der beiden Mächte wurde durch das aggressive und ungeschickte Verhalten des Deutschen Reichs in den **Marokko-Krisen** gestärkt. In beiden Krisen versuchte die deutsche Regierung, durch eine Politik der Stärke und der Drohung mit militärischer Gewalt gegenüber Frankreich ihren Anspruch auf Berücksichtigung der eigenen Interessen in den noch „freien Gebieten“ in Afrika deutlich zu machen. Der Rückhalt, den Frankreich bei Großbritannien fand, verstärkte das Gefühl, dass das Deutsche Reich „eingekreist“ sei.

Die Marokko-Krisen

Das Deutsche Reich strebte nach mehr Einfluss durch Gebietsgewinn. Weil Afrika bereits aufgeteilt war, kam es zu Konflikten mit den anderen Großmächten.
Die erste **Marokko-Krise 1905/06**: Frankreich bemühte sich zu dieser Zeit, seinen politischen, militärischen und wirtschaftlichen Einfluss in Marokko zu erweitern. Rückhalt fand es dabei bei Großbritannien und der Entente cordiale. Das Deutsche Reich

interpretierte diese Konstellation als gefährlich, es forderte ein Mitspracherecht in Marokko. Kaiser Wilhelm II. taktierte äußerst ungeschickt und verschärfte die Konflikte noch. 1906 wurde eine internationale **Konferenz in Algeciras** einberufen, wo sich das Deutsche Reich schnell isolierte, denn man hatte den Zusammenhalt und den Einfluss von Frankreich und Großbritannien unterschätzt. Auch gemeinsam mit dem nunmehr einzigen Verbündeten Österreich-Ungarn waren nur geringe Erfolge zu erzielen, z. B. die Garantie der Handelsfreiheit. Zudem wurden internationale Institutionen zur Kontrolle Marokkos geschaffen, in denen Frankreich besonders stark repräsentiert war.
Auf einer weiteren Konferenz legten Frankreich und das Deutsche Reich 1909 die politische Vorrangstellung Frankreichs in Marokko fest, allerdings musste Frankreich die Souveränität Marokkos sowie die wirtschaftliche Gleichberechtigung der anderen Mächte anerkennen. Trotzdem gab es immer wieder Konflikte der beiden Staaten, die ihren Höhepunkt 1911 fanden. Nach Unruhen im Landesinnern besetzten französische Truppen die marokkanischen Städte Fes und Rabat und rechtfertigten sich mit dem Schutzmandat für die in Marokko lebenden Europäer. Das Vorgehen Frankreichs verstieß allerdings gegen die Algeciras-Akte, und das Deutsche Reich erkannte, dass es Vorteile aus der Lage ziehen konnte: Deutschland war bereit, Marokko Frankreich zu überlassen, wenn es als Ausgleich das Kongogebiet bekäme.
Um dieser Forderung Nachdruck zu verleihen, wurde am 1.7.1911 das deutsche Kanonenboot „Panther" als Drohgebärde in den Hafen von Agadir (Marokko) entsandt (**„Panthersprung nach Agadir"**). Diese Aktion löste die **zweite Marokko-Krise** aus. Die deutsche Regierung war vom Gelingen ihrer Mission überzeugt und suchte keinen Ausgleich auf diplomatischem Weg. Das erwies sich allerdings als Fehler. Großbritannien schlug sich auf die Seite Frankreichs und beanstandete die deutschen Forderungen. Das im November 1911 in Berlin unterzeichnete Abkommen **(deutsch-französischer Marokko-Kongo-Vertrag)** war für das Deutsche Reich ein magerer Kompromiss: Es verzichtete auf jeglichen politischen Einfluss in Marokko und musste einen Teil seiner Kolonialgebiete in Kamerun abgeben, erhielt aber von Frankreich dafür einen Teil des Kongo.
Nach der Niederlage in der zweiten Marokko-Krise rüstete das Deutsche Reich neben der Flotte auch die **Armee** in großem Umfang auf. Es begann ein **Wettrüsten zu Lande**. Die Antwort der anderen Mächte auf das deutsche Aufrüsten war weitere Aufrüstung auf ihrer Seite. Versuche, das Wettrüsten im Februar 1912 durch Verhandlungen zu beenden, scheiterten am gegenseitigen Misstrauen. Die Situation in Europa erschien zu dieser Zeit wenig hoffnungsvoll.

Balkan-Krise – Balkan-Krieg 1912/1913

Der Balkan war in den letzten Jahrzehnten des 19. Jahrhunderts eine Gefahrenquelle für den europäischen Frieden, seit dem **Krim-Krieg 1853–1856** quasi ein „Krisenherd der internationalen Politik". Während dieses Kriegs befand sich Russland auf der einen und das Osmanische Reich, Frankreich und Großbritannien auf der anderen Seite. Der Versuch Russlands, sein Gebiet zulasten des zerfallenden Osmanischen Reichs zu vergrößern, wurde durch den Einsatz Großbritanniens und Frankreichs vereitelt.

Der Niedergang und die **Schwäche der osmanischen Großmacht** war ein wichtiger Auslöser für die Krisen am Balkan. Russland und Österreich-Ungarn wollten beide das einst mächtige Osmanische Reich als beherrschende Macht auf dem Balkan ablösen.

Der Zerfall des Osmanischen Reiches

Der Zerfall des Osmanischen Reiches zog sich über mehrere Jahrhunderte hin. Die Expansion dieses riesigen Imperiums, das auf seinem Höhepunkt Territorien in Südosteuropa, im Nahen und Mittleren Osten und in Nordafrika umfasste, vollzog sich bis ins späte 17. Jahrhundert. 1683 scheiterte die Eroberung Wiens, das islamische Reich geriet fortan in die Defensive. In mehreren Kriegen gegen das Osmanische Reich, besonders unter Führung Russlands und Österreichs(-Ungarns), wurden die Türken bis 1913 aus Europa zurückgedrängt (abgesehen vom Gebiet Ostthrakien nördlich des Bosporus bzw. der Dardanellen).
Im 19. Jahrhundert sprach man vom „kranken Mann am Bosporus". Die Osmanen hatten sich der industriellen Entwicklung, die Europa und Amerika im 19. Jahrhundert durchliefen, verschlossen. Militärisch war das Reich in der Defensive, in allen Teilen des riesigen Reichs riefen Nationalbewegungen zum Widerstand gegen die Herrschaft des Sultans auf. Im Inneren führte der Staatsbankrott von 1875 zur Abhängigkeit von anderen europäischen Mächten und begünstigte die Entstehung von oppositionellen Bewegungen (z. B. der „Jungtürkischen Bewegung"), die ebenfalls zur politischen Destabilisierung beitrugen.
1875 begann in Bosnien ein Aufstand gegen die türkische Herrschaft, der sich schnell ausbreitete und auch die europäischen Mächte integrierte. **Russland**, das sich als Schutzherr der orthodoxen Christen im Osmanischen Reich verstand, griff auch militärisch ein. Es folgte **1877** eine **Kriegserklärung an die Türkei,** und das Osmanische Reich musste im März **1878** einen **Friedensvertrag** unterschreiben, der Serbien, Montenegro und Rumänien ein größeres Territorium sowie Autonomie brachte. Bulgarien und Makedonien, die zu einem großbulgarischen Fürstentum mit Zugang zum Ägäischen Meer erweitert wurden, gerieten unter russischen Einfluss, wodurch sich für Russland der Zugang zum Mittelmeer öffnete.

Österreich-Ungarn und **Großbritannien** standen der russischen Expansion kritisch gegenüber; auf dem Berliner Kongress 1878 wurde ein vorübergehender Ausgleich erzielt. Da jedoch weder Österreich-Ungarn noch Russland seine expansiven Bestrebungen aufgab, blieb die Lage konfliktreich und spitzte sich zur **Russisch-Österreichischen Krise** (1908) zu, in deren Verlauf sich Österreich-Ungarn Bosnien und Herzegowina einverleibte. Als 1911 Italien nordafrikanische Gebiete der Türkei erobern konnte, griffen Serbien, Bulgarien, Griechenland und Montenegro ebenfalls die Türkei an, um den Balkan endgültig von der osmanischen Herrschaft zu befreien. Am 8.10.**1912** erklärte Montenegro der Türkei den Krieg, die Bündnispartner folgten in den **Ersten Balkan-Krieg**. Innerhalb von zwei Monaten verlor die Türkei fast alle europäischen Besitztümer an die Balkan-Staaten, ein Waffenstillstand oder eine Einigung kam jedoch nicht zustande. Erst am 30. Mai **1913** kam es unter Vermittlung der europäischen Großmächte zum **Londoner Frieden**, bei dem die Türkei der

Abtretung fast ihres gesamten europäischen Gebiets zustimmen musste. Albanien erlangte seine Unabhängigkeit. Die Gebietsverschiebungen riefen erneute Konflikte hervor und führten schließlich **1913** zum **Zweiten Balkan-Krieg**. Im Juni unternahm ein bulgarischer General ohne Befehl einen Angriff auf Serbien – was die bulgarische Regierung jedoch bestritt. Im Juli erklärten Serbien und Griechenland gemeinsam Bulgarien den Krieg, kurze Zeit später folgten Montenegro und Rumänien sowie das Osmanische Reich in der Hoffnung, einen Teil seiner Verluste aus dem Ersten Balkan-Krieg zurückgewinnen zu können.
Bulgarien blieb nur die Kapitulation und am 10. August 1913 wurde in Bukarest ein **Friedensabkommen** unterzeichnet. Bulgarien musste einen Großteil seiner Gewinne aus dem Ersten Balkankrieg wieder abgeben, den größten Teil bekam Rumänien. Makedonien wurde fast vollständig unter Griechenland und Serbien aufgeteilt.

Das Ende der deutschen Kolonialmacht

Als Siedlungskolonien spielten die Kolonialgebiete des Deutschen Reichs eine eher untergeordnete Rolle. Im Jahr 1913 z. B. lebten nur 24 000 Deutsche in den afrikanischen Besitzungen. In Deutsch-Ostafrika bewirtschafteten sie Plantagen mit Kaffeeanbau. In Deutsch-Südwestafrika gab es Viehwirtschaft und Diamantenabbau in beträchtlichem Umfang. Die wirtschaftlichen Hoffnungen erfüllten sich nicht, nicht einmal ein Prozent der deutschen Exporte ging in die Kolonien. Das deutsche Kolonialreich blieb nicht lange bestehen, im Ersten Weltkrieg konnten die Gebiete nicht dauerhaft verteidigt werden. Mit dem Friedensvertrag von Versailles musste das Deutsche Reich dann seine Kolonien abtreten.

Die imperialistische Expansion

Afrika hatte wie kein anderer Kontinent unter der imperialistischen Politik Europas zu leiden. Man wusste fast nichts über den Kontinent. Geografisch hatte man eine ungefähre Vorstellung: Man kannte die Küstengebiete. Über die Lebensweise herrschten Vorurteile: Viele Europäer glaubten, die Afrikaner seien „unzivilisierte Wilde“, die in Stämmen im Urwald hausten und als Jäger und Sammler lebten. Tatsächlich aber gab es neben Nomaden auch sesshafte Völker, die in Dörfern und Städten lebten. Glaubt man den Reiseberichten aus dem 16. Jahrhundert, gab es sogar Städte mit bis zu 100 000 Einwohnern. Bronzestatuen und Elfenbeinschnitzereien aus dem 15./16. Jahrhundert zeugen von entwickelter Kultur.
Bis zum 19. Jahrhundert betrachteten die Mutterländer ihre Kolonien in erster Linie als Rohstofflieferanten. Die technischen Fortschritte hatten den Industriestaaten eine enorme technische und militärische Überlegenheit gebracht. Zwischen 1889 und 1914 dehnten sich nicht nur die europäischen Kolonialmächte aus, sondern auch **Japan** (in Korea und China) und die **USA** (Kuba, pazifischer Raum), die mit dem Sieg im **Spanisch-Amerikanischen Krieg 1898** in den Kreis der imperialistischen Weltmächte eintraten. Der Erwerb der Philippinen und Puerto Ricos sowie die Besetzung Kubas und der Bau des Panamakanals wurden als erster Schritt gesehen, um mit den europäischen Kolonialmächten in Konkurrenz zu treten. Auch das erst in industriellen Anfängen stehen-

de **Russland** (Zentralasien, Sibirien) dehnte seine Herrschaftsgebiete und wirtschaftlichen Einflusszonen aus. Damit änderten sich auch die Interessen: Kolonien sollten nun nicht mehr nur billige Rohstoffe bereitstellen, sondern auch Absatzmärkte für die in den Mutterländern gefertigten Industrieprodukte sein. Weiterhin dienten sie als Auswanderungsziel für die stark angewachsene Bevölkerung. Innenpolitische oder soziale Probleme überdeckte man gern durch nationale Begeisterung für die eigene Kolonialpolitik. Großbritannien löste um **1880 den weltweiten Wettlauf um Kolonien** aus, als es nach heftigen Kämpfen Ägypten besetzte. Hier ging es in erster Linie darum, den Seeweg nach Indien, zur größten britischen Kolonie, durch den neu erbauten Suezkanal zu sichern. Die europäischen Nachbarstaaten reagierten auf den britischen Vorstoß, indem sie ebenfalls versuchten, ihren außereuropäischen Einfluss zu erweitern, denn innerhalb Europas war das nicht mehr möglich.
Die Kolonialmächte verfügten über ein äußerst chauvinistisches Sendungsbewusstsein. Man glaubte, die „weiße Rasse“ sei zur Herrschaft über alle anderen berufen (sog. **Sozialdarwinismus**). Die Kolonialherren verstanden es als „natürliche“ Entwicklung, den „unterentwickelten Völkern“ die europäische Zivilisation und die christliche Religion nahezubringen. Damit zerstörten die Europäer Traditionen und zeigten deutlich ihre Missachtung selbst von Hochkulturen wie China und Indien.

Info Kolonialismus – Imperialismus

Kolonialismus leitet sich als Begriff von lat. *colonia* (= auswärtige Besitzung, Siedlung) ab. Gemeint ist die Eroberung und meist Ausbeutung militärisch besetzter Gebiete, meist auf anderen Kontinenten. Kolonialismus gab es bereits im 16. Jahrhundert: Europäer wollten Gebiete außerhalb Europas für den Handel erschließen. Der Bedarf an Rohstoffen war in Europa zudem hoch und kaum durch eigene Ressourcen zu decken.
Die Völker der eroberten Gebiete werden meist ihrer Kultur beraubt und auf die Interessen der Kolonialherren ausgerichtet. Die Vertreter der Kolonialmacht üben die Hoheitsfunktionen aus, obwohl sie zahlenmäßig in der Minderheit sind. Kolonien sind wirtschaftlich und politisch von den Kolonialmächten abhängig.
Der **Imperialismus** beinhaltet den Willen und die Fähigkeit eines Landes, eigene nationalstaatliche Interessen weltweit geltend zu machen. Dabei werden Kräfte freigesetzt, die zur größtmöglichen Macht über andere Länder und zum Erwerb eines globalen Herrschaftsanspruchs benötigt werden. Treibende Kraft ist häufig der (übersteigerte) Nationalismus. Das Streben nach weltweiter politischer Macht unterscheidet den Imperialismus vom Kolonialismus.

Motive des Imperialismus

Im Großen waren die Ziele der Kolonialmächte und die Motive ihrer Politik einheitlich, im Detail unterschieden sie sich jedoch in der Priorität:

- **Großbritannien** wollte günstige Rohstoffe und den eigenen Einfluss global ausdehnen. Nur zu Beginn verfolgte man auch das Ziel, das europäische Gleichgewicht aufrechtzuerhalten und die Expansion Russlands einzudämmen.

- **Frankreich** wollte von innenpolitischen Problemen ablenken, ein Auswanderungsgebiet für die wachsende Bevölkerung haben und das eigene Ansehen in Europa stärken. Als eine der ältesten Nationen Europas billigte man sich zudem die Verpflichtung zu, die französische Zivilisation in „unzivilisierte" Regionen zu bringen.
- **Russland** wollte eine besondere Rolle in der Welt spielen und missionieren, die „Prinzipien christlicher Erleuchtung" verbreiten, in Differenz zu Europa.
- Die **USA** wollten zahlenmäßige und kulturelle Überlegenheit zeigen und in die Welt tragen. Schon im 19. Jahrhundert jedoch suchten die USA externe Absatzmärkte für ihre Produktionsüberschüsse.
- **Italien** wollte wirtschaftliche Vorteile durch neue Export- und Importmärkte und glaubte, nur mit Kolonien aufschließen zu können.

Allen Kolonialmächten war gemeinsam, dass sie ihren Machtbereich außerhalb des eigenen Kontinents erweitern wollten, um ihr Prestige als Nation zu steigern und ihre Kultur, ihre Sprache, ihre Religion und Lebensweise in die Welt zu tragen.

Die Verwaltung der Kolonien

Die Kolonialmächte entwickelten unterschiedliche Strategien zur Verwaltung ihrer Gebiete. Alle waren gleichermaßen auf die einheimische Bevölkerung angewiesen, denn in den meisten (neuen) Kolonien lebten nur wenige weiße Siedler. Besonders Großbritannien arbeitete eng mit den Stammesführern zusammen. Seine Kolonien behielten eine gewisse Eigenständigkeit, denn anders hätte das riesige Imperium nicht verwaltet werden können. Ein solches System, in dem (wenige) Beamte der Kolonialmacht neben (vielen) einheimischen Kräften die Kolonie verwalteten, nennt man **informelle Herrschaft** („Herrschaft an der langen Leine").

In den französischen Kolonien war es anders: Sie galten als verlängerter Arm des französischen Staats in Übersee und sollten dem Mutterland vollkommen angeglichen werden, in Kultur, Sprache, Recht und der französischen Lebensweise generell. Ein solches System nennt man **formelle Herrschaft**.

Wurde die Welt „europäisiert"?

Anfang des 20. Jahrhunderts befand sich mehr als die Hälfte der Erdoberfläche unter kolonialer Herrschaft. Afrika wurde zum hauptsächlichen Austragungsort des europäischen Konkurrenzkampfs. Im Jahr 1876 waren erst zehn Prozent des Kontinents in europäischen Händen, um 1900 hatte man den Kontinent fast vollständig „aufgeteilt". Bis zum Beginn des Ersten Weltkriegs hatten außer Äthiopien und Liberia alle afrikanischen Gebiete ihre Unabhängigkeit verloren. Den Franzosen und den Briten gehörte je ein Drittel des Erdteils, das andere Drittel teilten sich das Deutsche Reich, Portugal, Spanien, Belgien und Italien.

- Bis Mitte des 19. Jahrhunderts war **Großbritannien** die größte Kolonialmacht: Neben Indien gab es Handelsstützpunkte und Kolonien in Hongkong, Singapur und Afrika (Nigeria, Ägypten, den Sudan, Sierra Leone, die Goldküste, Uganda, Rhodesien, Britisch-Ostafrika, Südafrika, Betschuanaland/Botswana).
- Die **Niederlande** hatten in Südostasien ein bedeutendes Kolonialreich aufgebaut: Sumatra, Singapur, Java, Neuguinea.

- **Frankreich** konzentrierte sich auf Afrika und Indochina. Es besaß Kolonien in Westafrika, Gambia, Madagaskar und einen Teil von Somalia.
- **Spanien** war in der frühen Neuzeit das erste Land, welches überhaupt Kolonien gründete. Es besaß die meisten Kolonien in Lateinamerika und in Afrika die Kolonie Rio d'Oro (ein Teil des heutigen Marokko).
- **Portugal** war das älteste europäische Kolonialreich mit Kolonien in Brasilien, Angola, Kap Verde, Portugiesisch-Guinea, Macao und Mosambik.
- **Belgien** enagierte sich spät und erschloss den Kongo als Kolonie.
- **Italien** orientierte sich in Richtung Nord- und Ostafrika und erwarb Libyen, Eritrea und einen Teil vom heutigen Somalia.
- **Dänemark** war eine der ersten Kolonialmächte, das Kolonialreich erstreckte sich vom Indischen Ozean über die Karibik bis zur Arktis.
- Das **Deutsche Reich** konnte Deutsch-Ostafrika, Deutsch-Südwestafrika, Togo, Deutsch-Neuguinea und Kamerun als Kolonien erwerben.

Ein Jahrzehnt nach dem Beginn des Wettlaufs um Afrika war der Kontinent fast vollständig aufgeteilt. Auf der **Kongo-Konferenz** in Berlin **1884/85** erkannten die Vertreter der europäischen Kolonialmächte die bestehende Aufteilung an. Die Kongo-Konferenz wurde ohne Beteiligung von Afrikanern durchgeführt.

Konflikte in den Kolonien

In den Kolonien nahmen die Einheimischen die Herrschaft der Europäer nicht immer widerstandslos hin, immer wieder erhoben sie sich gegen ihre „neuen Herren“.
Ein Beispiel ist der sog. **Boxer-Aufstand** in China. In China war kein Staat alleiniger Kolonialherr, sondern es hatte einige Eroberungen gegeben. Das Deutsche Reich hatte die Kiautschou-Bucht an der chinesischen Ostküste besetzt. Konfliktreich wurde die Situation Ende des 19. Jahrhunderts. Auslöser dafür war der verstärkte europäische Einfluss und die Unterdrückung eigener Traditionen und Kulturen sowie die damit einhergehenden starken Veränderungen im öffentlichen Leben. Die Chinesen wollten ihr Land von den ausländischen Fremdherrschern befreien.
Die Bezeichnung „Boxeraufstand“ kommt von den „Boxern“, die aus Dorfmilizen hervorgegangen waren, die sich zum Schutz gegen Räuberbanden gebildet hatten. Als der Einfluss der Europäer in China immer mehr zunahm, entwickelten sich die „Boxer“ zu einer anti-europäischen Abwehrbewegung. Die Initiative der „Boxer“ wurde von der chinesischen Regierung unterstützt.
In den Jahren 1898 bis 1900 unterbrachen die Aufständischen Bahnlinien, kappten Telegrafenleitungen und bedrohten Europäer. Als ein deutscher Gesandter aus Peking von den „Boxern“ ermordet wurde, schlugen die europäischen Mächte den Aufstand 1901 gemeinsam nieder.
Die **Vereinigten acht Staaten**, die für die Niederlage der Chinesen verantwortlich waren, bestanden aus dem Deutschen Reich, Frankreich, Großbritannien, Italien, Japan, Österreich-Ungarn, Russland und den USA. Ergebnis war das Boxerprotokoll im Herbst 1901, worin festgehalten wurde, dass sich China nach der Kapitulation für alle begangenen Morde entschuldigen musste und sich zu einer „Boxer-Entschädigung“

an die westlichen Länder verpflichtete. In der Folge bauten die Kolonialherren ihre Macht im „Reich der Mitte" noch weiter aus. Viele Boxer wurden zum Tode verurteilt.

Ein weiteres Beispiel für Konflikte in den Kolonien ist der sog. **Herero-Aufstand** in Südwestafrika (im heutigen Namibia). Immer wieder gab es Auseinandersetzungen zwischen den Herero und den weißen Siedlern, bedingt durch den Verlust der eigenen Siedlungsgebiete und der lebensnotwendigen Weiden, massive Diskriminierungen durch die „neuen Herren" und eine generelle Rechtsunsicherheit. 1904 bis 1907 erhoben sich die Herero und die Nama gegen die deutschen Kolonialherren: Dies war der größte Aufstand in der deutschen Kolonialgeschichte.
Am 12. Januar 1904 begannen die Herero mit kleinen Angriffen auf Militärstationen, Bahnlinien und Handelsniederlassungen. Weil die Vertreter des Deutschen Reichs zunächst überrascht waren, unterlagen sie anfangs bei den Auseinandersetzungen. Schon im Mai 1904 kam der Befehl, den Aufstand militärisch zu unterdrücken. Die 2000 Mann starke kaiserliche Schutztruppe wurde durch 14000 Soldaten verstärkt, die mit einer enormen Brutalität gegen die Aufständischen vorgingen.
Bereits im August waren die Herero auf dem Plateau des Waterbergs umzingelt, sodass ihnen nur die Flucht in die Omaheke-Wüste blieb, die allerdings von den deutschen Truppen mit einem 250 Kilometer langen Absperrgürtel abgeriegelt wurde: Für die Menschen ein Gefängnis, aus dem nur ganz wenige lebend herauskamen. Die meisten Herero verdursteten oder verhungerten dort in der Wüste, die völlige Vernichtung des Volksstamms der Herero wurde in Kauf genommen.
Der für diese Aktion verantwortliche **Generalleutnant Lothar von Trotha** wurde, auch wegen der gezeigten Brutalität, abberufen. Die letzten Überlebenden der Herero wurden im November 1905 in Konzentrationslagern interniert, in denen sie Zwangsarbeit leisten mussten.
Ursprünglich gab es zwischen 60000 und 80000 Hereros, es überlebten nur 16000. Genaue Opferzahlen sind umstritten.
Die rund 20000 Menschen zählende Bevölkerungsgruppe der Nama lehnte sich ebenfalls im Oktober 1904 gegen die Kolonialherrschaft auf. Hier bezahlte das etwa die Hälfte der Menschen mit dem Leben.
Bis heute lehnt die deutsche Bundesregierung eine Wertung des Krieges gegen die Herero und die Nama als „Völkermord" ab.

Ursachen des Ersten Weltkriegs

Der Erste Weltkrieg

Der Erste Weltkrieg gilt in Europa als „Urkatastrophe des 20. Jahrhunderts" (George F. Kennan). Erstmals wurde in großem Umfang moderne Technik auch zur Kriegsführung eingesetzt, die Gräuel dieses Krieges überstiegen alles bis dahin Vorstellbare. Zudem hatte er weitreichende historische Konsequenzen, die teils in die internationalen Konflikte der Gegenwart hineinreichen.
Die Ursachen des Ersten Weltkriegs lassen sich mit den Schlagworten Imperialismus, Nationalismus, Militarismus und internationale Krisen benennen. Vertiefende

Erläuterungen zu diesen Schlagworten finden Sie im vorhergehenden Kapitel. Krieg als Mittel der Politikausübung war im Jahrzehnt vor 1914 international sehr präsent. Er wurde für legitim gehalten, von bestimmten Kreisen sogar forciert. Letztendlich waren die Ursachen des Ersten Weltkriegs vielgestaltig (multifaktoriell), jede Monokausalität muss in der Betrachtung vermieden werden.

Info **Die Ereignisse vor Kriegsausbruch 1914**

06. Juli:	Das Deutsche Reich versicherte Österreich-Ungarn Bündnistreue, sog. „Blanko-Scheck“.
23. Juli:	Österreich-Ungarn stellte Serbien ein Ultimatum mit unannehmbaren Forderungen.
25. Juli:	Mobilmachung in Österreich-Ungarn; Russland sicherte Serbien seine Unterstützung zu; Frankreich betonte, zu seinen Bündnisverpflichtungen (mit Russland) zu stehen.
27. Juli:	Großbritannien schlug eine Vermittlungskonferenz vor; zugleich Teilmobilmachung der eigenen Flotte.
28. Juli:	Kriegserklärung Österreich-Ungarns an Serbien.
29. Juli:	Ankündigung der Mobilmachung in Russland.
31. Juli:	Ultimatum Deutschlands an Russland, nicht in den Konflikt einzugreifen.
01. August:	Kriegserklärung des Deutschen Reichs an Russland.
03. August:	Kriegserklärung des Deutschen Reichs an Frankreich, weil es seiner Auffassung nach nicht neutral blieb.
04. August:	Deutsche Truppen marschierten in das neutrale Belgien ein, um Frankreich vom Norden her angreifen zu können; daraufhin erklärte Großbritannien Deutschland den Krieg.
06. August:	Kriegserklärung Österreich-Ungarns an Russland.
11./12. August:	Großbritannien und Frankreich erklärten Österreich-Ungarn den Krieg.

Die Juli-Krise 1914

Die Spannungen unter den Großmächten verschärften sich bis 1914 zunehmend. Anlässlich verschiedener Konflikte flammten immer wieder Forderungen nach Krieg auf. Dabei wurden bündnispolitische Konstellationen und militärische Strategien (z. B. auf deutscher Seite der „Schlieffen-Plan“) bereits Jahre zuvor durchgespielt. In weiten Kreisen wurde Krieg für unvermeidlich gehalten, obwohl es in mehreren Krisen zumindest unter den Großmächten gar nicht zu einer entsprechenden Eskalation kam.

Das am 28.6.1914 verübte **Attentat auf den österreichischen Thronfolger Erzherzog Franz Ferdinand** und seine Frau veränderte die Situation und geriet durch das Verhalten der europäischen Regierungen schließlich zum Anlass für den Kriegsausbruch. Die Ermordung Franz Ferdinands im bosnischen Sarajewo durch einen serbischen Nationalisten ließ den Konflikt zwischen Österreich-Ungarn und Serbien eskalieren. Österreich-Ungarn erwog einen militärischen Schlag gegen Serbien. Dies löste eine Kette von Reaktionen aus, die sich aus den beiden wichtigsten Bündnissen ergab: dem Bündnis zwischen dem Deutschen Reich und Österreich-Ungarn sowie der Triple Entente zwischen Großbritannien, Frankreich und Russland.

Debatte Die Kriegsschuldfrage

Einige zentrale Positionen der (deutschen) Geschichtswissenschaft nach 1945 (die Jahreszahlen geben die Jahre zentraler Veröffentlichungen eines Autors an):

- **Gerhard A. Ritter** (1950): Das Deutsche Reich habe keine gezielte Kriegspolitik bzw. Kriegsvorbereitung betrieben (kein Hegemonialstreben). Der Kriegsausbruch sei der Reaktionskette von Bündnisverpflichtungen geschuldet.
- **Fritz Fischer** (1961): Löste die sog. „Fischer-Kontroverse" aus, die bis in die 1980er-Jahre hinein die These vom Weltmachtstreben Deutschlands diskutierte. Sie erörterte Bestrebungen von Wirtschaft und Finanzkapital sowie die politische und gesellschaftliche Reformunfähigkeit im Deutschen Kaiserreich als kriegstreibende Faktoren: Das Deutsche Reich trage aufgrund des „Blanko-Schecks" für Österreich-Ungarn die Hauptverantwortung für den Ausbruch des Kriegs; es habe die Situation gezielt für die kriegerische Eskalation genutzt, um seine Großmachtstellung auszubauen
- **Andreas Hillgruber** (1964): Die deutsche Führung trage Verantwortung für den Kriegsausbruch. (kein Hegemonialstreben, keine alleinige Schuld)
- **Wolfgang J. Mommsen** (1981): Der Nationalismus in Staat und Gesellschaft, besonders aber innerhalb der gesellschaftlichen Eliten in Adel und Militär, und die damit verbundenen Zielsetzungen hätten den Kriegsausbruch ermöglicht.
- **Thomas Nipperdey** (1991): Keine kriegsbegünstigende Politik in Europa. Die gesellschaftlichen und wirtschaftlichen Verhältnisse hätten nicht zu einem unvermeidlichen Krieg geführt. Der Krieg sei in der Krisensituation „ausgebrochen".
- **Jürgen Kocka** (2003): Das Deutsche Reich trage eine zentrale Verantwortung, wobei die europäische Bündnis- und Krisensituation zu berücksichtigen sei.
- **Christopher Clark** (2012): Die politische Führung habe die Folgen ihres Handelns nicht überblickt. Nur darum hätten die Aktionen der serbischen Nationalisten eine so verheerende Wirkung erzielen können.

Bereits zu Beginn des Kriegs wurde über die **Schuld** am Ausbruch des Ersten Weltkriegs diskutiert. Die Schuldzuweisungen folgten weitgehend den jeweiligen Bündniskonstellationen und dienten der Rechtfertigung der Kriegsführung. Nach dem Waffenstillstand am 11.11.1918 und als Ergebnis der Friedensverhandlungen von Versailles wurde die Kriegsschuld einseitig dem Deutschen Reich und Österreich-Ungarn zugewiesen. Artikel 231 des Versailler Vertrags von 1919 erklärte, dass das Deutsche Reich und seine Verbündeten die alleinige Kriegsschuld trügen. Diese Bestimmung diente der Rechtfertigung der Reparationsforderungen im Versailler Vertrag. In der Zeit der Weimarer Republik versuchte Deutschland, die Behauptung von der alleinigen

Kriegsschuld durch Zusammenstellungen von Dokumenten (eigene „Kriegsschuldabteilung" im Außenministerium) und durch wissenschaftliche Veröffentlichungen zu entkräften.
Seither widmet sich die Geschichtswissenschaft der sog. Kriegsschuldfrage. Hierbei sind im Sinne der kritischen Auseinandersetzung mit wissenschaftlicher Sekundärliteratur die jeweiligen Standpunkte und möglichen ideologischen Perspektiven sowie die zeithistorischen Umstände der wissenschaftlichen Untersuchung zu beachten. Es stellt sich daher die Frage nach Interessengebundenheit und ideologischer Perspektive.

Der Erste Weltkrieg als „moderner" Krieg

Die Vorstellung vom Ersten Weltkrieg als „modernem" Krieg gründet sich v. a. auf das bis dahin unbekannte Ausmaß an **Massenmobilisierung** sowie die **Umstellung auf eine Kriegswirtschaft** und die **Technisierung** als Ergebnis der Industrialisierung. Ein weiterer Aspekt ist die Beteiligung von Finanziers und Banken an der **Kriegsfinanzierung.**
Die europäischen Großmächte mobilisierten im Verlauf des Ersten Weltkriegs Massenheere in bis dahin unvorstellbarer Größe. So wurden allein in Deutschland über 13 Millionen Männer zum Kriegsdienst eingezogen, wovon ca. zwei Millionen getötet wurden. Russlands Heer umfasste insgesamt ca. 12 Millionen. Weltweit kamen während des Kriegs etwa 17 Millionen Menschen – Militärangehörige und Zivilisten – um. Man geht von ca. 20 Millionen Verwundeten aus, die den Krieg, teils äußerst schwer verletzt, überlebten. Gerade diese hohe Zahl an Kriegsinvaliden, die das Bild vom Ersten Weltkrieg massiv prägten, ist begründet durch die technisierten Waffensysteme, aber auch durch das inzwischen ausgebaute Lazarettwesen.
Der massenhafte Einsatz von Menschen und Material sollte militärische Entscheidungen erzwingen, führte jedoch eher zur Erstarrung. Die neuen Waffensysteme waren Tanks (Panzer), Flugzeuge, U-Boote und Giftgas. Der Seekrieg wurde für Wirtschaftsblockaden genutzt und erstmals wurde Krieg in der Luft geführt. Das Abschneiden vom Zugang zu kriegswichtigen Rohstoffen erforderte das Ausweichen auf Ersatzprodukte und die Entwicklung zahlreicher neuer synthetischer Produkte.
Die Kriegswirtschaft und -technik zeigten sich in der Umstellung der **Industrieproduktion** auf die Anforderungen des Kriegs und in der Anwendung neuartiger Waffensysteme. Kriegswichtige Industriezweige (Maschinenbau, Metall-, Elektro- und chemische Industrie) standen in Deutschland teilweise unter starkem staatlichen Einfluss, der Züge einer Zwangswirtschaft trug. Frauen und Jugendliche wurden als Ersatz für die zum Kriegsdienst eingezogenen Männer in der Industrie und Landwirtschaft eingesetzt. Dies hatte nach dem Krieg Emanzipierungstendenzen zur Folge.
Die unmittelbaren Auswirkungen des Kriegs auf die Heimat in Verbindung mit enormen Versorgungs- und Hungerkrisen („Steckrübenwinter" 1916/17) führten zur Bezeichnung **„Heimatfront"**, also der Kriegsfolgen auch in der Heimat.
Die **Gesellschaft in Deutschland** veränderte sich neben den wirtschaftlichen Entwicklungen besonders im Hinblick auf das Verhältnis von Männern und Frauen. Die Arbeiterbewegung gewann an politischem Gewicht, da die gewerbliche und indus-

trielle Produktion während des Kriegs so angespannt war, dass die Arbeitgeber auf die Forderungen der Arbeitnehmer eingehen mussten. Eine unmittelbare Kriegsfolge war die Verarmung der Mittelschicht. Die gesellschaftlichen Spannungen und Notlagen führten ab 1917, v. a. 1918, zu **Streiks** und Protesten, die die sich ausbreitende Kriegsmüdigkeit abbildeten.
In der **Politik** zählte es zu den langfristig wesentlichsten Veränderungen, dass sich die SPD zu Beginn des Kriegs dem sog. „Burgfrieden" anschloss und im Reichstag die Kriegskredite mit bewilligte. Dies und die anhaltende Unterstützung der Reichsregierung durch die SPD führte 1917 zur Gründung einer linken Abspaltung von der Mehrheits-SPD, der USPD (Unabhängige SPD). Die OHL (Oberste Heeresleitung), gebildet 1916 von den Generälen Paul von Hindenburg und Erich Ludendorff, nahm entscheidenden Einfluss auf Politik und Wirtschaft. Ihr Ziel war die Fortführung des Kriegs und die Bündelung aller gesellschaftlichen und wirtschaftlichen Kräfte, um einen deutschen Sieg zu ermöglichen. Weite Teile der Regierung und der Politik verloren an Einfluss. Als Reaktion auf Kriegsmüdigkeit und Friedensresolutionen ab 1917 gründete sich die Vaterlandspartei, die auf eine konsequente Weiterführung des Krieges und dem Streben nach deutscher Großmachtstellung setzte.

Kriegsverlauf

Die zentralen Schauplätze des Ersten Weltkriegs waren die West- und die Ostfront in West- und Mitteleuropa. Hinzu kamen militärische Auseinandersetzungen besonders in Südosteuropa, im Mittelmeerraum sowie in den Kolonien (z. B. in Ostafrika).

Die zentralen Verläufe an der West- und Ostfront:
Im Westen wurde die deutsche Offensive über das neutrale Belgien gegen Frankreich im Herbst 1914 gestoppt. Bis 1918 erstarrte die Front weitgehend und ging in einen sog. Stellungskrieg über, bei dem v. a. die jeweiligen Stellungen massiv (teils unter Einsatz von Giftgas) verteidigt wurden. Offensivversuche unter größtem Materialeinsatz scheiterten weitgehend. Die Raumgewinne und -verluste umfassten oft nur wenige Kilometer. Die Schlachten um Verdun und an der Somme in Nordostfrankreich (1916) gehören zu den größten und verlustreichsten Schlachten der Geschichte. Der deutsche Versuch einer letzten Frühjahrsoffensive 1918 scheiterte, und im August 1918 durchbrachen die alliierten Truppen (als Folge des Kriegseintritts der USA am 6. April 1917, Einsatz von Tanks als Panzerwaffe) die deutschen Stellungen. Dies führte zum Rückzug der deutschen Truppen. Der **Waffenstillstand** wurde am **11.11.1918** vereinbart.
Im Osten wurden die russischen Truppen nach anfänglichem Vormarsch in Ostpreußen gestoppt (Schlacht bei Tannenberg). 1915 drangen Deutschland und Österreich-Ungarn weit in russisches Gebiet vor, wobei die russischen Truppen sie 1916 wieder zurückzwingen konnten (Brussilow-Offensive). Ende 1917 wurde nach der russischen Revolution ein Waffenstillstand vereinbart, der Russland aus dem Krieg ausscheiden ließ. Am 3.3.1918 wurde dies im Frieden von Brest-Litowsk besiegelt.

Das Epochenjahr 1917

Die Geschichtsschreibung ist sich einig, dass die weltgeschichtliche Bedeutung des Ersten Weltkriegs auch im Eintritt der USA in den europäischen Kriegsschauplatz und im zeitgleichen Stattfinden der Russischen Revolution (beides 1917) liegt. Mit der Entstehung der Sowjetunion und der Einflussnahme der USA bildeten sich zwei Weltmächte, die die Politik des 20. Jahrhunderts prägten.

USA

Die USA hatten sich nach dem Abschluss ihrer territorialen Entwicklung seit dem letzten Drittel des 19. Jahrhunderts zu einer führenden Industrie-, Handels- und Agrarmacht entwickelt. Der U-Boot-Krieg, der von Deutschland verschärft wurde, führte zu Hemmnissen im Handel der USA. Angriffe von deutscher Seite bildeten im Frühjahr 1917 schließlich den Anlass für die USA, in den Krieg auf dem europäischen Kontinent einzugreifen. Die Initiative von Präsident Woodrow Wilson, der **14-Punkte-Plan,** bekräftigte den Anspruch der USA als neue Führungsmacht. Allerdings zogen sich die USA nach dem Krieg zunächst zurück und drängten eher auf eine Verständigung der ehemaligen Kriegsgegner in Europa, um die weltwirtschaftlichen Folgen des Kriegs abzumildern.

Russland

Die **Russische Revolution** von 1917 erfolgte in zwei Schritten: Auf die **Februarrevolution** folgte die Oktoberrevolution. Der Verlauf des Ersten Weltkriegs bildete in Russland den Auslöser für die Revolutionen. Die Weiterführung des Kriegs trotz hoher Verluste, militärische Misserfolge und eine katastrophale Versorgungslage waren der Ausgangspunkt für die Februarrevolution am **23.2.1917.** Die Zarenherrschaft brach zusammen, doch die Zukunft blieb unklar: Eine bürgerlich-parlamentarisch orientierte provisorische Regierung unter Alexander F. Kerenski versuchte neben den sozialistisch-marxistisch orientierten zentralen Arbeiter- und Soldatenräten erfolglos die Kontrolle über das Land zu gewinnen. Die Rückkehr W. I. Lenins im April 1917 (mithilfe der deutschen Obersten Heeresleitung zur bewussten Schwächung Russlands) brachte die radikale Bewegung der Revolutionäre (Bolschewisten) voran. Anhaltende Kriegsmüdigkeit und Unzufriedenheit führten schließlich zur erfolgreichen **Oktoberrevolution** am **24./25.10.1917** (nach westlichem Kalender am 6. und 7. November). Die provisorische Regierung wurde gestürzt und die gemäßigten Sozialdemokraten (Menschewisten) aus dem Allgemeinen Rätekongress gedrängt. Die Herrschaft übernahm der **Rat der Volkskommissare** unter der Führung Lenins und Trotzkis.

Im Hinblick auf den Ersten Weltkrieg ist bedeutend, dass am **3.3.1918** zwischen Russland und den Mittelmächten unter Führung des Deutschen Reichs sowie Österreich-Ungarns der **Friede von Brest-Litowsk** geschlossen wurde, der den Krieg im Osten beendete. Es wurde darin auf die russische Hoheit über die baltischen Staaten verzichtet und die Unabhängigkeit Finnlands und der Ukraine (Zusatzvertrag vom 27.8.) beschlossen.

Die Revolution hatte einen brutalen **Bürgerkrieg** von 1918 bis 1922 zur Folge. Ihm fielen v.a. durch Hungersnöte 16 Millionen Menschen zum Opfer. Es kämpfte ein Zusammenschluss von Gegnern der Bolschewisten (die „Weißen“) gegen die bolschewistische „Rote Armee“. Beteiligt waren aber auch ausländische Truppen (Großbritanniens, Frankreichs und der USA), die einen Sieg der radikalen Sozialisten unter Lenin verhindern wollten. 1921 schieden diese Kräfte aus und die Rote Armee siegte. Die während des Bürgerkriegs unter ideologischen Gesichtspunkten durchgeführten radikalen Maßnahmen – wie die entschädigungslose Enteignung von Großgrundbesitz, Verstaatlichung der Industrie und der Banken – führten zu chaotischen wirtschaftlichen Verhältnissen. Lenin ließ 1921 nach Aufständen liberale Lockerungen zu, die teilweise eine Rückkehr zur kapitalistischen Wirtschaftsform bedeuteten.
1922 wurde die Verfassung der Union der Sozialistischen Sowjetrepubliken verabschiedet. Sie bedeutete die Gründung der UdSSR als Bundesstaat, dem sich im Westen v.a. die Ukraine und Weißrussland anschlossen. Genauso umfasste die UdSSR die Republiken im Kaukasus sowie in Ostsibirien.
Die in der Verfassung verankerten Sowjets (Arbeiter- und Soldatenräte), die eigentlich ein basisdemokratisches Element darstellen sollten, standen – wie der gesamte Staatsapparat – unter Kontrolle der Kommunistischen Partei (KPdSU). Eine Geheimpolizei sorgte für eine brutale Verfolgung von Oppositionellen innerhalb und außerhalb der Kommunistischen Partei (Säuberungswelle der 1930er-Jahre) mit berüchtigten Gefangenenlagern (GULAG) und Ermordungen. Nach dem Tod Lenins (1924) begann die Diktatur Stalins bis 1953 (**Stalinismus**), die eine Abkehr von den zuvor begonnenen liberalen Lockerungen brachte. Es folgte z.B. die Zwangskollektivierung in der Landwirtschaft. Zugleich entfaltete sich ein enormer Personenkult um Stalin, der später im Zweiten Weltkrieg seinen Höhepunkt finden sollte.

Kriegsende und politischer Umbruch in Deutschland

Das **Waffenstillstandsabkommen** des Deutschen Reichs und der Entente-Mächte (Großbritannien, Frankreich, USA) vom **11.11.1918** gilt als das Ende des Ersten Weltkriegs. Nach dem Friedensschluss im März 1918 im Osten endete nun auch an der zweiten großen Front der Krieg.
In Deutschland hatte es im Verlauf des Jahres einerseits Anzeichen für ein Drängen nach Frieden gegeben, andererseits im Frühjahr noch eine große militärische Offensive. Bereits 1917 hatte es vonseiten der Parteien im Reichstag eine **Friedensresolution** gegeben, die einen Verständigungsfrieden anstrebte. Streiks und Demonstrationen drückten immer stärker die Kriegsmüdigkeit breiter Teile der Bevölkerung aus. Angesichts von immer größer werdenden Opferzahlen, Verwundeten, Versorgungsengpässen und Hungersnot lief die Propaganda zunehmend ins Leere. Auch die Regierung sah Handlungsbedarf: Die Oberste Heeresleitung (Hindenburg/Ludendorff) zog sich im Herbst 1918 aus ihrer Verantwortung zurück. Zuvor hatte sie erklärt, dass ein Sieg nun nicht mehr zu erwarten sei. Es wurde eine neue Regierung unter Prinz Max von Baden (3.10.1918) einberufen. Die Verfassung wurde reformiert: Deutschland wurde faktisch eine **parlamentarische Monarchie.**

Doch die Befehlsverweigerung von Matrosen, die Ende Oktober ein weiteres Auslaufen der Hochseeflotte verhinderten, sowie der **Matrosenstreik** von Kiel am 3./4.11.1918 führten in vielen Städten zu Erhebungen. Eine Revolution beendete in Bayern am 7.11. die Monarchie. Am 9.11. wurde die Abdankung des Deutschen Kaisers Wilhelm II. (Flucht in die Niederlande am 10.11.1918) durch den Reichskanzler Max von Baden verkündet. Zugleich wurde der Vorsitzende der SPD Friedrich Ebert zum Reichskanzler berufen. Daraufhin **rief der Sozialdemokrat Philipp Scheidemann die Republik aus.** Der Marxist Karl Liebknecht rief wenig später die „sozialistische Republik“ aus. Am gleichen Tag wurde ein „Rat der Volksbeauftragten“ aus je drei Vertretern der SPD und der USPD gebildet. Es wurden schließlich auch nicht-sozialistische Fachminister ernannt. In den folgenden Tagen und Wochen dankten die Monarchen und Fürsten in den deutschen Ländern ab. Dem damit vollzogenen Ende der Monarchie in Deutschland folgte der Waffenstillstand, der am 11.11.1918 in Compiègne in Frankreich unterzeichnet wurde.

Unruhen und Umgestaltung

Die Phase vom November 1918 bis zum Februar 1919 brachte Deutschland den politischen Umbruch von der konstitutionellen Monarchie hin zu einer **parlamentarischen Republik.** Dieser Prozess war mit dem Inkrafttreten der **Weimarer Verfassung** am **14.8.1919** abgeschlossen.
Die Umbruchzeit war gekennzeichnet von Bürgerkrieg, Aufständen und politischen Kämpfen zwischen radikalen und gemäßigten Kräften. Schließlich setzten sich die gemäßigten Sozialdemokraten (Mehrheitssozialisten, MSPD) unter der Führung von Ebert und Scheidemann durch und kooperierten mit der Heeresleitung und dem alten Regierungsapparat. Dadurch verhinderten sie einen vollständigen politischen und gesellschaftlichen Umbruch, wie er von den linken Sozialisten um Rosa Luxemburg und Karl Liebknecht angestrebt wurde. Teile der alten Eliten in Militär, Verwaltung und diplomatischem Dienst behielten infolge dieser gemäßigten Politik Einfluss auf die weitere politische Entwicklung der jungen Republik.
Die Konzepte einer **parlamentarischen Demokratie** und einer **sozialistischen Räterepublik** nach sowjetischem Vorbild standen einander gegenüber. Doch die Aufrechterhaltung von Ruhe und Ordnung und eines einigermaßen geordneten Übergangs vom Kriegs- in den Friedenszustand hatte für Friedrich Ebert oberste Priorität. Dazu dienten folgende Maßnahmen:

- enge Verbindung von Ebert mit der OHL unter Hindenburg und Groener,
- **Stinnes-Legien-Abkommen** (15.11.1918): Eine Arbeitsgemeinschaft von Arbeitgebern (Hugo Stinnes) und Gewerkschaften (Carl Legien) gründete eine Tarifpartnerschaft und führte erste sozialpolitische Neuerungen ein (z. B. 8-Stundentag),
- Beschluss des „Rats der Volksbeauftragten“ (30.11.): Ende der Monarchie, Wahrung der Reichseinheit und Wahlen zu einer Nationalversammlung sowie Einführung des Allgemeinen Wahlrechts (einschließlich Frauenwahlrecht),
- **Deutscher Rätekongress** in Berlin (16.–20.12.): Die Delegierten stammten aus oft improvisierten Arbeiter- und Soldatenräten. Sie waren mehrheitlich SPD-orientiert und bestätigten schließlich den politischen Kurs Eberts: Ablehnung des Rätesystems

als politische Form für ganz Deutschland sowie Beschluss für Wahlen zu einer Nationalversammlung.

Die Kooperation Eberts mit den alten Eliten vertiefte die Kluft innerhalb des linken politischen Spektrums und führte zu dem Vorwurf an die MSPD, die sozialistische Revolution verraten zu haben. Infolgedessen verschärften sich die Kämpfe, besonders in Berlin. Die USPD trat aus der provisorischen Regierung aus und am 1.1.1919 gründete sich die Revolutionäre Kommunistische Arbeiterpartei (später KPD).
Es folgte der **Spartakusaufstand** (6.–15.1.1919) von Linkssozialisten und Kommunisten, der blutig niedergeschlagen wurde. Dafür verantwortlich war der SPD-Politiker Gustav Noske, der die Aufständischen mit Einheiten aus **Freikorpstruppen** niederrang. Dabei wurden auch die kommunistischen Anführer Rosa Luxemburg und Karl Liebknecht ermordet (15.1.1919). Die politischen Kräfte SPD und KPD waren fortan verfeindet.

Info Freikorps

Als Freikorps bezeichnete man paramilitärische Verbände aus Kriegsheimkehrern, die zu einem Sammelbecken teilweise unkontrollierter antidemokratischer Soldatengruppen wurden. Zeitweise zählten ca. 400 000 Mann zu den Freikorpseinheiten. Sie wurden auch im offiziellen Auftrag der provisorischen Regierung eingesetzt, z. B. zur Grenzsicherung im Osten oder innenpolitisch im Kampf gegen Aufständische. Auch nach ihrer Auflösung 1920 waren Teile der Freikorpstruppen an rechtsextremistischen Gewalttaten beteiligt.

Im März/April 1919 kam es zu weiteren Aufständen, v. a. im Ruhrgebiet und in Bayern (brutale Niederschlagung der bayerischen Räterepublik durch Freikorps im Mai 1919).

Die Gründung der Weimarer Republik

Am 19.1.1919 wurde die **Nationalversammlung** gewählt, wobei eine Dreiviertelmehrheit für die Parteien stimmte, die den gemäßigten Kurs Eberts und der Mehrheit des Rats der Volksbeauftragten mitgetragen hatten: SPD, DDP, Zentrum. Es zeigte sich, dass die Mehrheit der Deutschen für die parlamentarische Demokratie votierte und keinen vollständigen revolutionären Umbruch nach dem Vorbild Russlands wollte. Die Oktoberrevolution und der ihr folgende brutale Bürgerkrieg waren den meisten Deutschen ein abschreckendes Beispiel.
Die Nationalversammlung trat am 11.2.1919 in Weimar (um der unsicheren Lage in Berlin auszuweichen) zusammen. Der SPD-Politiker **Friedrich Ebert** wurde zum vorläufigen **Reichspräsidenten** gewählt und eine Koalitionsregierung aus SPD-DDP-Zentrum mit dem Ministerpräsidenten Scheidemann (SPD) gebildet. Die Koalitionsregierung scheiterte an der Frage der Zustimmung oder Ablehnung des Versailler Friedensvertrags. Gustav Bauer (SPD) übernahm die Regierung, die schließlich die Unterzeichnung (28.6.1919) durchsetzte. Am 14.8.1919 trat die Weimarer Reichsverfassung in Kraft. Damit war der politische Umbruch vom Deutschen Kaiserreich zur Weimarer Republik vollzogen.

IF 5: Die Zeit des Nationalsozialismus – Voraussetzungen, Herrschaftsstrukturen, Nachwirkungen und Deutungen

Politische und ideologische Voraussetzungen des Nationalsozialismus

Die Machtübergabe an die Nationalsozialisten war auch eine Folge der Schwäche der Weimarer Republik, die darum in diesem Kapitel besonders hinsichtlich ihrer Problemlagen und ihres Scheiterns betrachtet wird. Die NS-Außenpolitik vor dem Zweiten Weltkrieg ist nur Thema für den Leistungskurs. Zum Verständnis des Ausbruchs des Zweiten Weltkriegs wird allerdings auch im Grundkurs die Kenntnis der außenpolitischen Ziele des Nationalsozialismus vorausgesetzt, da sie Bestandteil der NS-Ideologie sind.

Die Voraussetzungen des Nationalsozialismus setzen sich aus kurz-, mittel- und längerfristigen Faktoren zusammen. Diese Vielzahl von Faktoren ist in jeder Betrachtung der Ursachen zu beachten:

- **Längerfristig** wirksame Faktoren sind in gesellschaftlichen und politischen Grundströmungen zu sehen, die bereits im Deutschen Kaiserreich vorhanden waren. Besonders der verbreitete und im Kaiserreich auch offen zutage tretende **Antisemitismus** sowie der **Nationalismus** blieben auch nach dem Ende des Kaiserreichs 1918 gesellschaftlich und politisch bedeutsam. In Verbindung mit dem **Militarismus** in Staat und Gesellschaft waren somit drei Grundstrukturen vorhanden, die die Weimarer Republik belasteten.
- **Mittelfristig** machten die **Niederlage** im **Ersten Weltkrieg** und die Bedingungen des **Versailler Vertrags** sowie die **fehlende Unterstützung** der Weimarer Republik in weiten gesellschaftlichen Kreisen den Aufstieg des radikalen Nationalsozialismus möglich.
- **Kurzfristig** führten die **Weltwirtschaftskrise** und die **politische Krise ab 1930** zum Scheitern der demokratischen Ordnung.

Für die Ursachen in der Zeit des Deutschen Kaiserreichs und im Ersten Weltkrieg sind die entsprechenden Kapitel zu nutzen.

Die Weimarer Republik

Die 1919 mit der Inkraftsetzung der Verfassung gegründete **Weimarer Republik** wird üblicherweise in drei Phasen unterteilt:

- 1919–1923: Krisenjahre,
- 1924–1928: Konsolidierung,
- 1929–1933: Weltwirtschaftskrise und Scheitern.

1919–1923: Krisenjahre

Die politische, wirtschaftliche und soziale Krise belastete die neue demokratische Grundordnung enorm. Nach Unterzeichnung des Versailler Vertrags 1919 und infolge der propagandistischen Ausnutzung der sog. **Dolchstoßlegende** standen alle demokratisch gesinnten Kreise und die Politiker der neuen Republik ständig im Fokus öffentlicher Kritik. Radikale Kräfte versuchten von Anfang an, die neue politische Ordnung zu bekämpfen. Linksradikale Gruppen waren vom Ausgang der Revolution 1918/19 und von der Ablehnung des Rätesystems enttäuscht. Konservative, teils auch rechtsradikale Kräfte lehnten die Friedensordnung, das Ende der Monarchie und die liberale parlamentarische Demokratie ab. Es kam zu politischen Morden und Gewalttaten, Aufständen und Putsch-Versuchen. Die wirtschaftlichen Belastungen des Ersten Weltkriegs führten zu Inflation und verbreiteter Armut. Außenpolitische Konflikte, besonders um die Reparationen, verschärften die Situation.

Tipp zum Punktesammeln

Dieses Kapitel enthält mehrere Übersichten zu zentralen historischen Abläufen. Sie sollten sich anhand der Daten einen Überblick über die Verläufe verschaffen. Es wird erwartet, dass Sie diese mindestens **grob zeitlich einordnen** können. Sie müssen also nicht jedes Datum reproduzieren können, aber Sie müssen wissen, welche Ereignisse miteinander in Verbindung stehen. Wichtig ist, dass Sie die **relevanten Ursachen und Anlässe der historischen Sachverhalte begründet darstellen.**

Zentrale **Ereignisse dieser Krisenjahre** waren:

8.10.**1919:**	Attentat auf den USPD-Vorsitzenden Hugo Haase.
13.1.**1920**:	Kommunistische Demonstration gegen Betriebsrätegesetz (Tote).
März **1920:**	**Ruhrkämpfe,** Kommunistischer Aufstand im Ruhrgebiet, der von Freikorps und Reichswehr in schweren Kämpfen mit vielen Opfern niedergeschlagen wurde; Frankreich besetzte Frankfurt am Main.
13.–17.3.**1920:**	**Kapp-Lüttwitz-Putsch,** Der nationalistische Politiker Wolfgang Kapp und General Walter von Lüttwitz versuchten, die Regierungsgewalt in Berlin mit Unterstützung des Freikorps Marinebrigade Ehrhardt gewaltsam zu übernehmen. Die Regierung floh nach Stuttgart. Der Putsch scheiterte, da die Ministerialbürokratie passiven Widerstand leistete und den Befehlen nicht gehorchte und die Gewerkschaften erfolgreich zum Generalstreik aufrief. Die Reichswehr griff nicht ein, weil sie die Republik nicht unterstützen wollte.
März **1921:**	Kommunistische Aufstände in Mitteldeutschland und Hamburg.
26.8.**1921:**	Ermordung des liberalen Politikers Matthias Erzberger durch Rechtsradikale, die ihn als „Erfüllungspolitiker" beleidigt hatten.
August **1921:**	Verhängung des Ausnahmezustands und extreme nationalistische Ausschreitungen in München unter Beteiligung der NSDAP.
24.6.**1922:**	Ermordung des liberalen Außenministers Walter Rathenau durch Rechtsradikale, die damit erneut gegen führende Politiker der Republik kämpfen wollten. In der Folge wurde die **Verordnung zum Schutz der Republik** in Kraft gesetzt.

ab August **1922:** Verfall der Reichswährung und Fortschreiten der Inflation (bereits durch Schuldenpolitik zur Finanzierung des Krieges ausgelöst).

11.1.**1923:** **Besetzung des Ruhrgebiets** durch Frankreich und Belgien wegen ausbleibender Reparationszahlungen, Beginn des Ruhrkampfs. Der von der Reichsregierung ausgerufene passive Widerstand konnte nicht durchgehalten werden. Die französischen Truppen gingen gewaltsam dagegen vor.

Oktober **1923:** Bildung von SPD/KPD-Regierungen; kommunistische Aufstände in Sachsen und Thüringen, die von der Reichswehr niedergeschlagen wurden.

8./9.11.**1923:** **Hitler-Putsch,** Adolf Hitler erklärte die Regierungen Bayerns und des Deutschen Reichs für abgesetzt und sich selbst als Vorsitzenden der NSDAP in München zum Reichskanzler. Polizei und Reichswehr versagt ihm die Unterstützung. Die Demonstration wurde gestoppt, Hitler verhaftet und zu fünf Jahren Festungshaft verurteilt.

Info Die Hyperinflation

Um den finanziellen Verpflichtungen des Staats nachkommen zu können, wurde eine Politik der **Vermehrung des Geldumlaufs** betrieben. Diese führte zu einem dramatischen Wertverlust der Reichswährung. Die Inflation vernichtete unzählige Existenzen: Geldschulden wurden zwar beseitigt, aber die Währung gegenüber dem Dollar abgewertet und die Preise stiegen ins Unvorstellbare. Besonders die ärmeren Schichten und weite Teile des Mittelstands, deren Sparkapital vernichtet worden war, litten unter den wirtschaftlichen und sozialen Folgen. Im Sommer wurde die Situation dramatisch. Im September 1923 wurde zunächst in Bayern, dann im gesamten Reich der Ausnahmezustand ausgerufen. Am 15. November 1923 begann das Ende der Inflation durch die Deckung von Reichsschulden aus der Wirtschaft und **Einführung der Rentenmark (Währungsreform).**

1924 –1928: Konsolidierung

Zur Milderung der Krisensituation trug besonders die Politik der Koalition unter Führung des DVP-Politikers **Gustav Stresemann** bei (ab August 1923, von November 1923–1929 Außenminister). Innenpolitisch führte die **Währungsreform** zu einer gewissen Stabilisierung der Situation, die Verarmung breiter Schichten konnte damit jedoch nicht vollends gestoppt werden. Die Regierung profitierte auch von **finanz- und sozialpolitischen Reformen** vorheriger Regierungen: z. B. der Reichsfinanzreform, dem Betriebsrätegesetz sowie der Einführung des Achtstundentags und einer Arbeitslosenversicherung. Sie gehören zu den politischen Reformleistungen der Weimarer Republik.

Auch außenpolitisch beruhigten sich die Beziehungen langsam wieder. Man trat mit den Siegermächten in Verhandlungen über die Zahlungen der **Reparationen:** Gesprächsgrundlagen waren 1924 der **Dawes-Plan** (Festlegung von Raten ohne

Bestimmung der Gesamtsumme) und 1929 der **Young-Plan** (Senkung der jährlichen Zahlungen, Festlegung der Reparationssumme).
Schlussendlich wurden diese Reparationen nie bezahlt, sie blieben aber lange Gegenstand von Verhandlungen. Amerikanische Kredite halfen der europäischen Wirtschaft, die wirtschaftliche Depression zu überwinden.
1922 wurden mit dem **Vertrag von Rapallo** zwischen Deutschland und der Sowjetunion gegenseitige Anerkennung und Verzicht auf Ansprüche aus dem Krieg vereinbart. Die Beendigung des Ruhrkampfs und die **Verträge von Locarno** ermöglichten 1925 erste Aussöhnungsschritte mit Frankreich durch Festlegung der deutschen Westgrenzen. Deutschland wurde 1926 in den **Völkerbund** aufgenommen.

Wissenschaft, Technik und Kultur entwickelten sich in diesen Jahren rasant. Die Verkehrsinfrastruktur wurde ausgebaut, das Automobil zum Massenverkehrsmittel, die Luftfahrt vorangetrieben, der Rundfunk als Massenmedium eingeführt und die wissenschaftliche Forschung gefördert. In der Literatur, der Musik, der Baukunst, der Malerei und im Kino brach sich die Moderne Bahn, die Deutschland internationale Anerkennung brachte. Berlin entwickelte sich zu einer künstlerischen und wissenschaftlichen Metropole. Besonders in den Großstädten wurden die sog. Roaring twenties (die Goldenen Zwanziger) trotz wirtschaftlicher, sozialer und politischer Probleme als Zeit des Aufbruchs spürbar.

Ursachen und Folgen der Weltwirtschaftskrise: Scheitern der Weimarer Republik (1929–1933)

Die Weltwirtschaftskrise, v. a. aber der Missbrauch der Weimarer Verfassung durch radikale Kräfte, die Instabilität der Koalitionsregierungen sowie die politische Radikalisierung weiter Kreise führten letztlich zum Scheitern der Republik.
Die konjunkturelle Erholung in den 1920er-Jahren beruhte vorwiegend auf den amerikanischen Krediten an Staat und Wirtschaft, welche u. a. die Rückzahlung der Kriegsschulden der Verlierer an die USA gewährleisten sollten. Als die Binnennachfrage in den USA sank und die US-amerikanische Konjunktur daraufhin ins Stocken geriet, brachen über Nacht die Aktienkurse ein (sog. **Schwarzer Freitag**, 25. Oktober 1929). Infolgedessen floss Kapital auch aus Europa ab und es konnten keine Kredite für Investitionen mehr bereitgestellt werden. Eine **weltweite Wirtschaftskrise** legte die Märkte lahm. Da die Erholung der deutschen Konjunktur v. a. auf der Exportwirtschaft basiert hatte, brach diese jetzt ebenfalls abrupt ein. Die Arbeitslosenzahlen stiegen, trotz befristeter Erholungen, von rund zwei Millionen 1928/29 auf sechs Millionen 1932. Zahllose Unternehmen gingen bankrott. Auch die Steuereinnahmen brachen weg: Die finanzielle Krise des Staates spitzte sich dramatisch zu.

Die Weimarer Verfassung (1919)

Die Weimarer Verfassung von 1919 begründete die erste **parlamentarische Demokratie** in Deutschland. Das **Wahlrecht für Männer und Frauen** und der **Grundrechtekatalog** waren wichtige politische Fortschritte.

Die Bedeutung der **Volkssouveränität** drückte sich in den Reichstagswahlen, der direkten Wahl des Reichspräsidenten und durch unmittelbare Volksabstimmungen in Form von Volksentscheiden und -begehren aus. Der **Reichstag** bildete mit dem **Reichsrat** die Legislative und hatte das Budgetrecht inne. Dem **Reichspräsidenten** kam eine besondere Rolle zu. Die Bezeichnung „Ersatzkaiser" stützte sich auf seine besonderen Verfassungsrechte: Oberbefehl über die Streitkräfte, Ernennung und Entlassung der Regierung, die Auflösung des Parlaments (Art. 25) und die Erlassung von Notverordnungen (Art. 48 mit Aussetzung von Grundrechten). Der Reichspräsident drückte das präsidiale Prinzip der Verfassung aus, wobei die repräsentativen (Reichstag) und plebiszitären (Volksabstimmungen) Elemente ebenso enthalten waren.

Die **Zersplitterung des Parlaments** durch das reine Verhältniswahlrecht und die extremistischen Kräfte im Reichstag führten immer wieder zu politischen Blockaden und Regierungsrücktritten.
Angesichts der dramatischen Wirtschaftskrise und der Konflikte um den Young-Plan zerbrach am 27. März 1930 die große Regierungskoalition unter Reichskanzler Müller (SPD) an der Frage der Erhöhung der Beiträge zur Arbeitslosenversicherung. Daraufhin berief Reichspräsident Hindenburg (seit 1925) **Heinrich Brüning (Zentrum)** zum Reichskanzler, der jedoch mit seinen finanz- und wirtschaftspolitischen Maßnahmen keine schnellen Erfolge erzielen konnte, die zu einer Beruhigung der radikalen politischen Stimmung hätten beitragen können.
Brüning versuchte, die finanzielle Stabilisierung des Staats durch einen radikalen Sparkurs zu erreichen. Er stützte sich nur auf eine Minderheit im Reichstag. Damit begann die **Ära der Präsidialkabinette.** Nicht die Mehrheit im Parlament war bis 1933 die Stütze dieser Regierungen, sondern die Verfassungsrechte des Reichspräsidenten, die ihm die Auflösung des Reichstags und das Verhängen von Notverordnungen zubilligten. Reichspräsident Paul von Hindenburg wurde zu einer Schlüsselfigur. Aber nicht er allein traf die folgenden Entscheidungen, sondern ein Umfeld, das in der Krisensituation die Chance sah, zu einer autoritären Regierungs- oder Staatsform zurückzukehren und die parlamentarische Demokratie von Weimar abzulösen. Dieses Umfeld bestand aus rechts-konservativen und radikal nationalistischen Kräften aus dem ostelbischen Adel (Interessen der Agrarwirtschaft), dem Militär und Industriellen. So wurde der Reichstag aufgelöst, nachdem die SPD dort die Aufhebung der Notverordnung des Reichspräsidenten beantragt hatte. Der Reichstag radikalisierte sich zunehmend. Die SPD war schlussendlich die letzte große Fraktion, die die Weimarer Republik voll unterstützte. Die konservativen Parteien (Zentrum, DVP, DNVP) bezogen sich zunehmend auf die nationalistischen und rechtsradikalen Kräfte in der Gesellschaft. Die gemäßigten liberalen Parteien verloren dramatisch an Zustimmung. Nur die linksradikale KPD konnte Sitze dazugewinnen.

Politische Erfolge für die Nationalsozialisten

Bei den Reichstagswahlen von 1930 kam es zu einem gewaltigen Stimmengewinn für die rechtsradikale NSDAP (von 12 auf 107 Sitze im Reichstag) und zu Zuwächsen

für die KPD. Beide extremen Kräfte hatten nun eine antirepublikanische Mehrheit im Parlament hinter sich.
Die NSDAP war eine „Volkspartei des Protests" (J. W. Falter): Der gewaltige Anstieg der Wählerschaft der NSDAP ist von Wahlforschern vor allen Dingen auf zwei Faktoren zurückgeführt worden:
- die zunehmende Bereitschaft der Mittelschicht (Geschäftsleute, Handwerk, Landwirte), radikal zu wählen, und
- die Mobilisierung von Jung- und Erstwählern, die in der NSDAP eine „schnelle Lösung" für die Krisensituation sahen.

Die katholische Bevölkerung blieb stärker an das Zentrum als katholische Sammelbewegung gebunden, in protestantischen Gegenden waren die Erfolge der NSDAP größer. Die Arbeiterschaft und die zunehmende Zahl an Arbeitslosen neigten eher zur Wahl der Kommunisten als radikale Alternative als zur Wahl der NSDAP.

Die Präsidialkabinette

Reichskanzler Heinrich Brüning, 30.3.1930–30.5.1932: Verschärfung der wirtschaftlichen und politischen Krise; Bildung der „Harzburger Front" als Zusammenschluss nationalistischer, rechtsradikaler Parteien und Teilen der Wirtschaft und der Medien; politische Radikalisierung (z. B. gewaltsame Straßenkämpfe); Verbot der Wehrorganisationen der NSDAP (SA und SS); Wiederwahl Paul von Hindenburgs als Reichspräsident mit Unterstützung der gemäßigten Parteien.

Reichskanzler Franz von Papen, 1.6.1932–17.11.1932: Erneute Auflösung des Reichstags; Aufhebung des Verbots von SA und SS als Zugeständnis an Hitler; bürgerkriegsähnliche Zustände, z. B. im „Altonaer Blutsonntag" (17.7.1932) mit Kämpfen zwischen Kommunisten und SA; sog. „Preußen-Schlag": SPD-geführte Koalition Braun wurde im Land Preußen abgesetzt, durch einen Reichskommissar ersetzt; SPD verlor ihre letzte einflussreiche Regierungsbastion und damit gestalterische Möglichkeit; Reichstagswahlen vom 31.7.1932: NSDAP stärkste Fraktion (37,8%); erneute Notverordnung zur Durchsetzung wirtschaftspolitischer Maßnahmen und Auflösung des Reichstags; die Reichstagswahlen vom 6.11.1932: erstmals Stimmenrückgang für die NSDAP, Gewinne für die KPD und die Deutschnationalen.

Reichskanzler Kurt von Schleicher, 3.12.1932–28.1.1933: Versuch einer Spaltung der Nationalsozialisten scheiterte, wurde innerhalb der NSDAP jedoch als realistische Bedrohung betrachtet; Versuch neuer Regierungsbildung durch Schleicher, gemeinsam mit Georg Strasser vom linken Flügel der NSDAP und in Verbindung mit Gewerkschaften; von Papen und Hitler verbündeten sich gegen Schleicher, betrieben dessen Rücktritt; Wahlerfolg der NSDAP in Lippe, im Januar 1933 führen zur Stärkung der Nationalsozialisten; Rücktritt Schleichers, nachdem er die Unterstützung Hindenburgs verloren hatte.

Nach dem Rücktritt Kurt von Schleichers berief Reichspräsident Paul von Hindenburg Adolf Hitler am **30. Januar 1933** zum Reichskanzler.

„Volk" und „Nation" im Nationalsozialismus

Info **Adolf Hitler**

1889:	geb. in Braunau, Österreich, als Sohn eines Zollbeamten; unruhige Jugend in Familie und Schule;
1908–1913:	berufliche Misserfolge in Wien und München;
1914–1918:	Teilnahme am Ersten Weltkrieg als Kriegsfreiwilliger;
1919:	Beitritt zur antisemitischen Nationalistischen Deutschen Arbeiterpartei (DAP) in München;
1920:	Vorsitzender der DAP, später wurde sie zur NSDAP;
1923:	Hitler-Putsch in München, Verbot der NSDAP, 1924 Festungshaft Hitlers („Mein Kampf");
1925:	nach Entlassung aus der Haft Neugründung der NSDAP;
ab 1930:	Wahlerfolge der NSDAP; Unterstützung Hitlers durch Teile der Industrie und der Medien;
1933:	Ernennung zum Reichskanzler;
1934:	nach dem Tod des Reichspräsidenten Hindenburg nannte Hitler sich „Führer und Reichskanzler" und vereinigte beide Posten auf sich;
1945:	Selbstmord in Berlin.

Seine Ideologie umriss Hitler in seinem 1925 erschienenen Buch „Mein Kampf". Sie gründet auf folgenden Säulen:

- **Antisemitismus und Sozialdarwinismus:** In Anlehnung an Charles Darwins Theorie über die Entwicklung von Lebewesen und das Überleben des Stärkeren (Survival of the fittest) entwickelte Hitler eine Rassenlehre. Ihr zufolge befanden sich die Rassen in einem stetigen Überlebenskampf. Der Gedanke, es gebe stärkere bzw. minderwertigere Rassen, führte zu einem biologistisch begründeten Antisemitismus, der Juden aus rassistischen, weniger aus religiösen Gründen als „minderwertig" einstufte. Der Nationalsozialismus baute seine Lehren auf dem seit dem Mittelalter bestehenden Antisemitismus auf, verschärfte diesen jedoch noch. Er stützte sich dabei auf Rassentheoretiker wie Gobineau und Chamberlain und entwickelte ihre Theorien weiter: Die „Reinhaltung der eigenen Rasse" erforderte eine Vernichtung anderer Rassen.
- **Anti-Bolschewismus:** Hitler ging von einer „jüdisch-bolschewistischen Weltverschwörung" aus, die angeblich nach Weltherrschaft und Zerstörung strebte. Dieser Gedanke nahm einerseits Ängste der Bevölkerung vor einer kommunistischen Revolution nach sowjetischem Vorbild auf und knüpfte andererseits an den bereits im Kaiserreich verbreiteten Antisemitismus an.
- **„Volksgemeinschaft":** Ebenfalls von sozialdarwinistischen Vorstellungen geleitet, wurde das „deutsche Volk" in Anlehnung an altgermanische Mythen überhöht. Um sich zu behaupten, müsse es eine Gemeinschaft in Abwehr äußerer und innerer Feinde bilden. Dies bedeutete eine bewusste Abkehr von den demokratischen

Prinzipien der Individualisierung und der Freiheit. Kollektivität ging vor Individualität und begründete den Zwang zur Teilnahme an gemeinschaftlichen Aktivitäten auf allen Ebenen des Staats und der Gesellschaft. Oppositionelle wurden zu Feinden der Gemeinschaft erklärt.

- **Führerprinzip:** Das Prinzip des unbedingten Gehorsams gegenüber einem Führer bildete ein Kernstück der NS-Ideologie. Hitler wurde als „Erlöser" dargestellt, der die Deutschen aus dem angeblichen Chaos der Republik führen könne. Die Verehrung nahm bald quasi-religiöse Züge an, Hitler wurde als „auserwählt" betrachtet, als Identifikationsfigur. Das Führerprinzip durchzog die Gesellschaft auf all ihren hierarchischen Ebenen.
- **„Lebensraum"-Politik:** Die Ausweitung des Lebensraums wurde als Voraussetzung zum Überleben des deutschen Volkes propagiert: Raum für Siedlungen, der Zugang zu Rohstoffen und Ländereien galten als Vorteil im Überlebenskampf der Völker (wieder: Sozialdarwinismus), die Unterdrückung anderer Völker und ihre Behandlung als „Sklaven" legitim. Als „natürliche" Lebensraumerweiterung fasste man Osteuropa ins Auge, Krieg sollte zur Verwirklichung dieses Ziels führen.

Die Herrschaft des Nationalsozialismus in Deutschland und Europa

In den Jahren 1933 und 1934 wurde in Deutschland die nationalsozialistische Diktatur errichtet. Weder die Weimarer Republik noch die Weimarer Verfassung wurde aufgelöst, aber die parlamentarische Demokratie und die rechtsstaatliche Verfassung wurden durch eine Vielzahl an Maßnahmen und durch massive Verfolgung und Ausschaltung der Opposition mittels der sog. Politik der **Gleichschaltung** untergraben. Folgende zentrale Schritte dienten der Errichtung der **Diktatur im Jahr 1933:**

1.2.:	Auflösung des Reichstags und Ausschreibung von Neuwahlen in der Hoffnung, die eigene Machtbasis im Reichstag ausweiten zu können;
3.2. und 20.2.:	Geheimtreffen Hitlers mit Vertretern von Militär und Industrie, um die Unterstützung einflussreicher Eliten zu gewinnen;
4.2.:	„Verordnung zum Schutze des deutschen Volkes" mit faktischer Aufhebung der Pressefreiheit;
27.2.:	**Reichstagsbrand** (Ursache nicht endgültig geklärt: Einzeltäter oder Komplott der NSDAP?) lieferte Vorwand für die Verfolgung Oppositioneller;
28.2.:	**Reichstagsbrandverordnung,** Notverordnung, die die Beseitigung von Grundrechten bedeutete und der Verfolgung und Verhaftung von Kommunisten und Sozialdemokraten diente; Brutalisierung der Verfolgung durch Schießbefehl und Gründung der Gestapo (Geheime Staatspolizei);
5.3.:	Reichstagswahlen: NSDAP weiter stärkste Kraft, aber ohne die erhoffte absolute Mehrheit; Wahl angesichts der Verfolgung Oppositioneller unter undemokratischen Bedingungen;

März:	weitere Verhaftungswelle;
21.3.:	**„Tag von Potsdam“,** symbolisches Bündnis von Nationalsozialisten und Konservativen durch Handschlag Hindenburgs und Hitlers in der Potsdamer Garnisonkirche;
23.3.:	**Ermächtigungsgesetz,** faktische Aufhebung der Gewaltenteilung, da die Regierung Gesetze ohne Zustimmung des Parlaments erlassen konnte; Reichstagssitzung in improvisierter „Kroll-Oper“ unter Bedrohung durch SA-Einheiten; zahlreiche Abgeordnete fehlten wegen Verfolgung und Verhaftung; KPD-Abgeordnete fehlten, so stimmte nur die SPD-Fraktion gegen das Gesetz; Rededuell Hitler vs. Otto Wels (SPD);
31.3., 7.4.:	Gesetze zur **Gleichschaltung der Länder,** um deren Unabhängigkeit zu beenden und einen Zentralstaat zu errichten;
7.4.:	Gesetz zur Wiederherstellung des Berufsbeamtentums, Entlassung missliebiger Beamter, um Oppositionelle aus dem Verwaltungs- und Regierungsapparat sowie den Gerichten zu entfernen und eigene Anhänger zu installieren;
2.5.:	Verbot der Gewerkschaften und Gründung der „Deutschen Arbeitsfront“ (DAF) zur Ausschaltung der Opposition;
22.6.:	Verbot der SPD, um **Einparteiendiktatur** zu errichten;
bis 5.7.:	Selbstauflösung der übrigen Parteien unter Druck und Verbot zur Neugründung von Parteien (14.7.);
6.7.:	die „NS-Revolution“ wurde für abgeschlossen erklärt.

Folgende zentrale Schritte dienten der Errichtung der **Diktatur im Jahr 1934:**

Juni:	**„Röhm-Putsch“,** angeblicher Putschversuch aus den Reihen der SA wird genutzt, um innerparteiliche Konkurrenten und Kritiker auszuschalten; Ermordungen und Verhaftungen zahlreicher Angehöriger der SA und der NSDAP und Ausschaltung der SA; spätere gesetzliche Rechtfertigung der Maßnahmen;
2.8.:	nach dem Tod von Reichspräsident Hindenburg wurde Hitler zum Diktator, indem er die Ämter des Reichspräsidenten und des Reichskanzlers (Staatsoberhaupt und Regierungschef) auf sich vereinte sowie den Oberbefehl über das Militär übernahm; die Reichswehr wurde auf Hitler vereidigt: „Führer und Reichskanzler“.

Der Führerstaat

Die NS-Herrschaft baute auf dem totalitären Anspruch auf, Gesellschaft, Politik und Wirtschaft zu erfassen. Das Führerprinzip sollte auf allen hierarchischen Ebenen durchgesetzt werden, NS-Organisationen und NSDAP alle Bereiche durchsetzen. Der NS-Staat kann allerdings nicht

Info

„Und sie werden nicht mehr frei, ihr ganzes Leben lang.“ (Adolf Hitler)

als einheitlicher Block betrachtet werden, wie es Schaubilder des Staatsaufbaus nahelegen. Das **Nebeneinander von Partei und Regierungsapparat bzw. der Wehrmacht,** aber auch die Konkurrenz zwischen Partei und NS-Organisationen untereinander führten immer wieder zu Rivalitäten, Kompetenzüberschneidungen und schließlich Konflikten.

Als wesentliche **Elemente der Gleichschaltung,** die die NS-Diktatur stützen sollte, sind zu nennen:
- Hitler mit diktatorischen Vollmachten als „Führer und Reichskanzler";
- Einparteienstaat mit straffer, hierarchischer Organisation der NSDAP nach dem Führerprinzip;
- Einheitsgewerkschaft Deutsche Arbeitsfront (DAF);
- zentrale Erfassung des Einzelnen von Jugend an: Jungvolk, Hitler-Jugend, Bund Deutscher Mädel, Arbeitsdienst, NS-Frauenschaft, Deutsche Arbeitsfront, Studentenbund, berufsständische Bünde für z. B. Lehrer, Ärzte, Beamte, Juristen u. a.;
- zentrale Kontrolle der Presse, der Literatur, Kunst und Musik;
- Druck auf Kirchen, Vereine und Vereinigungen durch Verbote, Verfolgung und Behinderungen.

Die **Mittel der NS-Herrschaft:**
- **Propaganda** in Form von Führerkult, Massenveranstaltungen, Reichsparteitagen, Rundfunk („Volksempfänger");
- **Terror** durch Verfolgung, Ermordung, Diskriminierung und Verhaftung sowie Einrichtung von Konzentrationslagern (KZ) zur „Erfassung" von Oppositionellen;
- **Überwachung** durch die Geheime Staatspolizei (Gestapo);
- **Einschüchterungen** im Alltag durch z. B. Boykottaufrufe jüdischer Geschäfte, Erniedrigungen auf der Straße, Diskriminierungen in der Schule.

Info SA

Die SA (Sturmabteilung)
- ursprünglich Saaldienst der NSDAP, 1921 als SA formiert („Braunhemden");
- diente als paramilitärische Einheit zum Schutz von Parteiveranstaltungen und zum Einsatz bei Straßenkämpfen oder zur Störung von Veranstaltungen anderer Parteien: Straßenterror;
- in der Phase der Errichtung der Diktatur als „Hilfspolizei" von Göring genutzt; brutale Verhaftungen, Folterungen und Verfolgungen wurden von SA-Angehörigen durchgeführt;
- zeitweise gab es ca. 3,5 Millionen SA-Angehörige;
- Entmachtung der SA im Juni 1934 durch die Ermordung ihres Führers Ernst Röhm und vieler anderer Angehöriger der SA-Führung;
- Bildung von Eliteeinheiten, jedoch zunehmend bedeutungslos.

Info SS

Die SS (Schutzstaffel)

- 1925 gegründet zum persönlichen Schutz Hitlers („Schwarzuniformierte");
- seit 1929 unter der **Führung von Heinrich Himmler** (1900–1945, Selbstmord), später „Reichsführer SS" und „Chef der Polizei" sowie ab 1943 Reichsinnenminister;
- Selbstverständnis als „Eliteorden" (z. B. Einrichtung von Ordensburgen).

Die SS wurde neben Partei und Wehrmacht zur **dritten Macht im Staat:** Verbindungen mit dem Sicherheitsdienst (SD), zunächst parteiliche schließlich in der Verbindung mit der Gestapo (ab 1939) im Reichssicherheitshauptamt als Terror-Einheit mit polizeilicher Gewalt; Verflechtungen in den Führungsebenen dienten dem quasi-staatlichen Einsatz der SS als wesentliches Unterdrückungsinstrument ohne jede rechtsstaatliche Bindung.

Gliederung: 1939 insgesamt ca. 240 000 Mitglieder/bis 1944 ca. 900 000 Mitglieder; Ausbau der Waffen-SS als Feldtruppen zur militärischen Unterstützung der Wehrmacht im Krieg, die gemeinsam mit Polizei-Einsatztruppen für die Ermordung von Millionen von Menschen während des Zweiten Weltkriegs verantwortlich waren.

Untergliederungen: SS-Verfügungstruppe inklusive Leibstandarte Adolf Hitler (1939 ca. 18 000 Mitglieder) und SS-Totenkopfverbände, u. a. eingesetzt zur KZ-Bewachung und als Erschießungskommandos (1938 ca. 8 500 Mitglieder, 1945 ca. 40 000 Mitglieder).

Nur LK: NS-Wirtschaftspolitik

Die Wirtschaftspolitik der NS-Regierung war ideologisch geprägt und trug insgesamt Kennzeichen einer „völkischen Wirtschaft": Zwangsmaßnahmen und Führerprinzip sowie staatliche Beeinflussung und Lenkung im Sinne der ideologischen Voraussetzungen des Nationalsozialismus. Das marktwirtschaftliche Wirtschaftssystem wurde jedoch nicht grundsätzlich infrage gestellt. Zentrale Absichten waren die schnelle Befriedigung von Konsumwünschen der Bevölkerung, um Unterstützung für die neue Regierung und ihre diktatorischen Maßnahmen zu bekommen, sowie die Herstellung der Kriegsfähigkeit

Folgende Maßnahmen charakterisieren die **NS-Wirtschaftspolitik:**

- **Senkung der Arbeitslosigkeit** durch Ankurbelung der Produktion durch:
  - zusätzliche staatliche Arbeitsbeschaffungsmaßnahmen und Investitionen,
  - Einführung von Wehr- und Arbeitsdiensten,
  - Verdrängung vieler Frauen vom Arbeitsmarkt durch Propagierung des NS-Mutterideals,
  - Ausschluss vieler Bevölkerungsteile durch politische und rassistische Verfolgung.

- **Ausbau der Infrastruktur** (Straßen, Eisenbahn, Wasserwege, Elektrifizierung) durch Zwangsmaßnahmen und hohe Staatsverschuldung;
- Eigenversorgung mit Produktionsmitteln im Sinne der **Autarkiebestrebungen:** diese führt eher zu einer Güterknappheit, der Handel blieb frei;
- **Konzentration auf die Rüstungsindustrie** zur Vorbereitung des Kriegs: Durchsetzung der „Lebensraumpolitik";
- Finanzierung: wirtschaftlicher Aufbau wird finanzpolitisch durch hohe **Staatsverschuldung** *(deficit spending)* sowie das System der sog. Mefo-Wechsel ermöglicht (Wechsel auf zukünftige Erfolge);
- wirtschaftlicher Aufschwung durch **erhöhte (Kriegs-)Produktion:** Profiteure der Wirtschaftspolitik waren v. a. Unternehmer, nicht Arbeitnehmer: langsam steigende Löhne bei längeren Arbeitszeiten, Güterknappheit.

Nur LK: NS-Außenpolitik bis 1939

Die **Revision des Versailler Vertrags** von 1919 war ein Ziel, das auch für die nationalsozialistische Propaganda von zentraler Bedeutung war. Insbesondere die wirtschaftlichen (Reparationen), militärischen (Rüstungsbeschränkungen) und territorialen (Gebietsabtretungen) Bestimmungen sollten beseitigt werden. Weiter bestimmten als Ziele die Schaffung eines „Großdeutschen Reichs" und die Eroberung von „Lebensraum" im Osten die deutsche Außenpolitik. Unverhohlene Kriegsrhetorik widersprach der Versicherung von friedlichen Absichten des neuen Regimes.

Außenpolitische Aktivitäten 1933 bis 1935

Zunächst Anerkennung der Ansprüche anderer Völker, zumindest gemäß Äußerungen Hitlers zu Beginn seiner Amtszeit;

19.10.**1933**	**Austritt aus dem Völkerbund** unter dem Vorwand der „Beleidigung" des deutschen Volkes durch französische Sicherheitsbedenken bezüglich eines militärisch gleichberechtigten Deutschen Reichs; *Ziel:* unbeobachtete Aufrüstung (Entzug der Kontrolle) bei gleichzeitiger „Beruhigung der Nachbarvölker";
26.1.**1934**	**Freundschaftsvertrag** mit Polen, vermeintlich zur „Beruhigung der Nachbarvölker", *Ziel:* kalkulierbare Verhältnisse im Osten schaffen;
18.6.**1935**	**Deutsch-britisches Flottenabkommen,** vermeintlich zur „Beruhigung der Nachbarvölker", *Ziel:* Kräfteverhältnis zwischen dem Deutschen Reich und Großbritannien regeln;
13.1.**1935**	**Abstimmung im Saargebiet** um die Zugehörigkeit (Frankreich oder Deutschland), hier Einhaltung des Versailler Vertrags, *Ziel:* stützte die außenpolitischen Interessen Deutschlands;
16.3.**1935**	**Wiedereinführung der Wehrpflicht,** vermeintlich zum Schutz des Reiches, *Ziel:* Luftwaffe aufbauen.

Insgesamt taktierte Hitler „zweigleisig", er verfolgte eine scheinbar friedliche Revision des Versailler Vertrags bei gleichzeitiger Militarisierung und Vertragsbruch.

Außenpolitische Aktivitäten 1936 bis 1939

7.3.**1936**	**Besetzung des entmilitarisierten Rheinlands,** *Ziel:* Test der Reaktion der Westmächte (Westmächte betrieben **Appeasement-Politik:** Beschwichtigung und Beruhigung als oberstes Ziel);
ab Juli **1936**	**Unterstützung des Faschisten Franco** im Spanischen Bürgerkrieg, *Ziele:* Stärkung des Faschismus in Europa, allerdings auch Sicherung spanischer Rohstofflieferungen und v. a. Erprobung der Luftwaffe;
1.–16.8.**1936**	**Olympische Spiele,** *Ziele:* inszeniertes Propagandaspektakel für das NS-Regime, Verschleierung der gleichzeitig stattfindenden Errichtung des Konzentrationslagers Sachsenhausen und Ausgrenzung von Juden, Sinti und Roma (wurde von der Weltöffentlichkeit kaum wahrgenommen);
25.10.**1936**	**Deutsch-italienischer Bündnisvertrag** (Achse Berlin-Rom), *Ziele:* Annäherung beider Staaten hinsichtlich einer antikommunistischen Politik, Annäherung beiderseitiger Expansionsinteressen;
25.11.**1936**	**Antikomintern-Pakt,** *Ziel:* Erweiterung des faschistischen Bündnisses mit Italien;
5.11.**1937**	**Hoßbach-Niederschrift,** *Ziele:* Kriegspläne vor Offizieren der Wehrmacht, also inoffiziell, enthüllen; Festlegung der weiteren Außenpolitik auf militärische Gewalt;
13.3.**1938**	die **Besetzung und** der **„Anschluss" Österreichs** an das Deutsche Reich, was ein offensichtlicher Bruch des Versailler Vertrags war, aber von Hitler mit dem „Selbstbestimmungsrecht" deutschsprachiger Bevölkerungsgruppen gerechtfertigt wurde;
29.9.**1938**	**Münchner Abkommen,** *Ziel:* Großbritannien und Frankreich tolerieren die Expansion des Deutschen Reichs mit Blick auf das Selbstbestimmungsrecht der Völker; das Sudetenland wurde militärisch besetzt und an das Deutsche Reich angegliedert;
März **1939**	**Besetzung des übrigen Tschechien und Schaffung des Protektorats „Böhmen und Mähren".** Erstmals eine Besetzung, die nicht mit dem Argument des Selbstbestimmungsrechts deutscher Bevölkerungsgruppen gerechtfertigt werden konnte. *Folge:* **Beendigung der britischen Appeasement-Politik,** Garantieerklärung Großbritanniens und Frankreichs für den Bestand Polens;
28.4.**1939**	**Kündigung des deutsch-englischen Flottenabkommens** und des deutsch-polnischen Nichtangriffspakts;
23.8.**1939**	**Hitler-Stalin-Pakt** mit geheimem Zusatzprotokoll zur Aufteilung Polens bzw. Ostmitteleuropas.

Die deutsche Außenpolitik wurde im „Schatten" der „Appeasement-Politik" der Westmächte und in Vorbereitung auf die Umsetzung der tatsächlichen außenpolitischen Ziele immer aggressiver.

Debatte Erklärungsansätze für die Zustimmung zum NS-Regime

In der Geschichtsschreibung gibt es verschiedene Ansätze zur Erklärung des Aufstiegs und der breiten Akzeptanz des NS-Regimes und Hitlers. Diese wurden bereits von Zeitgenossen formuliert und sind bis heute Gegenstand der geschichtswissenschaftlichen Debatte. Hier werden beispielhaft nur einzelne Ansätze und einige ihrer Vertreter benannt, ohne die Argumentationsmuster ausführlich darstellen zu können.

Wichtig ist es, zu beachten, dass diese Ansätze **multifaktorielle Erklärungen des Nationalsozialismus** darstellen, jedoch unterschiedliche Gewichtungen vornehmen:

- **personalisierende Ansätze**, z. B. vertreten von *Ian Kershaw*:
  Die charismatische Führerfigur Hitler und seine persönliche Ausstrahlung und Anziehungskraft konnten für die Propaganda der NSDAP sowie des NS-Staats massenwirksam eingesetzt werden. Hitlers Strategie, sich als „Hoffnungsträger", „Erlöser" bzw. „starker Mann" zu inszenieren, traf ein Bedürfnis der Zeit.
- **ältere marxistische Ansätze**, z. B. vertreten von *Dietrich Eichholtz, Wolfgang Schumann*:
  Der Aufstieg der faschistischen NSDAP wird als Teil des kapitalistisch-imperialistischen Systems gesehen. Der Rückhalt, den die Nationalsozialisten in der Großindustrie und im Finanzwesen fanden, gilt als stützendes Argument für diese These. Marxistische Deutungsansätze finden sich bevorzugt in den sozialistischen Staaten, z. B. in der DDR-Geschichtsschreibung.
- Auffassungen, die **Besonderheiten der deutschen Geschichte** (z. B. als „verspätete Nation", *Heinrich August Winkler)* bzw. eines „deutschen Nationalcharakters" (z. B. Antisemitismus, Obrigkeitshörigkeit) hervorheben, wobei Kontinuitäten vom Deutschen Kaiserreich zum Nationalsozialismus betont werden, z. B. vertreten von *Fritz Fischer, Hans-Ulrich Wehler*:
  Die späte Gründung des deutschen Nationalstaats sowie der ausgeprägte Nationalismus und Militarismus im Deutschen Kaiserreich boten in Verbindung mit starken antisemitischen Strömungen in Gesellschaft und Politik nach dem verlorenen Ersten Weltkrieg den Nährboden für die Ausbreitung des Nationalsozialismus.
- Vorstellung einer sog. **Konsensdiktatur**, z. B. vertreten von *Robert Gellately:*
  Die NS-Diktatur wurde dieser These folgend von einer breiten Zustimmung in der deutschen Bevölkerung getragen, die entgegen anderslautender Darstellungen z. B. über die Verfolgungsmaßnahmen in vielfacher Hinsicht informiert gewesen sei.
- These der sog. **Gefälligkeitsdiktatur**, z. B. vertreten von *Götz Aly:*
  Der NS-Staat sorgte insbesondere durch sozialpolitische Maßnahmen für breite Zustimmung in der Bevölkerung, um so (quasi im Gegenzug) weitgehend ungehindert seine Politik der Aggression und des Terrors umsetzen zu können.

Der Zweite Weltkrieg

Bedeutete die Errichtung der NS-Diktatur bereits das Ende von Freiheit und Rechtstaatlichkeit in Deutschland, so stellte der Zweite Weltkrieg durch die Verfolgung von Millionen Menschen in ganz Europa, den ideologisch geprägten „Vernichtungskrieg in Osteuropa“ und den industriell organisierten Völkermord einen Zivilisationsbruch bisher ungekannten Ausmaßes dar. Um einen Überblick über das komplexe Geschehen des Zweiten Weltkriegs von 1939 bis 1945 zu erhalten, kann das Kriegsgeschehen unter drei Stichworten betrachtet werden:
- „Blitzkrieg“,
- „Vernichtungskrieg“,
- „Totaler Krieg“.

Dabei beschränkt sich diese Darstellung im Sinne der Vorgaben für das Zentralabitur auf den europäischen Kriegsschauplatz und das Handeln des Deutschen Reichs. Der Krieg hatte jedoch weltweite Ausmaße, besonders auch im pazifischen Raum, wo Japan und die USA im Krieg gegeneinander lagen. Dieser Krieg in Ostasien endete erst mit der Kapitulation Japans nach den Abwürfen von Atombomben auf Hiroshima und Nagasaki durch die USA im August 1945.

Info internationale Bündnisse

27.9.1940: **Dreimächtepakt** Deutschland, Italien, Japan,
13.4.1941: Japanisch-sowjetischer **Neutralitätspakt,**
14.8.1941: **Atlantik-Charta,** Erklärung gemeinsamer politischer Grundsätze der USA und Großbritanniens.

Stichwort: „Blitzkrieg“

Zeitlicher Verlauf:

1.9.**1939**	Überfall deutscher Truppen auf Polen, inszenierten Kriegsgrund;
3.9.**1939**	Kriegserklärung Großbritanniens und Frankreichs an Deutschland;
9–10/**1939**	Eroberung Polens durch Deutschland und die Sowjetunion;
4–6/**1940**	Besetzung und Eroberung Dänemarks und Norwegens;
Mai **1940**	Angriff und Besetzung der Niederlande und Belgiens;
Juni **1940**	Besetzung von Paris, Niederlage Frankreichs;
7/**1940**–6/**1941**	deutscher Luftangriff auf Großbritannien („Luftschlacht um England“);
März **1941**	deutsche Offensive in Nordafrika;
4–5/**1941**	deutsch-italienischer Feldzug gegen Jugoslawien und Griechenland;
7.12.**1941**	Überfall Japans auf den Flottenstützpunkt der USA Pearl Harbor;
8.12.**1941**	Kriegserklärung der USA und Großbritanniens an Japan;
11.12.**1941**	Kriegserklärung Deutschlands und Italiens an die USA.

Wichtige Merkmale:

- Der Kriegsgrund war von Deutschland inszeniert. Polen wurde in drei Teile geteilt: Eingliederungen in das Deutsche Reich, Bildung des sog. deutschen Generalgouvernements im zentralen Bereich Polens und Besetzungen durch die Sowjetunion im Sinne des Hitler-Stalin-Pakts.
- Politik im „deutschen Teil“ bzw. im „Generalgouvernement“, dem von Deutschen besetzten zentralen Teil Polens:
  - Unterdrückung und Bekämpfung der polnischen Zivilbevölkerung;
  - Juden wurden in Ghettos gezwungen;
  - SS- und Polizeieinsätze hinter der Kriegsfront: Erschießungen, Deportationen;
  - Verhaftungswellen und Ermordung der geistigen Elite Polens; *Ziel:* Vernichtung Polens, Ausnutzung der Bevölkerung als Arbeitskräfte und Vertreibung der jüdischen Bevölkerung;
- Eroberungen von Skandinavien und in Westeuropa innerhalb weniger Wochen;
- geplante Invasion in Großbritannien scheiterte.

Stichwort: „Vernichtungskrieg“ im Osten

Zeitlicher Verlauf:

22.6.**1941**	Deutscher Angriff auf die UdSSR: Vormarsch deutscher Truppen in der Sowjetunion und Besetzung großer Landesteile;
9/1941–1/**1944**	Belagerung Leningrads mit dem Ziel, die Stadt auszuhungern;
6.12.**1941**	Beginn der Gegenoffensive der sowjetischen Truppen vor Moskau;
Winter **1941/42**	große deutsche Verluste und Niederlage vor Moskau;
20.1.**1942**	**Wannsee-Konferenz,** Beschluss der sog. „Endlösung der Judenfrage“. Maßnahmen gegen Juden waren seit dem Herbst 1941 verschärft worden, es gab Transporte in die Konzentrationslager. Die Wannsee-Konferenz war die formelle Übereinkunft über die geplanten Maßnahmen und die Intensivierung des Völkermords. Fortan wurden Deportationen und Ermordungen von Juden in ganz Europa massiv verstärkt.

Aus der **Geheimrede Heinrich Himmlers vor SS-Generälen** im Schloss Posen, 4.10.1943: *„Wie es den Russen geht, wie es den Tschechen geht, ist mir total gleichgültig. Das, was in den Völkern an gutem Blut unserer Art ist, werden wir uns holen, indem wir ihnen, wenn notwendig, die Kinder rauben und bei uns großziehen. Ob die anderen Völker in Wohlfahrt leben, ob sie verrecken vor Hunger, das interessiert mich nur so weit, als wir sie als Sklaven für unsere Kultur brauchen, anders interessiere ich mich nicht. Ob bei dem Bau eines Panzergrabens 10000 russische Weiber an Entkräftung umfallen oder nicht, interessiert mich nur so weit, als der Panzergraben für Deutschland fertig wird […] Von euch werden es die meisten wissen, was es heißt, wenn 100 Leichen beisammenliegen, wenn 500 daliegen oder wenn 1 000 daliegen. Und dies durchgehalten zu haben und dabei – abgesehen von menschlichen Ausnahmeschwächen – anständig geblieben zu sein, hat uns hart gemacht und ist ein niemals gekanntes und niemals zu nehmendes Ruhmesblatt.“*

Debatte Die Goldhagen-Debatte

Zu den Historiker-Debatten um die Durchführung des Vernichtungskriegs und die Beteiligung daran hat die sog. Goldhagen-Debatte besonders beigetragen. Mit seinem Buch *Hitler's Willing Executioners* (dt.: Hitlers willige Vollstrecker) sorgte Daniel Goldhagen 1996 in Deutschland für eine erneute Debatte um die Ursachen des Holocausts, dessen Voraussetzungen der Historiker neu definierte. Ausgehend von der Feststellung, dass es auch in anderen Ländern Antisemitismus gab, arbeitet er die Unterschiede des deutschen Antisemitismus heraus:

- Erstens regierten in Deutschland die radikalsten Antisemiten der Geschichte,
- zweitens dachte die Mehrheit der Bevölkerung schlecht über die Juden, und
- drittens verfügte der Staat militärisch über die Macht, im Schatten des Krieges den Großteil der europäischen Juden in seine Gewalt zu bringen.

Indem Goldhagen den gesamtgesellschaftlichen deutschen Antisemitismus als zentrale Triebkraft des Holocaust identifizierte, widersprach er den bis dahin vorherrschenden Erklärungsversuchen (siehe „Debatte" S. 80).

Wichtige Merkmale:

- Die Rechtfertigung für das äußerst brutale und völkerrechtswidrige Vorgehen an der Ostfront zogen die Nationalsozialisten aus ihrer **menschenverachtenden Ideologie:** Eroberung von „Lebensraum im Osten", Kampf gegen „minderwertige Rassen".
- Im Zusammenhang mit den Besetzungen massive Unterdrückung, Ausbeutung bzw. **Morde an der sowjetischen Zivilbevölkerung und Massenerschießungen von Juden**, ausgeführt durch Waffen-SS, deutsche Polizeieinheiten und Teile der Wehrmacht. Ermordung „politischer Kommissare" (Funktionäre der kommunistischen Partei der Sowjetunion) infolge des völkerrechtswidrigen **„Kommissar-Befehls"** vom 6.6.1941: *„Im Kampf gegen den Bolschewismus ist mit einem Verhalten des Feindes nach den Grundsätzen der Menschlichkeit oder des Völkerrechts nicht zu rechnen. Insbesondere ist von den politischen Kommissaren aller Art als den eigentlichen Trägern des Widerstands eine hasserfüllte, grausame und unmenschliche Behandlung unserer Gefangenen zu erwarten."*
- ungefähr zwei Millionen **Zwangsarbeiter** aus Osteuropa wurden für die Produktion im Deutschen Reich eingesetzt;
- die deutsche Regierung ließ keinen Rückzug des Militärs zu, **sinnlose Verluste eigener Soldaten** sind die Folge;
- **hohe Zahl an Kriegsgefangenen** in der Sowjetunion.

Stichwort: „Totaler Krieg"

Zeitlicher Verlauf – Ostfront:

Winter **1942/43**	Einkesselung der 6. Armee in **Stalingrad;**
1–2/**1943**	Durchbruch sowjetischer Truppen an der deutschen Ostfront;
31.1./2.2.**1943**	Kapitulation der deutschen Truppen in Stalingrad;

18.2.**1943** Angesichts großer militärischer Niederlagen an der Ostfront und in Afrika hielt Propagandaminister Joseph Goebbels die sog. **Sportpalast-Rede** bei einer Veranstaltung im Berliner Sportpalast vor ca. 14 000 ausgewählten NSDAP-Mitgliedern, die „das deutsche Volk" repräsentieren sollten. Mit einem hohen Aufwand wurde die Rede als Propaganda-Veranstaltung inszeniert, die die Deutschen auf einen angeblichen „Endkampf" vorbereiten sollte. Der gezielte Einsatz von Filmkameras erlaubte anschließend einen manipulativen Wochenschau-Bericht in den deutschen Kinos. Die Rede wurde live im Rundfunk übertragen. Goebbels stellte im Verlauf der Rede zehn Fragen, die stürmische Rufe und Sprechchöre des Publikums provozierten. Darunter auch die Frage: *„Wollt ihr den* ***totalen Krieg?*** *Wollt ihr ihn, wenn nötig, totaler und radikaler, als wir ihn uns heute überhaupt noch vorstellen können?"* Den Abschluss bildete der berühmte Ausruf: *„Und darum lautet von jetzt ab die Parole: Nun, Volk, steh' auf – und Sturm brich los!"* Die Wirkung der Rede wird von Historikern als eingeschränkt bezeichnet. Die Inszenierung stand im Vordergrund, der Glaube an einen „Endsieg" hatte in der deutschen Bevölkerung bereits stark abgenommen. Ein Spruch im Ruhrgebiet, das besonders unter britischen Luftangriffen litt, lautete: *„Lieber Tommy, fliege weiter, wir sind alle Bergarbeiter. Fliege weiter nach Berlin, die haben alle ‚Ja' geschrien."*

7/**1943** Beginn der sowjetischen Sommer-Offensive;

4.3.**1944** Sowjetische Offensive gegen die südliche Ostfront;

22.6.**1944** Beginn des sowjetischen Hauptangriffs gegen die deutsche „Heeresgruppe Mitte";

12.1.**1945** Vormarsch der sowjetischen Truppen bis zur Oder;

25.4.**1945** sowjetische, amerikanische Truppen treffen sich bei Torgau/Elbe;

2.5.**1945** Kapitulation Berlins;

9.5.**1945** Unterzeichnung der **bedingungslosen Kapitulation Deutschlands** gegenüber der UdSSR in Berlin.

Zeitlicher Verlauf – Afrika, Westfront und Südeuropa:

30.6.**1942** Ende des deutschen Vormarschs in Nordafrika;

10–11/**1942** britische Gegenoffensive in Nordafrika;

13.5.**1943** **Kapitulation** der deutschen und italienischen Truppen in Nordafrika;

10.7.**1943** Landung US-amerikanischer und britischer Truppen auf Sizilien;

25.7.**1943** Sturz des italienischen Diktators Mussolini (Waffenstillstand mit Westalliierten folgt);

6.6.**1944** **Landung** US-amerikanischer und britischer Truppen **in der Normandie *(D-Day)*;** bis März 1945 Vorstoß bis zum Rhein;

7.3.**1945** Zusammenbruch der deutschen Westfront;

7.5.**1945** Unterzeichnung der **bedingungslosen Kapitulation Deutschlands** gegenüber den Westmächten in Reims.

Wichtige Merkmale:

- Seit 1942 **Bombardierungen** und Zerstörung **deutscher Städte** (z. B. Dresden, Hamburg, Köln, Berlin);
- Versorgung in den deutschen Städten weitgehend aufrechterhalten;
- Einsatz von **Zwangsarbeitern** aus den besetzten Gebieten;
- **„Volkssturm“:** Einsatz aller waffenfähigen Männer von 16 bis 60 Jahren zu Verteidigungsaufgaben, auch Einsatz von Frauen und Mädchen für Hilfsdienste;
- harte Verfolgung und Bestrafung von kritischen Äußerungen oder Handlungen als „Wehrkraftzersetzung“ und „Feindbegünstigung“ durch Sondergerichte und Militärgerichte mit zehntausendfachen Todesurteilen.

Info Die drei großen Kriegskonferenzen der Alliierten

Januar **1943:**	Britisch-amerikanische **Konferenz von Casablanca/Marokko** Forderung der bedingungslosen Kapitulation Deutschlands und seiner Verbündeten (Grundlage: Atlantik-Charta von 1941)
28.11.–1.12.**1943:**	**Konferenz von Teheran/Persien** (USA, GB, UdSSR) Festlegungen zur Aufteilung Deutschlands und zur polnischen West- und Ostgrenze.
4.–11.2.**1945:**	**Konferenz von Jalta/Krim** (USA, GB, UdSSR) Aufteilung Deutschlands in **vier Besatzungszonen** und Festlegung von Reparationen.

Der Völkermord an den europäischen Juden

Der Völkermord an den europäischen Juden (auch Shoah oder Holocaust genannt) sowie die Verfolgung und Ermordung von Sinti und Roma, Homosexuellen, Menschen mit Behinderungen („Euthanasie“), Angehörigen von religiösen Gruppen sowie kirchlichen, politischen und gesellschaftlichen Oppositionellen und vieler anderer Menschen stellt ein epochales Verbrechen dar. Ihm sind zwischen 1933 und 1945 viele Millionen zum Opfer gefallen. Bereits seit 1933 wurden Konzentrationslager (KZ) eingerichtet. Insgesamt entstanden rund 400 Lager unterschiedlicher Größe für Männer und Frauen, als Haupt- und Außenlager.

Phasen der Judenverfolgung

Die Verfolgung von Juden lässt sich in Phasen einteilen, wobei eine klare Abgrenzung nicht möglich ist, da sich die Verbrechen oft überschnitten:

Ab 1933: Ausgrenzung, Unterdrückung

- April **1933:** Juden waren von **Entlassungen** betroffen („Beamtengesetz“),
- Aufrufe zum **Boykott** jüdischer Geschäfte,
- alltägliche **Erniedrigungen** in Schulen, Vielzahl von Einzelmaßnahmen,
- ab **1935: Entrechtung durch die Nürnberger Rassegesetze,** Juden verloren alle politischen Rechte und Ämter, das Staatsbürgerrecht sowie den allgemeinen

Rechtsschutz; Ehen zwischen Juden und Nicht-Juden wurden verboten und als „Rassenschande“ bezeichnet.

Ab 1938: Verfolgung („Reichspogromnacht“ am 9.11.1938)

- Mit dem im ganzen Reich inszenierten **Pogrom** wurden Juden massiv verfolgt, körperlich gequält, gefoltert, zum Teil ermordet und verhaftet. Jüdische Geschäfte und Synagogen wurden geplündert und zerstört. Die Gewalt wurde öffentlich.
- Jüdische Kinder wurde der Schulbesuch in nicht-jüdischen Schulen verboten.
- Weitere Einschränkung von Rechten, z. B Bewegungsfreiheit oder Informationsfreiheit (z. B. Verbot von Rundfunkgeräten, Kino-Besuch).
- Es folgte eine aktive Auswanderungspolitik, bei der Auswanderungswillige enteignet und wirtschaftlich ausgebeutet wurden. Häufig wurden Kinder und Jugendliche von ihren Familien in das Ausland geschickt, sofern überhaupt finanzielle Möglichkeiten dafür bestanden.

Ab 1939: Deportationen und Vernichtung („Wannsee-Konferenz“, 20.1.1942)

- Mit Beginn des Kriegs fanden in Polen Massendeportationen in Konzentrationslager, Ghettoisierung und Ermordungen von Juden statt.
- **1940** fanden erste Vergasungen von Menschen mit Behinderung statt: **„Euthanasie-Programm“**, „Aktion T4“;
- 27.4.**1940:** Die Einrichtung des KZs **Auschwitz** wurde befohlen; es soll eine zentrale Rolle bei der „Endlösung der Judenfrage“ haben;
- 1.9.**1941:** Pflicht zum Tragen des Gelben Sterns als sichtbares Zeichen
- Herbst **1941:** Massenerschießungen in der Ukraine und Russland und massenhafte **Deportationen** deutscher Juden in Ghettos im Osten (z. B. Riga, Theresienstadt);
- 20.1.**1942: Wannsee-Konferenz:** Führende Mitglieder der NSDAP, SS sowie aus Ministerien beschlossen die „Endlösung der Judenfrage“ in Europa durch Ermordungen, wie sie spätestens seit 1941 geschahen. Die **Vergasung in Vernichtungslagern** (zu den größten zählten: Auschwitz-Birkenau, Treblinka, Maidanek, Sobibor, Chelmno und Belzec) führte zum Tod von Millionen von Inhaftierten und Deportierten.
  Aus dem Protokoll der Wannsee-Konferenz, 20.1.1942: *„Im Zuge dieser Endlösung der europäischen Judenfrage kommen rund 11 Millionen Juden in Betracht [...] Unter entsprechender Leitung sollen nun im Zuge der Endlösung die Juden in geeigneter Weise im Osten zum Arbeitseinsatz kommen.“*
- Im Verlauf des Jahres 1942 nahmen die Deportationen in Vernichtungslager auch aus den besetzten Gebieten in Nord-, West- und Südeuropa zu.
- 18.4.**1943:** Organisierter jüdischer Widerstand im **Warschauer Ghetto**, es war seit 1940 abgeriegelt. Der Aufstand wurde niedergeschlagen und das Ghetto bis Mai 1943 vernichtet. Nach und nach wurden die jüdischen Ghettos in Osteuropa geräumt und die Juden in Vernichtungslager gebracht.
- ab Mitte **1944:** Mit dem **Vormarsch der sowjetischen Truppen** endeten die Vergasungen.
- 27.1.**1945:** Befreiung des KZs Auschwitz durch sowjetische Truppen.

Konzentrationslager im Überblick

1933–1935	Aufbau größerer und kleiner Inhaftierungslager (zusätzlich zu staatlichen Gefängnissen), z. B. Dachau; politische Gegner des NS-Regimes wurden dort außerhalb des normalen Rechtssystems und der ordentlichen Rechtsprechung in „Schutzhaft" genommen; anfangs unter Kontrolle der SA, ab 1934 unter Führung der SS.
1936–1938	die Anzahl der Häftlinge stieg und ihre Zusammensetzung änderte sich grundlegend; Inhaftierung derer, die nicht dem nationalsozialistischen Bild der „Volksgemeinschaft" entsprachen (sog. „Asoziale" wie Wohnungslose, „Arbeitsscheue", mehrfach Vorbestrafte, Homosexuelle und Zeugen Jehovas).
1938	Im Zuge des Novemberpogroms wurden 26 000 Juden inhaftiert.
1939–1941	Errichtung großer Konzentrationslager als Vernichtungslager, z. B. Auschwitz-Birkenau, Treblinka, Maidanek, Sobibor, Chelmno und Belzec. Im Deutschen Reich dienten als „Hauptlager" Dachau, Buchenwald, Flossenbürg, Mauthausen, Ravensbrück und Sachsenhausen sowie 22 weitere. Häftlinge der **osteuropäischen Vernichtungslager** waren Deportierte aus den besetzten Gebieten in Europa und dem Deutschen Reich, neben Juden v. a. auch Sinti und Roma. In den **KZs im Reich** wurden Juden und alle anderen Verfolgten inhaftiert und ermordet; Einrichtung von Speziallagern für Frauen und Jugendliche. Die Häftlinge wurden für **Arbeitsdienste** und für medizinische Versuche herangezogen.
1942–1944	Einrichtung von Fabriken bei KZs und in Außenlagern: Arbeitseinsatz von Inhaftierten und Zwangsarbeitern für die Kriegsproduktion; August 1944: insgesamt ungefähr 524 000 KZ-Häftlinge.
ca. Mitte **1944**–April **1945**	**Befreiung** und Ende der Vernichtungsaktionen. Insgesamt waren zwischen 1933 und 1945 ca. **7,2 Millionen Menschen Häftlinge in einem KZ,** nur etwa 500 000 überlebten.

Widerstand

Die radikale NS-Ideologie besonders mit ihrer Vorstellung einer „Volksgemeinschaft" und Rassetheorie erforderte Anpassung. Die bereits im März 1933 erlassene „Heimtücke-Verordnung" sollte jedwede kritische Äußerung gegen die NS-Regierung unterbinden. Tatsächlich führte dies zu verbreiteten Ängsten, Anpassungszwang und eben auch Denunziation. Besonders in der Zeit des Zweiten Weltkriegs wurden unter dem Vorzeichen von „wehrzersetzendem Verhalten" unzählige Verurteilungen bis hin zur Todesstrafe gegen Menschen ausgesprochen, die sich „nur" kritisch geäußert hatten. Häufig resultierte die Ablehnung auch in der so genannten inneren Emigration, besonders bei Intellektuellen und politisch Aktiven auch in der Emigration ins Ausland. Insgesamt gab es trotz des NS-Terrors bei einer Minderheit eine Vielzahl kritischen Verhaltens, das von partieller privater Regimekritik in unangepassten

Äußerungen und Verhalten bis hin zur generellen Ablehnung des NS-Regimes mit aktiven Widerstandshandlungen (nach dem Modell von Detlev Peukert) reichte.
Der Widerstand gegen das NS-Regime bzw. dessen Kriegsführung und den Völkermord verlief zwischen 1933 und 1945 vollkommen uneinheitlich. Er war in der Regel punktuell, die Gruppen hatten keine Verbindung zueinander. Getragen wurde er von verschiedenen gesellschaftlichen Gruppen und Einzelpersonen. Zum Widerstand zählten vielgestaltige Maßnahmen, von widersetzlichem Verhalten gegenüber einzelnen Maßnahmen des NS-Staates bis hin zum Attentats- und Umsturzversuch. Mitglieder des Widerstands agierten aus dem Inland oder aus dem Exil im Ausland.
Zentrale Ziele waren
- die Beseitigung des NS-Regimes,
- die Wiederherstellung des Rechtsstaats,
- die Beendigung des Krieges.

Zu den Gruppen, aus denen heraus die Opposition agierte, zählten v. a. Kommunisten und Sozialdemokraten, Gewerkschaften, Jugendgruppen und Studenten, Teile der Kirchen, Personen des Adels und des Militärs. Gemeinsam war ihnen jedoch, dass alle Interventionen gegen das Regime, wie z. B. Flugblattaktionen, Predigten, Attentatsversuche oder Sabotageakte, wirkungslos blieben. Der Terror-Apparat, aber auch die allgemeine Zustimmung zum Regime in der Bevölkerung verhinderte, dass der Widerstand eine breite Unterstützung erfuhr. Aktivisten waren in Deutschland auch nach 1945 noch lange Zeit mit Feindseligkeit und Ablehnung konfrontiert.
Bekannte Beispiele für Widerstandsaktivitäten sind:

Widerstand aus der Arbeiterbewegung

- **Rote Kapelle:** Sammelbezeichnung der Gestapo für Widerstandsgruppen in Berlin, Belgien, Frankreich und Holland, die während des Krieges geheime Nachrichten verbreiteten, darunter auch an den sowjetischen Nachrichtendienst. Die Gruppen agierten weitgehend unabhängig voneinander und bildeten sich um die Marxisten Arvid Harnack und Harro Schulze-Boysen. Viele Sozialdemokraten und Gewerkschaftler agierten vom Exil im Ausland aus, ohne letztlich eine Schwächung des Regimes zu erreichen.

Jugendopposition

- **Edelweißpiraten:** Gruppen jugendlicher Widerstandsbewegung, die in verschiedenen deutschen Städten aktiv waren. Sie entstammten häufig der Bündischen Jugend, den Naturfreunden oder dem Rotkämpferbund. Bekannt sind besonders Gruppierungen im Rhein-Ruhr-Gebiet („Navajos“ in Köln, „Fahrtenjungs“ in Düsseldorf und „Ruhrpiraten“). Sie traten 1941/42 verstärkt auf. Ihr Protest war zunächst eher unpolitisch. Es ging um jugendlichen Freiraum und gegen den Zwang der Hitler-Jugend (HJ), mit der es nicht selten zu Auseinandersetzungen kam. Diese Gruppen zeigten sich in kleineren Protestaktionen sowie unangepasstem Verhalten in Kleidungsstil und Freizeit-Aktivitäten. Einer ihrer Mitglieder war Bartholomäus Schink, der 1944 öffentlich mit mehreren anderen „Edelweißpiraten“ in Köln-Ehrenfeld gehängt wurde.

- **Swing-Jugend:** Viele Jugendliche aus eher bürgerlichen Kreisen zählten sich zur „Swing-Jugend". Sie hörten im Geheimen amerikanische Musik und trugen unangepasste Kleidung oder Frisuren. Auch diese losen Gruppierungen, die ihre Treffen in Clubs und Cafés organisierten, waren zunächst eher unpolitisch geprägt. Durch die zunehmende Verfolgung wurden Teile der „Swing-Jugend" jedoch politisiert und in den Protest gegen das Regime getrieben. Häufig wurden Angehörige verhaftet und auch hingerichtet.
- **Die Weiße Rose:** Diese Gruppe aus München bildet eine Ausnahme in der Jugendopposition, ihre Motivation, sich dem Regime zu widersetzen, fußte in politischen sowie in philosophisch und moralisch begründeten Überzeugungen. Die Gruppe bestand maßgeblich aus bürgerlichen Studenten um die Geschwister Sophie und Hans Scholl, Alexander Schmorell, Christoph Probst, Willi Graf sowie Prof. Kurt Huber in München. Sie begannen 1942 damit, Flugblätter zu verteilten, die an die moralischen Grundlagen und liberalen Werte der deutschen Gesellschaft appellierten. Nach der Niederlage der deutschen Truppen vor Stalingrad verstärkten sie ihre Aktionen. Kritische Parolen an Gebäuden und weitere Flugblattaktionen sollten die deutsche Bevölkerung aufrütteln. Bei einer ihrer Aktionen wurden sie am 18. Februar 1943 beobachtet und verraten. Bereits am 22. Februar 1943 wurden Sophie und Hans Scholl zusammen mit Christoph Probst vom Volksgerichtshof in einem Schauprozess verurteilt und noch am selben Tag hingerichtet. Andere Mitglieder der Gruppe wurden ebenfalls verhaftet und hingerichtet.

Widerstand in Bürgertum, Adel und Militär

- **Der Kreisauer Kreis:** Gruppe von Adeligen (Treffpunkt auf dem Gut von Helmuth James von Moltke in Kreisau), Sozialdemokraten, Geistlichen. Es wurden v. a. Zukunftsentwürfe diskutiert, die hochrangige Offiziere der Wehrmacht beeinflussten. Der zivile Kopf der Verschwörer war Carl-Friedrich Goerdeler. General Ludwig Beck hatte bereits 1938 Pläne zum Sturz Hitlers entwickelt, um den drohenden Krieg zu verhindern. Er konnte diese jedoch nicht umsetzen und trat aus Gewissensgründen zurück. Die aktiven Vertreter besonders in der Wehrmacht hatten zum Teil einflussreiche Positionen in der Generalität, dem Heeresamt und an anderen strategisch wichtigen Stellen. Dies konnten sie für ihre Umsturzpläne ausnutzen.
  Attentat vom 20. Juli 1944 Zum Kern des Kreisauer Kreises zählten neben Beck und Goerdeler die Offiziere Claus Schenk Graf von Stauffenberg, Henning von Tresckow und Friedrich Olbricht. Diese Gruppe aus hohen Offizieren der Wehrmacht plante bereits seit Längerem einen Attentatsversuch, dem ein Putsch folgen sollte. Die konkrete Umsetzung erfolgte am 20. Juli 1944. Ihre Tat fußte auf der Erfahrung des Krieges und war motiviert durch die Einsicht in die Aussichtslosigkeit einer Fortführung des Krieges. Stauffenberg wollte Hitler im Führerhauptquartier „Wolfsschanze" in Ostpreußen mit einer Bombe töten. Die Bombe wurde platziert, Stauffenberg flog nach Berlin, Hitler überlebte unversehrt. Man hatte geplant, parallel zum Attentat in Berlin einen Staatsstreich zu unternehmen. Zentrale Schaltstellen sollten von Anhängern des Widerstands besetzt werden. Tatsächlich hatte es in verschiedenen Ministerien in Berlin sowie Dienststellen in Paris offene Putschver-

suche gegeben. Die umfangreichen Planungen hatten die Einsetzung einer neuen Reichsregierung unter der Voraussetzung der Tötung Hitlers bereits detailliert vorgesehen. Die dramatischen Ereignisse sahen hierbei zunächst gewisse Erfolge, die jedoch in sich zusammenfielen, als sich die Nachricht bestätigte, dass Hitler das Attentat überlebt hatte. Der Umsturzversuch scheiterte und die Angehörigen der Gruppe wurden – auch in Beziehung zum Kreisauer Kreis – verhaftet und hingerichtet. Dem Attentat folgten eine umfangreiche Verhaftungswelle und gezielter Terror durch das NS-Regime.
Die Beteiligten am Attentat des 20. Juli wurden nach dem Zweiten Weltkrieg und in der jungen Bundesrepublik Deutschland nicht als Widerstandskämpfer verehrt, sondern eher als Verräter betrachtet. Man vertrat eher die Einschätzung, dass sie als Offiziere ihren militärischen Eid auf Adolf Hitler verletzt hätten und mit ihrem Attentat den deutschen Truppen in den Rücken gefallen seien. Erst durch die Aufarbeitung des Nationalsozialismus ab den 1960er-Jahren, besonders dann Ende der 1970er- und 1980er-Jahre, wurden der Widerstand in der deutschen Gesellschaft umfassend akzeptiert und deren Mitglieder rehabilitiert. Gleichwohl wird das Verhalten gerade seitens der Wehrmachtsoffiziere nach wie vor auch kritisch gesehen, da sich ihr Widerstand erst regte, als es um die Abwendung der Kriegsniederlage ging. Sie agierten nicht gegen den NS-Terror als solchen.

Kirchlicher Widerstand

- **Die „Bekennende Kirche“:** Die großen christlichen Kirchen verhielten sich überwiegend systemtragend. In der evangelischen Kirche fand Kritik am NS-Regime und Widerstand am ehesten in der „Bekennenden Kirche“ statt, einer Vereinigung, die sich 1934 in Wuppertal-Barmen aus dem „Pfarrernotbund“ heraus bildete. Zu den bekanntesten Theologen, die das anti-christliche Regime, den rassistischen Antisemitismus sowie die Maßnahmen des Terror-Apparates kritisierten, gehörte der 1945 ermordete Dietrich Bonhoeffer. Dagegen unterstützten die evangelischen „Deutschen Christen“ den NS-Staat maßgeblich. Die katholische Kirche hatte noch 1933 ihre institutionelle Unversehrtheit in einer gegenseitigen Vereinbarung (Konkordat) erreichen können. Trotzdem klagte Papst Pius XI. 1937 in einer Lehrschrift („Mit brennender Sorge“) die Rassenideologie und Christenfeindschaft des NS-Staates an. Die institutionalisierten Maßnahmen zur Euthanasie, also zur Tötung von Menschen mit geistigen und/oder körperlichen Beeinträchtigungen, veranlassten den Münsteraner Bischof Clemens Graf von Galen 1941 zu offener Kritik. Trotz seiner Predigten blieb der beliebte Bischof jedoch unangetastet.

Einzeltäter

- **Georg Elser:** Elser war ein kommunistischer Einzeltäter, der am 8.9.1939 ein Attentat auf Hitler unternahm. Es gelang ihm, während einer Veranstaltung im Münchner Hofbräukeller, die auch Hitler besuchen sollte, eine Bombe zur Explosion zu bringen. Hitler war allerdings früher als geplant wieder gegangen. Georg Elser wurde verhaftet und kurz vor Kriegsende im KZ Dachau ermordet.

IF 6.2: Nationalismus, Nationalstaat und deutsche Identität im 19. und 20. Jahrhundert

Nationale Identität unter den Bedingungen der Zweistaatlichkeit in Deutschland

Am 30.4.1945, als die Rote Armee schon in Berlin stand, beging Adolf Hitler Selbstmord. Zuvor hatte er Großadmiral Karl Dönitz als Nachfolger eingesetzt, der den Kampf gegen die Rote Armee fortsetzen sollte. Die Taktik der Teilkapitulationen gegen die Westalliierten scheiterte, und Generaloberst Alfred Jodl unterzeichnete im Namen des deutschen Oberkommandos am **7.5.1945 die Gesamtkapitulation (bedingungslose Kapitulation) aller Streitkräfte im Alliierten Hauptquartier in Reims.** Eine zweite Kapitulationsurkunde unterschrieb auf ausdrücklichen Wunsch Stalins als Teil einer politischen Inszenierung der Generalfeldmarschall Keitel in der Nacht des 8.5. im sowjetischen Hauptquartier in Berlin-Karlshorst. Der Zweite Weltkrieg war in Europa beendet. Die Siegermächte übernahmen die oberste Regierungsgewalt.

Die Nachkriegsjahre 1945–1949

Wichtige Entscheidungen hatten die Alliierten schon vor Kriegsende in den **Konferenzen von Teheran 1943 und Jalta 1945** getroffen (s. S. 85). Als Ausgleich für die besonders hohen Kriegsverluste und Kriegsschäden hatten die Westmächte der Sowjetunion Gebietsgewinne im Westen zulasten Polens zugestanden. Die **Potsdamer Konferenz** legte 1945 fest, wie die Besatzung und die politische Neuorganisation Deutschlands geregelt werden sollte (s. S. 130).

Das Grundgesetz und die Gründung der Bundesrepublik Deutschland

Die **Londoner Sechsmächtekonferenz** hatte **1948** die Gründung eines westdeutschen Staates und die Ausarbeitung einer Verfassung „empfohlen" (beschlossen). Weil man fürchtete, eine westdeutsche Verfassung könnte die Spaltung Deutschlands vertiefen, sollte das Grundgesetz zunächst ein Provisorium bleiben.

Der Parlamentarische Rat

Der Parlamentarische Rat, der die Verfassung ausarbeiten sollte, bestand aus genau 61 Männern und vier Frauen verschiedener Parteien (27 CDU/CSU; 27 SPD; 5 FDP; 2 KPD; 2 Zentrum; 2 DP), gewählt von den Länderparlamenten der drei westlichen Besatzungszonen. **Konrad Adenauer** (CDU) war Präsident, **Carlo Schmid** (SPD) Vorsitzender des Hauptausschusses. Berlin hatte nur beratende Stimme. Der Parlamentarische Rat trat am 1.9.1948 in **Bonn** zusammen. Nach mehrfachen Korrekturen durch die Besatzungsmächte wurde der Entwurf des Grundgesetzes am 8.5.1949 in dritter Lesung verabschiedet.

Die „Väter und Mütter" des Grundgesetzes mussten nicht nur parteipolitische Grenzen überwinden, sondern auch die richtigen Lehren aus der Vergangenheit ziehen. Das Scheitern von Weimar und die Schreckensherrschaft der Nationalsozialisten waren noch präsent, Vergleichbares sollte für die Zukunft verhindert werden. Zudem war die Struktur des neuen Staats festzulegen, u. a. die Machtverteilung zwischen Bund und Ländern sowie die Finanzverfassung. Am 23.5.1949 konnte das **Grundgesetz der Bundesrepublik Deutschland** in einer öffentlichen Sitzung in Bonn unterschrieben und verkündet werden.

Das Grundgesetz

Der Verfassung (dem Grundgesetz) liegen folgende **Prinzipien** zugrunde:

- **Demokratieprinzip:** Legitimation staatlicher Gewalt durch Wahlen und Abstimmungen, in Art. 20 Abs. 2 GG verankert: „Alle Staatsgewalt geht vom Volke aus. Sie wird vom Volke in Wahlen und Abstimmungen und durch besondere Organe der Gesetzgebung, der vollziehenden Gewalt und der Rechtsprechung ausgeübt."
- **Prinzip des Pluralismus:** offene Auseinandersetzung zwischen den politischen, sozialen und wirtschaftlichen Interessen(-verbänden, -parteien), aber auch die Konsens- und Koalitionsmöglichkeiten zwischen ihnen als wesentlicher Teil der politischen Willensbildung;
- **Rechtsstaatsprinzip**: Bindung der staatlichen Gewalt an Recht und Gesetz, beinhaltet die Garantie auf rechtliches Gehör vor unabhängigen Richtern;
- **Bundesstaatsprinzip:** Föderation einzelner Bundesländer (Gliedstaaten), die durch den Zusammenschluss ihre Staatlichkeit nicht verlieren und neben dem (übergeordneten) Gesamtstaat stehen; Verteilung der staatlichen Gewalt zwischen Bund und Ländern („vertikale Gewaltenteilung");
- **Sozialstaatsprinzip:** verpflichtet den Staat zur sozialen Gerechtigkeit in Gesetzgebung, Verwaltung und Rechtsprechung; Mitverantwortung für soziale Gerechtigkeit durch Ausgleich; Abbau sozialer Unterschiede; Sicherung eines angemessenen Lebensstandards für alle Teile der Bevölkerung.

Info Gleichberechtigung

Zwei der Frauen im Parlamentarischen Rat (Elisabeth Selbert und Frieda Nadig, beide SPD) setzten gegen den anfänglich heftigen Widerstand auch aus den Reihen ihrer eigenen Partei die Aufnahme des 2. Absatzes in Artikel 3, „Männer und Frauen sind gleichberechtigt", in das Grundgesetz durch. In der Weimarer Verfassung hieß es in Artikel 109 Satz 2 noch: „Männer und Frauen haben grundsätzlich die gleichen staatsbürgerlichen Rechte und Pflichten."

Wichtige **Inhalte des Grundgesetzes**:

- der **Bundespräsident:** Höchstes Staatsorgan, gewählt von der Bundesversammlung, wichtigste Aufgabe: die Vertretung des deutschen Volks nach außen. Er darf nicht direkt in die Gesetzgebung oder die Arbeit der Regierung eingreifen.
- **indirekte Demokratie:** Nach dem Grundgesetz ist das Volk der Souverän des Staats (Art. 20, Abs. 2). Das Volk bestimmt seine Gesetze und seine Regierung

aber nicht direkt, sondern indirekt durch gewählte Vertreter (Abgeordnete), die den Bundestag bilden.
- der **Bundestag:** Gesetze dürfen nur vom Bundestag (oder in den Ländern von den Landesparlamenten) beschlossen werden. Die erste Gewalt, die **Legislative,** liegt also allein beim Parlament.
- die **Bundesregierung:** Sie wird vom Bundestag mit Mehrheit gewählt und steht an der Spitze der zweiten Gewalt, der **Exekutive.**
- der **Bundesrat:** Durch den Bundesrat, der von Vertretern der Landesregierungen besetzt wird, wirken die Länder bei der Gesetzgebung und Verwaltung des Bundes und in Angelegenheiten der Europäischen Union mit. Alle Gesetze müssen vom Bundesrat bestätigt werden, um eine föderale Legitimation sicherzustellen.
- das **Bundesverfassungsgericht:** Es steht an der Spitze der dritten Gewalt, der **Judikative,** und überprüft, ob ein Gesetz oder das Handeln von Staatsorganen mit dem Grundgesetz vereinbar ist. Es kann Gesetze außer Kraft setzen, die gegen einen Artikel des Grundgesetzes verstoßen.
- **Föderalismus:** Die Bundesländer haben eigene Rechte (v. a. Bildung und Innere Sicherheit/Polizei), in die der Bund nicht eingreifen darf.

Folgende Maßnahmen sollten die **parlamentarische Demokratie absichern:**
- Änderungen des Grundgesetzes sind nur mit Zweidrittel-Mehrheit von Bundestag und Bundesrat möglich, **elementare Verfassungsprinzipien sind unveränderlich,** v. a. die Menschen- und Bürgerrechte (Artikel 1 bis 17) dürfen in „ihrem Wesensgehalt“ nicht verändert werden.
- Das **Bundesverfassungsgericht** prüft die Verfassungsgemäßheit beschlossener Gesetze und kann bei Verstößen gegen die Menschenrechte von jedem Bürger in Anspruch genommen werden.
- Eine klare Aufgabenteilung zwischen Parlament und Regierung sowie die Kontrollfunktion des Bundespräsidenten garantieren die **Gewaltenteilung** und verhindern eine Machtkonzentration.
- Die **Kombination von Mehrheits- und Verhältniswahlrecht** plus Fünfprozentklausel (seit 1953) verhindert eine Zersplitterung der Parteienlandschaft.
- Ein **konstruktives Misstrauensvotum** verlangt, dass die Abwahl eines Kanzlers durch den Bundestag nur bei gleichzeitiger Wahl eines neuen Kanzlers erfolgt.

Die Westanbindung

Bei der Gründung der Bundesrepublik Deutschland blieben Zehntausende US-amerikanische, britische und französische Soldaten als Besatzungstruppen auf deutschem Boden stationiert. Eigene Streitkräfte durfte die Bundesrepublik nicht aufbauen, einen Außenminister und Botschaften im Ausland gab es nicht: Die Außenpolitik blieb Sache der alliierten Militärbefehlshaber. Auch die Kontrolle des wirtschaftlich wichtigen Ruhrgebiets unterlag den Alliierten. Die Bundesrepublik Deutschland erlangte also mit ihrer Gründung **1949 nicht die volle Souveränität.**
Als Teilstaat an der Ost-West-Grenze war Deutschland zu einem Brennpunkt des Kalten Krieges geworden, sodass v. a. die USA an der Westanbindung der Bundes-

republik ein großes Interesse hatten, um sie deutlich gegen den sowjetischen (= kommunistischen) Einflussbereich abzugrenzen.

Die Ära Adenauer – BRD 1949–1969

Konrad Adenauer (CDU), erster Bundeskanzler der Bundesrepublik (1949–1963), wird auch heute noch mit der Staatsgründung, dem Wiederaufbau sowie der Erlangung demokratischer Stabilität und der Kontinuität außenpolitischen Handelns im Rahmen der westlichen Demokratien in Verbindung gebracht. Adenauer prägte mit seinen Entscheidungen die junge Republik.

Info Konrad Adenauer

Konrad Adenauer (1876–1967): 1917–1933/kurz 1945 Oberbürgermeister von Köln. 1918–1932 Vorsitzender des Provinzial-Ausschusses der Rheinprovinz, 1920–1933 Präsident des Preußischen Staatsrats, 1946 Vorsitzender der CDU in der britischen Besatzungszone, 1946–1950 Mitglied des Landtags in NRW, 1948/1949 Vorsitzender des Parlamentarischen Rats, 1949–1967 Mitglied des Bundestags, 1949–1963 Bundeskanzler, 1950–1966 Vorsitzender der CDU, 1951–1955 Bundesminister des Auswärtigen.
Die SPD warf Adenauer vor, zu große Zugeständnisse gemacht zu haben, Kurt Schumacher (SPD) nannte ihn „Bundeskanzler der Alliierten." Adenauer prägte die Politik seiner Zeit sehr stark, weshalb seine lange Amtszeit rückblickend auch als **Ära Adenauer** bezeichnet wird. Er zählt zu den wenigen deutschen Politikern mit weltweitem Ansehen und zahlreichen internationalen Ehrungen.

Die Konsolidierung in der Ära Adenauer

Kernanliegen der Politik Adenauers war es, das Vertrauen der Besatzungsmächte wiederherzustellen und zu erhalten, indem er außenpolitisch eine klare Bindung an den Westen einging und sich politisch berechenbar verhielt. Nur so war es möglich, die Alliierten zu einem Abbau ihrer Vorbehaltsrechte zu bewegen und infolgedessen die volle Souveränität zurückzuerlangen. Durch Anbindung an den Westen erhoffte Adenauer auch Beistand gegen den Kommunismus hinter den eigenen Staatsgrenzen. (Geplante) Eckpunkte seiner Politik waren:

- politische und wirtschaftliche **Westintegration** (Friedensverträge, Aussöhnung mit Frankreich),
- **Wiedervereinigung** Deutschlands,
- **Wiederaufbau** der Wirtschaft,
- **sozialer Ausgleich** im Inneren,
- Aufbau und Bewahrung der militärischen und politischen Sicherheit der Bundesrepublik Deutschland **(Wiederbewaffnung).**

Bis 1955 lag die „oberste Gewalt" in der BRD noch bei den drei Westmächten, vertreten durch die **Alliierten Hohen Kommissare,** die auf dem Petersberg bei Bonn wirkten und deren Befugnisse im **Besatzungsstatut** festgeschrieben waren. Adenauer wollte das Besatzungsstatut aufheben, um seinen Handlungsspielraum zu erweitern. Eine erste Lockerung gelang ihm schon nach einigen Wochen seiner Regierungszeit: Unter der Bedingung, die internationale Kontrolle des Ruhrgebiets zu akzeptieren, ermöglichte das **Petersberger Abkommen** (22.11.1949) die Aufnahme konsularischer Beziehungen zu anderen Staaten und den Eintritt in internationale Organisationen. Zudem beendete es die Demontagen weitestgehend, der erste Schritt zum wirtschaftlichen Aufschwung.

Am 15.3.1951 gelang Adenauer ein weiterer Teilerfolg: Das **Auswärtige Amt** wurde wieder eingerichtet, Deutschland erlangte außenpolitische Handlungsfähigkeit, wenngleich es unter Kontrolle der Hohen Kommissare stand. Adenauer ernannte jedoch keinen Außenminister, sondern übernahm den Posten in Personalunion selbst.

Info „Kanzlerdemokratie“

„Kanzlerdemokratie“ ist ein Schlagwort, das politische Journalisten gern verwenden, wenn in Regierungen die Position des Kanzlers (gegenüber allen anderen politischen Positionen) besonders herausgehoben ist und seine Persönlichkeit prägenden Einfluss hat. Konrad Adenauer nutzte die grundgesetzlich garantierte Vorrangstellung des Regierungschefs energisch: Bei ihm lag die Initiative der ersten und der folgenden Regierungsbildungen.

Die Souveränität wurde mit der Unterzeichnung des Deutschlandvertrags (Bonner Vertrag über die Beziehungen zwischen der Bundesrepublik Deutschland und den drei Westmächten) am 26.5.1952 erlangt, den Frankreich zunächst nicht anerkannte. Leicht verändert und in Teilen neu ausgehandelt, trat dieser völkerrechtliche Vertrag (als Teil der **Pariser Verträge**) am 5.5.1955 in Kraft, mit dem **Eintritt in die NATO.**

Das Besatzungsstatut wurde mit diesem Vertrag abgelöst, nur einige wenige besatzungsrechtliche Vorbehalte blieben bestehen. Die Vertragspartner vereinbarten das **Ziel der Wiedervereinigung Deutschlands** und einen frei vereinbarten **Friedensvertrag für ganz Deutschland** (die BRD war nur ein Teil Deutschlands).

Für den Aufenthalt ausländischer Truppen auf dem Gebiet der Bundesrepublik war nicht mehr das auf Kriegsrecht beruhende Besatzungsstatut die rechtliche Grundlage, sondern vertragliche Vereinbarungen zwischen gleichberechtigten Staaten. Die Alliierte Hohe Kommission wurde aufgelöst.

Das deutsche „Wirtschaftswunder“

Das deutsche Wirtschaftswachstum (vom „Wirtschaftswunder“ sprach man im Vergleich zu der katastrophalen Ausgangssituation und der sozialen Not nach 1945) ist eng verbunden mit dem Namen **Ludwig Erhard** (Wirtschaftsminister 1949–1963, Bundeskanzler 1963–1966): Der Erfolg des Konzepts der Sozialen Marktwirtschaft verhalf ihm in den 1950er-Jahren zu großer Popularität im In- und Ausland. Erhard selbst lehnte den Begriff des „Wirtschaftswunders“ ab: „Es gibt keine Wunder.“ Für ihn war das Wirtschaftswachstum ein Ergebnis erfolgreicher Politik und harter Arbeit.

Den Ideen der **freien Marktwirtschaft** folgend sollen sich Angebot und Nachfrage auf dem Markt ohne Eingriffe des Staats frei entwickeln können. Dieser soll Schutz und Sicherheit der Bürger gewährleisten, Eigentumsrechte sichern, den Zahlungsverkehr (das Währungssystem) regeln und das Rechtssystem erhalten. Das freie Spiel der Kräfte soll zu hoher Produktion und zu steigendem Wohlstand führen.
Demgegenüber will die **soziale Marktwirtschaft** einen sozialen Ausgleich in einem ansonsten freien Markt sicherstellen. Der Staat soll dort für soziale Gerechtigkeit sorgen, wo der freie Markt zu Härten und Ungerechtigkeiten führt.
Die Kernvorstellungen dieses Konzepts sind:
- **Prinzip der freien Initiative:** Unternehmer, Arbeitnehmer und Konsumenten können frei handeln, Wohlstand erwächst aus ihrer Aktivität und ihrem Fleiß.
- **Wettbewerbsprinzip:** Der freie Wettbewerb in der Wirtschaft spornt zu Leistung an und verhindert überhöhte Preise.
- **Sozialprinzip:** Einkommensunterschiede belohnen Anstrengung. Menschen, die nicht am Wettbewerb teilnehmen können, werden geschützt (Kinder, Alte, Behinderte und Menschen in Notlagen bekommen staatliche Unterstützung).
- **stabilitätspolitisches Prinzip:** Staatliche Wirtschaftspolitik verhindert drastische Fehlentwicklungen (Inflation oder zu hohe Arbeitslosigkeit) und unterstützt eine stabile Wirtschaftsentwicklung.
- **Prinzip der Marktkonformität:** Wirtschaftspolitische Maßnahmen dürfen den freien Markt keinesfalls einschränken (z. B. durch Preisvorschriften).

Noch gegen Ende der Besatzungszeit bereitete Erhard als Direktor der „Verwaltung für Wirtschaft des Vereinigten Wirtschaftsgebietes" **eine Währungsreform** vor. Ebenso bedeutsam war das zeitgleich vorbereitete **Leitsätze-Gesetz** vom 24.6.1948, das einen Großteil der Preisfestlegungen aufhob: Es gab wieder etwas zu kaufen!

Neben der Einführung der sozialen Marktwirtschaft flankierten weitere Maßnahmen und Entwicklungen die **wirtschaftliche Erholung:**
- Das Konzept der sozialen Marktwirtschaft belohnte Arbeit und Leistung mit materiellem Wohlstand und versprach zugleich allen Bürgern Absicherung in sozialen Notlagen. Die Schaufenster füllten sich mit Waren, denn es war wieder **Geld im Umlauf.** Der Schwarzmarkt verschwand weitestgehend.
- Die USA unterstützten die BRD (und andere westeuropäische Staaten) finanziell mit Aufbauhilfen aus dem **Marshall-Plan**.
- Eine indirekte Wirkung hatte auch der Korea-Krieg (1950–1953): Weil die amerikanische Wirtschaft kriegswichtige Güter produzieren musste, sprang die westdeutsche Industrie in die so entstandende Lücke. **Exporte** in die USA, aber auch weltweit, stiegen sprunghaft an.
- Deutschland hatte trotz der Kriegszerstörungen ein **hoch entwickeltes Industriepotenzial,** die Wirtschaft überstand selbst die Reparationen.
- Flüchtlingsströme aus dem Osten brachten viele **zusätzliche, gut ausgebildete Arbeitnehmer** in die Bundesrepublik.
- **Steigende Löhne** und maßvolle Lohnabschlüsse führten zu stabilen Preisen und wachsender Nachfrage.

- **Betriebliche Mitbestimmung** sicherte den Arbeitsfrieden (= kaum Streiks).
- Bereits 1953 wurde der Lebensstandard der Vorkriegszeit erreicht.
- 1956 war die Vollbeschäftigung erreicht. Ende der 1950er-Jahre fehlten Arbeitskräfte. Unternehmen schlossen Verträge mit dem europäischen Ausland („Anwerbeabkommen"): In Italien, Portugal, Spanien, Griechenland und der Türkei wurden Arbeitskräfte angeworben. Man bezeichnete diese als „Gastarbeiter", die Anwerbung ging von einer späteren Rückkehr aus.
- **Ausländische Investoren** engagierten sich wieder in Deutschland.
- Der **Außenhandel** boomte: „Made in Germany" garantierte Qualität für Exportgüter. Hohen Absatz fanden Konsumgüter wie z. B. Haushaltsgeräte, Fernseher und Radios, aber auch Investitionsgüter wie Lokomotiven, Industrieanlagen, Maschinen oder Motoren. Der VW Käfer war das Symbol des Wirtschaftswachstums: Das millionste Exemplar rollte 1955 als vergoldetes Sondermodell vom Band.

Sozialpolitik

Einen besonderen Stellenwert hatte in der Nachkriegszeit das Sozialstaatsprinzip. Ziel war es, eine politische Radikalisierung zu vermeiden und den sozialen Frieden zu sichern, indem der Staat die soziale Not der Menschen entschärfte. Eine wichtige Aufgabe war zunächst die Eingliederung der Flüchtlinge und Vertriebenen aus dem Osten. Man verabschiedete zwei bedeutende soziale Reformpakete, die nachdem Bundesversorgungsgesetz (1950) erlassen wurden, das einen Ausgleich für Kriegsopfer/Personenschäden sicherstellen sollte, die auf den Krieg zurückgingen:

- Das **Lastenausgleichsgesetz (1952)** suchte einen Mittelweg zwischen sozialer Unterstützung und Ausgleich für verlorenes Vermögen. Zu Beginn gab es rentenähnliche Leistungen, später verschiedene Entschädigungen, schließlich eine gestaffelte Hauptentschädigung. Finanziert wurden die Leistungen aus einer 50-prozentigen Abgabe auf vorhandene Vermögen (Stand 21.6.1948), die verteilt auf 30 Jahre vierteljährlich zu zahlen war und von Bund und Ländern aufgestockt wurde.
- Das **Rentenreformgesetz (1957)** ersetzte das Kapitaldeckungsverfahren durch ein Umlageverfahren, die Renten wurden aus den aktuell eingezahlten Versicherungsbeiträgen gezahlt. Die Renten wurden spürbar erhöht und eine dynamische Anpassung der Höhe an die Bruttolohnentwicklung verwirklicht. Ziele: Vermeidung von Altersarmut, Ausgleich von Einkommensunterschieden zwischen arbeitender Bevölkerung und Rentnern, Teilhabe der Rentner am Wirtschaftsaufschwung, Finanzierung der Renten aus dem laufenden Sozialprodukt (Generationenvertrag), Vertrauen der Bürger in die westdeutsche Sozialstaatlichkeit und Sicherung des sozialen Friedens.

Erste Krisen

Nach dem Aufschwung in den Anfangsjahren kam es in den 1960er-Jahren zu ersten Krisensymptomen. Die FDP drängte Adenauer, zugunsten von **Ludwig Erhard** zurückzutreten. Die Menschen würdigten Adenauers Verdienste, doch seine inzwischen starre, konservative Haltung sorgte für wachsenden Unmut. Erst 1963 trat er zurück, man hielt ihm unzeitgemäße Fehleinschätzungen vor:

- Adenauer hatte im **Kalten Krieg** ideologisch Position im Westen bezogen, der für ihn Freiheit und Gerechtigkeit versprach. Totalitären Kollektivismus lehnte er ab. Die durchaus gewünschte Wiedervereinigung sah er nur durch die Eingliederung in die westliche Gemeinschaft zu verwirklichen, trotz der Gefahr, die Teilung erst einmal zu zementieren. Infolgedessen reagierte Adenauer nicht angemessen auf den **Mauerbau 1961.** Nicht er war es, der den Menschen Mut zusprach, sondern Willy Brandt (SPD), der dementsprechend auch im Mittelpunkt der Öffentlichkeit stand.
- in der **„Spiegel-Affäre" 1962** (Journalisten des Nachrichtenmagazins „Der Spiegel" waren infolge eines kritischen Artikels über die Wiederaufrüstung der Strafverfolgung wegen angeblichen Landesverrats ausgesetzt) sah die Öffentlichkeit einen Versuch der Pressezensur und reagierte empört.
- Die USA präsentierten einen strahlenden jungen Präsidenten **John F. Kennedy,** dessen Kommunikationskurs mit der UdSSR („heißer Draht") Adenauer ablehnte.

Die Investitionen der Unternehmen waren rückläufig, u. a. infolge der von den Gewerkschaften geforderten Lohnsteigerungen. Der Markt der Konsum- und Industriegüter im Inland war gesättigt, die wirtschaftlichen Zuwachsraten sanken. Es kam zu einer ersten **Wirtschaftskrise 1966/67,** die das Wirtschaftswunder beendete.
Insbesondere die Wirtschaftskrise kennzeichnete die kurze Kanzlerschaft Erhards, der nur von 1963 bis 1966 regierte. Er erkannte den Ernst der Situation nicht und vertraute auf die selbstregulierende Wirksamkeit des freien Markts, statt unterstützende staatliche Maßnahmen einzuleiten.

Die Große Koalition

Im Oktober 1966 zerbrach die Regierungskoalition aus CDU/CSU und FDP, Ludwig Erhard musste zurücktreten. Anlass für den **„Kanzlersturz"** waren neben Erhards fehlenden Führungsqualitäten anhaltende wirtschaftliche Schwierigkeiten und Auseinandersetzungen über den Haushalt der Regierung. Als die CDU/CSU in der Haushaltsdebatte 1966 entgegen früherer Zusagen Steuererhöhungen forderte, verließ die FDP die Regierungskoalition. Von der Rezession profitierte die rechtsradikale NPD, die für kurze Zeit in einige Länderparlamente gewählt wurde.
Mit Blick auf die schwierige wirtschaftliche Lage der Nation einigten sich CDU/CSU und SPD auf eine große Koalition: gedacht als Übergangslösung. Kanzler wurde **Kurt Georg Kiesinger** (CDU), Außenminister **Willy Brand**t (SPD). Die Regierungskoalition verfügte über etwa 90% der Sitze im Bundestag. Vorderstes Ziel war die Bekämpfung der wirtschaftlichen Krise, was Wirtschaftsminister **Karl Schiller** (SPD) mit der ins Leben gerufenen „Konzertierten Aktion" gelang: Sie veranlasste eine enge Zusammenarbeit von Bund und Ländern, Tarifparteien und Wirtschaftsexperten.

Das **Stabilitätsgesetz (1967)** verpflichtete die Bundesregierung zu einer konjunktursteuernden Wirtschaftspolitik. Die Ziele bezeichnete man salopp als „magisches Viereck", weil sie nicht alle vier gleichzeitig zu erreichen waren:
- Wirtschaftswachstum,
- Preisstabilität,
- Vollbeschäftigung und

- eine ausgeglichene Außenhandelsbilanz, also ein Gleichgewicht zwischen den Im- und Exporten.

Das Stabilitätsgesetz forderte im Kern eine antizyklische Globalsteuerung der Wirtschaft durch staatliche Investitionen, u. a. in konsumfördernde Maßnahmen, in Maßnahmen zur Stabilisierung des Arbeitsmarktes, um die Arbeitslosigkeit im Griff zu behalten, und in finanzpolitische Maßnahmen zur Sicherung der Preisstabilität. Ziel war die Sicherung des gesamtwirtschaftlichen Gleichgewichts.

Die **Notstandsgesetzgebung (1968)** erweiterte das Grundgesetz dahingehend, dass Regelungen für die Situation einer extremen Gefährdung der äußeren oder der inneren Sicherheit der Bundesrepublik getroffen werden können. Dagegen gab es viele Proteste, v. a., weil Gegner der Notstandsgesetzgebung die junge Demokratie gefährdet sahen. Junge Protestler (vorwiegend Studenten) interpretierten die Verfassung und die Gesetze nicht mehr als Instrumente zum Schutz der Menschen, sondern v. a. als Machtmittel einer bürgerfernen und autoritären Staatsgewalt.

Die Diskussion über die Notstandsgesetze, das Fehlen einer starken Opposition im Bundestag und die von den USA ausgehende Protestwelle gegen den Vietnamkrieg führten in der Bundesrepublik zu einer hauptsächlich von Studenten getragener linken Protestbewegung, der Außenparlamentarischen Opposition.

1969 wurde die Große Koalition abgelöst von der sozialliberalen Regierung, die CDU musste in die Opposition. Bundeskanzler wurde Willy Brandt.

Außerparlamentarische Opposition – die 68er-Bewegung

Das Jahr 1968 markierte das endgültige Ende der Nachkriegsgesellschaft. In diesem Jahr überrollte eine Protestwelle der jungen Generation das Land, die von der Außerparlamentarischen Opposition (APO) ausging. Begonnen hatte die Protestbewegung an den Universitäten mit der Forderung nach besseren Studienbedingungen und der Kritik am veralteten Bildungssystems: „Unter den Talaren – Muff von 1 000 Jahren" hieß das Motto, u. a. eine Anspielung auf das sog. „Tausendjährige Reich", also die Nazi-Diktatur, deren alte Eliten immer noch Professorenstellen bekleideten. Die Proteste weiteten sich aus und bald wurde die westdeutsche Gesellschaft insgesamt kritisiert. Studentische Verbindungen wurden gegründet, z. B. der „Sozialistische Deutsche Studentenbund" (SDS).

Die Träger der Protestwelle hatten die unmittelbare Nachkriegszeit nicht erlebt, sie waren in der Wirtschaftswunderphase herangewachsen. Ihre Kritik galt dem kapitalistischen Wirtschaftssystem, der Ausbeutung der „Dritten Welt", der gesellschaftlichen Benachteiligung von Frauen, der (spieß-)bürgerlichen Lebensweise der Eltern und deren Orientierung vornehmlich an materiellem Wohlstand. Politisch rückte zunehmend auch die Verdrängung bzw. Leugnung der Verbrechen der NS-Zeit in den Fokus. Die Boulevardpresse (besonders Medien des Springer-Verlags) wurde für ihre „verdummende" Berichterstattung kritisiert. Politischer Protest verschmolz mit der US-amerikanischen Hippiebewegung; freie Liebe, gewaltfreie Erziehung, neue Wohnformen prägten die jugendlichen Lebensformen der (Universitäts-)Städte. Der Protest blieb meist friedlich.

Die Situation eskalierte am 2.6.1967, als die APO gegen den Besuch des Schahs von Persien protestierte, der ein diktatorisches Regime führte. Mit Schlagstöcken bewaffnete Anhänger des Schahs provozierten die Demonstranten, die Situation geriet außer Kontrolle: Der Student **Benno Ohnesorg** wurde von einem Polizisten erschossen. Als dann im April 1968 einer der Wortführer der APO, **Rudi Dutschke**, von einem jungen Rechtsradikalen angeschossen wurde, kam es Ostern 1968 zu massiven Unruhen in allen Großstädten der Bundesrepublik. Die Diskussion um die Zulässigkeit gewalttätiger Proteste rieb die APO schließlich 1969 auf. Ihre Anhänger engagierten sich fortan in den etablierten Institutionen (z. B. Parteien, Gewerkschaften, Kirchen, Schulen: der sog. „Marsch durch die Institutionen", um auf legalem Weg eine Veränderung der Verhältnisse herbeizuführen).
Die Reforminteressen führten zur Gründung neuer (Bürger-)Bewegungen, z. B. Frauenbewegung, Umweltbewegung, Friedensbewegung oder Dritte-Welt-Bewegung, aus denen später die Partei „Die Grünen" hervorging (1980). Eine kleine Minderheit ehemaliger APO-Anhänger bildete eine terroristische Vereinigung.

Die BRD 1969–1989

Außen- und deutschlandpolitisch stellte die **sozial-liberale Regierung,** der erste richtungsändernde Regierungswechsel, einen Gegenentwurf zur Regierung der Ära Adenauer dar: Auf die Westintegration folgte die Einbettung der BRD in ein Netz friedenssichernder Abkommen mit den Staaten des Ostblocks. Den äußeren Rahmen für diese **„neue Ostpolitik"** von **Willy Brandt** (SPD) und seinem Außenminister **Walter Scheel** (FDP) bot seit 1962 ein globales Klima der **Entspannung** zwischen den Blöcken nach Überwindung der Berlin- sowie der Kuba-Krise. In einer Regierungserklärung sprach Brandt zum ersten Mal von „zwei Staaten in Deutschland". Ausgangspunkt war die Einschätzung, dass ein direkter Sturz des SED-Regimes unrealistisch sei. Das bedeutete zwangsläufig, die **DDR als Realität** hinzunehmen, ohne sie allerdings juristisch anzuerkennen. Jenseits der juristischen Nichtanerkennung sah man genügend Handlungsspielraum, um die kommunistische Herrschaft zu verändern und ihre Auswirkungen auf die DDR-Bürger erträglicher zu gestalten. **„Wandel durch Annäherung",** lautete die innerdeutsche Devise jener Jahre. Brandt zeigte damit Verhandlungsbereitschaft gegenüber der DDR-Regierung, erkannte die DDR faktisch an und verzichtete auf die Hallstein-Doktrin.

Info Die Hallstein-Doktrin

Die Hallstein-Doktrin (benannt nach Walter Hallstein, 1951–1958 Staatssekretär im Auswärtigen Amt) galt von 1955 bis 1969 als außenpolitische Leitlinie und besagte, dass die Aufnahme diplomatischer Beziehungen zur DDR durch einen anderen Staat als „unfreundlicher Akt" der Bundesrepublik gegenüber interpretiert werde. Grundlage der Doktrin war der **Alleinvertretungsanspruch,** also die Auffassung, dass die Bundesrepublik die einzige legitime Vertretung des deutschen Volks sei. Die DDR wollte man außenpolitisch isolieren.

Innenpolitische Reformen

Innenpolitisch stand der Kurs der sozial-liberalen Regierung unter dem Motto: „Mehr Demokratie wagen" (Willy Brandt). Eine langfristige Reformpolitik sollte mehr demokratische Mitbestimmung und gesellschaftliche Teilhabe der Bürger ermöglichen. Realisieren ließ sich das allerdings nur mithilfe einer hohen Staatsverschuldung. Schwerpunkte der sozial-liberalen Politik waren:

- **Rechtliche Reformen:** Strafrechtsreform (1969): statt Sühne Resozialisierung; Herabsetzung des aktiven Wahlalters (1970) und der Volljährigkeit auf 18 Jahre (1975); Reform des Abtreibungsparagraphen §218 (1974): Einführung der Fristenlösung (straffreier Schwangerschaftsabbruch innerhalb der ersten drei Monate); Reform des Eherechts (1976): Gleichberechtigung der Ehepartner; Betriebsverfassungsgesetz (1971); Mitbestimmungsgesetz (1976) zur Verbesserung der betrieblichen Mitbestimmung, v. a. durch Betriebsräte.
- **Reformen im Bereich der sozialen Sicherung:** Einkommensteuerreform (1974) mit Einführung von Kindergeld unabhängig vom Einkommen; Erhöhung von Rente, Arbeitslosengeld und Wohngeld.
- **Reformen im Bildungsbereich:** Chancengleichheit und Durchlässigkeit im Bildungssystem; Einführung des Bundesausbildungsförderungsgesetzes (BAföG, 1972) zur finanziellen Förderung von Schülern und Studenten aus einkommensschwachen Familien; Öffnung der Hochschulen für alle gesellschaftlichen Schichten; Einführung des BAföG trug auch dem Bedarf an gut ausgebildeten Fachkräften Rechnung; Einführung der Gesamtschule in einigen Bundesländern (1972); Reform der gymnasialen Oberstufe (1972).

Die 1970er-Jahre

1974 trat Willy Brandt zurück. Anlass war die Enttarnung des DDR-Spions Günter Guillaume, der einer der engsten Mitarbeiter Brandts gewesen war und trotz eines Spionageverdachts noch ein Jahr in der Nähe des Kanzlers blieb. Brandt übernahm die Verantwortung für die Fahrlässigkeit innerhalb der Bundesregierung.
Helmut Schmidt wurde neuer Bundeskanzler und blieb es bis 1982. Er setzte die sozial-liberale Regierung bis zum Koalitionswechsel fort, musste sich aber zahlreichen Herausforderungen stellen.

Wirtschaftskrisen: In der Folge des Ägyptisch-Israelischen Kriegs im Oktober 1973 stoppten die arabischen Förderländer (OPEC) die Öllieferungen an den Westen. Dieser Boykott und die anschließende Vervierfachung des Ölpreises **(Ölpreisschock)** trafen die betroffenen Länder unvorbereitet und führten in eine tiefe **Rezession.** In der Bundesrepublik stieg die Arbeitslosigkeit binnen zweier Jahre von 0,8% auf 4,5%. Die reformfreundliche Stimmung schlug um: Es fehlte zusehends an Geld für die geplanten sozial-liberalen Reformen. Die Staatsverschuldung nahm beträchtliche Ausmaße an, Leistungskürzungen waren die unausweichliche Folge.
Terrorismus: Die Rote Armee Fraktion (RAF) verstand sich als deutsche terroristische Formation innerhalb des „internationalen Befreiungskampfs". Die Gruppe bestand aus rund 25 Mitgliedern unter Führung von Ulrike Meinhof und Andreas Baader. Alle

Mitglieder entstammten der gehobenen Mittelschicht. Sie verübten zahlreiche Anschläge, wobei sich die Gewalt anfangs gegen Sachwerte richtete (z. B. Brandstiftung in Kaufhäusern), später dann aber gegen führende Personen des öffentlichen Lebens. Bis Mitte 1972 wurden acht Morde verübt, bevor die führenden Köpfe verhaftet werden konnten.
Eine zweite RAF-Generation (**„Deutscher Herbst", 1977**) ermordete den Generalbundesanwalt Siegfried Buback und den Chef der Dresdner Bank, Jürgen Ponto. Im September 1977 entführte sie den Präsidenten der deutschen Arbeitgeber, Hanns Martin Schleyer. Für seine Freilassung forderte die RAF die Freilassung inhaftierter Gesinnungsgenossen.
Palästinensische Terroristen kaperten im Oktober eine Lufthansa-Maschine (Landshut), um den Forderungen der Schleyer-Entführer Nachdruck zu verleihen. Ein überparteilicher Krisenstab der Bundesregierung vertrat eine unnachgiebige Haltung gegenüber den Erpressungsversuchen. In einer Blitzaktion befreite die deutsche Antiterror-Einheit GSG9 in Mogadischu (Somalia) die Passagiere. Schleyer wurde wenige Tage später von den Terroristen ermordet.
Nach diesen Vorfällen wurden die Sicherheitsmaßnahmen in der Bundesrepublik verstärkt, z. B. durch die **Rasterfahndung** oder den sog. Radikalenerlass (1972). Diesem zufolge war eine Einstellung in den öffentlichen Dienst nur möglich, wenn der Bewerber jederzeit bereit war, für die freiheitlich-demokratische Grundordnung einzutreten und keiner extremistischen Organisation angehörte.

Die konservative „Wende"

Der Regierungswechsel 1982 erfolgte nicht durch eine Bundestagswahl, sondern durch ein konstruktives Misstrauensvotum. Im Zuge der Beratungen zum Bundeshaushalt 1983 unterbreitete FDP-Wirtschaftsminister Otto Graf Lambsdorff Vorschläge zur Überwindung der Wirtschaftskrise, die eher Gemeinsamkeiten mit den Vorstellungen der Opposition aufwiesen. Am 17.9.1982 kündigte Bundeskanzler Helmut Schmidt die sozial-liberale Koalition auf und die FDP-Minister traten zurück. Am selben Tag warb FDP-Chef **Hans-Dietrich Genscher** für eine Koalition mit der CDU/CSU, und in den folgenden Koalitionsgesprächen einigte man sich darauf, Helmut Schmidt durch ein konstruktives Misstrauensvotum zu stürzen. Der Regierungswechsel zu einer christlich-liberalen Koalition gelang. Der neue Bundeskanzler **Helmut Kohl** (CDU, Regierung: 1982–1998) trat sein Amt mit dem Anspruch einer **„geistig-moralischen Wende"** an. Die Grundlinien der Politik der Regierungsjahre Kohl sind nachfolgend knapp zusammengefasst.

- **Außenpolitisch** wurde weiterhin um einen angemessenen Umgang mit der DDR und dem Ostblock gerungen: 1983/84 wurde der DDR ein Milliardenkredit gewährt, für den diese Erleichterungen im innerdeutschen Reiseverkehr einräumte. 1987 besuchte der DDR-Staatsratsvorsitzende Erich Honecker, als Zeichen der Normalität in den Beziehungen, die BRD. Kohls Schwerpunkt war der **Ausbau der Europäischen Gemeinschaft** zu einer Wirtschafts- und Währungsunion.
- **Innenpolitisch** war die Situation in der Bundesrepublik zwiespältig. Zunehmender Wohlstand auf der einen Seite sicherte die Zustimmung zur Regierung. Auf der

anderen Seite protestierten Sozialverbände gegen die Sparpolitik und die Proteste der Umwelt- und Friedensbewegung nahmen zu (v. a.: Scheitern der Verhandlungen über den Abbau der sowjetischen Mittelstreckenraketen 1983; Reaktorkatastrophe in Tschernobyl 1986).
- **Wirtschaftspolitisch** setzte Kohl eine eher unternehmerfreundliche Politik durch und kürzte Sozialleistungen. Steuersenkungen sollten Investitionsanreize setzen, doch die Arbeitslosigkeit blieb hoch.

Neue deutsche Ostpolitik im Rahmen der internationalen Entspannungspolitik

Während der Regierungskoalition unter Bundeskanzler **Willy Brandt** (1969–1974) wurde auf der Basis des Konzepts „Wandel durch Annäherung" eine neue Ostpolitik realisiert. Es wurden Verträge mit der UdSSR, Polen und der DDR abgeschlossen. Sie sollten Frieden schaffen, Gewaltverzicht erklären und bestehende Grenzen anerkennen. Willy Brandt erhielt 1971 für seine Politik der Versöhnung mit Osteuropa den **Friedensnobelpreis.**

Moskauer Vertrag mit der UdSSR, 1970

Schon im Dezember 1969 begannen erste Sondierungsgespräche mit Moskau. Man wollte diplomatische Beziehungen mit den Ostblockstaaten aufbauen und die Deutschland- und Ostpolitik neu regeln. Im Sommer 1970 lag ein erster Vertragsentwurf vor, der am 12.8.1970 unterschrieben wurde. Kernvereinbarungen waren:
- Verzicht auf Gewalt zur Änderung der Grenzen in Europa,
- Anerkennung von Status quo und der Oder-Neiße-Linie als polnische Westgrenze,
- Anerkennung der Demarkationslinie zwischen den beiden deutschen Staaten (aber keine völkerrechtliche Anerkennung der DDR von Seiten der Bundesrepublik),
- die UdSSR verzichtete auf ihr Interventionsrecht in der Bundesrepublik (das ihr als Besatzungsmacht zustand).

In der Bundesrepublik begann eine heftige Debatte um die Ostverträge. Die Opposition warf der Regierung den „Ausverkauf deutscher Interessen" vor. **Walter Scheel,** FDP (zu dieser Zeit Bundesminister des Auswärtigen und Vizekanzler), schrieb am 12.8.1970 an den sowjetischen Außenminister Gromyko, dass dieser Vertrag nicht im Widerspruch zu dem politischen Ziel der Bundesrepublik Deutschland stünde, auf einen Zustand des Friedens in Europa hinzuwirken, in dem das deutsche Volk in freier Selbstbestimmung seine Einheit wiedererlange. Dieser Brief wurde Teil des Moskauer Vertrags. Im Verhältnis zur UdSSR ging es um die Anerkennung der bestehenden Grenzen in Europa durch die Bundesrepublik und um die Sicherung des Status quo von Berlin sowie seiner Zufahrtswege.

Warschauer Vertrag mit Polen, 1970

Am 7.12.1970 besuchte Willy Brandt im Rahmen seines Aufenthalts in Warschau zusammen mit dem polnischen Ministerpräsidenten Józef Cyrankiewicz das **Ehrenmal der Helden des Ghettos** von **Warschau** und legte einen Kranz nieder. Danach sank

er auf die Knie und verharrte dort schweigend. Dieser in die Geschichte eingegangene **„Kniefall von Warschau“** wurde als Bitte um Vergebung verstanden und zum Symbol der neuen Ostpolitik. Der Kniefall gilt als unmissverständliche Geste der Demut gegenüber Millionen ermordeter polnischer Juden.
An demselben Tag unterzeichneten Brandt, Cyrankiewicz und die beiden Außenminister den „Warschauer Vertrag“ (Vertrag über die Grundlagen der Normalisierung der gegenseitigen Beziehungen zwischen der Bundesrepublik Deutschland und der Volksrepublik Polen). Kernvereinbarungen waren:

- Anerkennung der Oder-Neiße-Linie als Westgrenze,
- Unverletzlichkeit der bestehenden Grenzen,
- gegenseitige Verpflichtung zur uneingeschränkten Achtung territorialer Integrität (Verzicht auf gegenseitige Gebietsansprüche),
- Verzicht auf Gewaltanwendung bei zwischenstaatlichen Problemen.

Im Verhältnis zu Polen ging es um die Oder-Neiße-Linie als polnische Westgrenze, um Kredite für die polnische Wirtschaft und um die Ausreiseerlaubnis für deutschstämmige Polen. Nach der Wiedervereinigung schlossen Deutschland und Polen mit dem deutsch-polnischen Grenzvertrag am 14.11.1990 einen völkerrechtlichen Vertrag, in dem sie die **Oder-Neiße-Linie endgültig als Grenze** zwischen beiden Staaten bestätigten.

Berliner Abkommen (Viermächteabkommen), 1971

Die im März 1970 aufgenommenen Verhandlungen zwischen Frankreich, den USA, Großbritannien und der Sowjetunion sollten offene Fragen bezüglich des Status von Berlin klären:

- Fortsetzung des Vier-Mächte-Status in Westberlin und die Einbindung der Sowjetunion in eine solche Regelung,
- dauerhafte Sicherung Berlins,
- Gewährleistung für die störungsfreie Nutzung der Zufahrtswege auf Dauer,
- gute Versorgungslage und bessere Lebensverhältnisse für die Berliner Bürger.

Diese Grundlagen zum Rechtsstatus der geteilten Stadt Berlin standen im Zeichen der beginnenden Entspannungspolitik und waren die ersten Verhandlungen aller vier Besatzungsmächte seit Beginn des Kalten Kriegs. Das Abkommen wurde am 3.9.1971 im Gebäude des Alliierten Kontrollrats unterzeichnet, es trat am 3.6.1972 in Kraft und behielt bis zum 3.10.1990 (Deutsche Einheit) seine Gültigkeit.

Festgelegt wurde die **Verantwortlichkeit der vier Mächte** für Berlin:

- Die Sowjetunion wurde zur **Erleichterung des zivilen Transitverkehr**s von der Bundesrepublik nach Westberlin verpflichtet.
- Alle Mächte verpflichteten sich zur **Verbesserung der Kommunikations- und Reisemöglichkeit** innerhalb Berlins und zwischen Westberlin und der DDR.
- In Westberlin durften nun internationale Konferenzen stattfinden und Westberlin wurde im Ausland durch die **Bundesrepublik vertreten.**
- Weiterhin aber war Westberlin kein Bestandteil des „Verfassungsstaates Bundesrepublik“ und konnte damit auch **nicht durch den Bund regiert** werden.

Im Verhältnis zur DDR war die **Anerkennung der staatlichen Existenz der DDR** entscheidend und es wurden Fragen geklärt, die sich aus der Nachbarschaft der Länder und der einstigen Zusammengehörigkeit ergaben.
Nach dem Viermächteabkommen gab es Gespräche zwischen der Bundesrepublik und der DDR nur über den Reiseverkehr und am 20.12.1971 wurde das **Transitabkommen** unterzeichnet. Es sah vor, den Personen- und Güterverkehr zwischen der Bundesrepublik und West-Berlin ungehindert und schnell zu ermöglichen, Durchsuchungen durch DDR-Grenzbeamte sollten aufhören. Westberliner durften sich nun pro Jahr insgesamt dreißig Tage ohne Begründung in Ostberlin aufhalten.

Grundlagenvertrag mit der DDR, 1972

Dieser „Vertrag über die Grundlagen der Beziehungen zwischen der Bundesrepublik Deutschland und der Deutschen Demokratischen Republik" wurde am 21.12.1972 in Ostberlin unterzeichnet. Darin wurde vereinbart, „normale gutnachbarliche Beziehungen zueinander auf der Grundlage der Gleichberechtigung" zu entwickeln und die Prinzipien der souveränen Gleichheit, Achtung der Unabhängigkeit, Selbstständigkeit und territoriale Integrität, des Selbstbestimmungsrechts und der Wahrung der Menschenrechte zu wahren. Der Grundlagenvertrag bedeutete aber keine völkerrechtliche Anerkennung der DDR, deshalb wurden keine Botschaften eingerichtet, sondern lediglich **„Ständige Vertretungen"**.

Entstehung und gesellschaftspolitische Entwicklung der Deutschen Demokratischen Republik

Nach der Gründung der BRD entstand die **Deutsche Demokratische Republik (DDR)** durch eine demokratisch nicht legitimierte „Volkskongressbewegung" mit dem Deutschen Volksrat als oberstem Organ. Dieser erarbeitete eine Verfassung, die im März 1948 von sowjetischer Seite genehmigt wurde. Am 7.10.1949 erklärte sich der Deutsche Volksrat zur **Provisorischen Volkskammer** und proklamierte die Gründung der DDR als sozialistischem Staat nach sowjetischem Vorbild.
Im Gegensatz zur Bundesrepublik war die DDR kein föderalistischer, sondern ein **zentralistischer Staat.** Die nach dem Krieg zunächst gegründeten fünf Länder wurden 1952 aufgelöst und durch 14 Bezirke und 217 Kreise ersetzt, die nur noch eine reine Verwaltungsfunktion besaßen.

Eine „Partei neuen Typs" – die SED

Dem marxistisch-leninistischen Verständnis nach war es Aufgabe der Arbeiterklasse und ihrer Partei, die Herrschaft im **„Arbeiter- und Bauernstaat"** zu übernehmen und die sozialistische Gesellschaft zu entwickeln. Die SED, Staatspartei der DDR, entstand im April 1946 aus der **Zwangsvereinigung von SPD und KPD** – teilweise gegen massiven Widerstand der SPD. Die Organisation der SED folgte dem Prinzip des „demokratischen Zentralismus", einer strikten Hierarchie. In ihrer Anfangsphase entsprach die SED nur bedingt dem Muster einer kommunistischen Partei, denn sie

war eine Massenpartei, keine Kaderpartei. Mitte 1948 hatte sie rund zwei Millionen Mitglieder (etwa 16% der Erwachsenen in der SBZ).
Anfangs war die SED nicht auf das sowjetische Modell festgelegt, praktisch gab es aber eine enge Verbindung zwischen den sowjetischen Besatzungsbehörden und der SED mit dem Ziel, sozialdemokratische Vorstellungen zu unterbinden. Dem sowjetischen Modell folgend beseitigte die SED ihre paritätische Vorstandsbesetzung und entwickelte sich zu einer stalinistischen Partei „neuen Typs“:

- Vorhut bei der Stärkung des Klassenbewusstseins der Arbeiterschaft,
- Verpflichtung aller Mitglieder zum Bekenntnis zum Marxismus-Leninismus,
- Politbüro: Leitung der Parteiarbeit auf allen Gebieten,
- „demokratischer Zentralismus“: straffe Parteidisziplin, Verpflichtung aller Mitglieder und Funktionäre auf Parteibeschlüsse,
- Wahl der Funktionäre,
- Verbot von Fraktionen und Gruppierungen.

Die innerparteiliche Demokratie war stark eingeschränkt, es gab keinen Meinungspluralismus in der SED, (Richtungs-)Debatten waren nicht möglich. Die **Sicherung ihrer Herrschaft** gelang der SED durch:

- das **Blockwahlsystem** bei Volkskammerwahlen (führende Rolle garantiert),
- Besetzung von Staats- und Regierungsämtern mit SED-Mitgliedern,
- SED-Parteigruppen in allen staatlichen Verwaltungen und Betrieben wurden gegründet = Durchsetzung des Herrschaftsanspruchs,
- Auflösung der Länder, Bezirke wurden durch SED-Funktionäre geleitet,
- Unterdrückung jeglicher Opposition, auch innerhalb der SED,
- **Gleichschaltung** von Kultur und Bildung (Marxismus-Leninismus),
- Gründung des **Ministeriums für Staatssicherheit** (Stasi, 1950), nach außen geheimer Nachrichtendienst, nach innen flächendeckender Überwachungsapparat (ca. 170 000 inoffizielle Mitarbeiter/Spitzel).

Verfassungsanspruch der DDR

Auch die Verfassung der DDR nahm die deutsche Geschichte und die deutsche Verfassungstradition auf, bekannte sich zu Demokratie, Parlamentarismus und Rechtsstaatlichkeit, garantierte die Bürgerrechte und die „allgemeine, gleiche, unmittelbare und geheime Wahl“ der Abgeordneten. Das Prinzip der Gewaltenteilung war nicht in der Verfassung verankert. Das Scheitern der Weimarer Republik wurde jedoch vollkommen anders interpretiert als in der BRD: Der nationalsozialistische Faschismus wurde zwar als besonders brutal angesehen, aber als historisch-logische Konsequenz des „Kapitalismus“ verstanden.
Der Verfassungsanspruch der DDR wirkte nicht in die Realität hinein. Partei und Staat waren nicht getrennt, sondern institutionell und personell verflochten. Am 17. Oktober 1949 beschloss die SED-Führung, alle Gesetze von ihrer Zustimmung abhängig zu machen; Regierung und Volkskammer waren zu Ausführungsorganen degradiert. Nach Artikel 1 der Verfassung war die DDR „die politische Organisation der Werktätigen in Stadt und Land unter Führung der Arbeiterklasse und ihrer marxistisch-leninistischen Partei“, so war in der Verfassung der Führungsanspruch der SED ab-

gesichert. Alle Leitungspositionen in Staat und Gesellschaft hatten Parteifunktionäre inne: Es entstand eine neue Führungselite in der Partei, die sich von der übrigen Bevölkerung durch Privilegien abgrenzte. Formell blieb in der DDR das „sozialistische Parteiensystem“ bestehen. Die sog. „Blockparteien“ hatten sich allerdings mit der führenden Rolle der SED arrangiert.

Auch Vertreter der sog. „Massenorganisationen“ saßen in der Volkskammer. Allerdings waren sie gleichzeitig Mitglieder der SED, damit verschleierten ihre Sitze die tatsächliche Machtverteilung in der Volkskammer. Die Massenorganisationen hatten nur gesellschaftliche Relevanz: Mithilfe eines komplexen Vergünstigungs- und Sanktionssystems wurden weite Teile der Bevölkerung erfasst und in das Herrschaftssystem der SED integriert. Die wichtigsten „Massenorganisationen“ in der DDR waren:
- **FDGB** (Freier Deutscher Gewerkschaftsbund, über 9 Mio. Mitglieder (1981),
- **FDJ** (Freie Deutsche Jugend), 2,3 Mio. Mitglieder (1981),
- **DFD** Demokratischer Frauenbund Deutschlands, 1,4 Mio. Mitglieder (1981),
- **KB** (Kulturbund), 0,24 Mio. Mitglieder (1981).

Da die SED alle Bereiche der Gesellschaft kontrollierte und dominierte, gab es keine unabhängige Justiz und individuelle Grundrechte konnten nicht wirksam werden. Des Weiteren gab es in der Verfassung den sog. „Boykotthetze-Artikel“ (Artikel 6), der die **strafrechtliche Verfolgung von Oppositionellen** möglich machte.

Info Die Blockparteien

CDU Christlich-Demokratische Union Deutschlands (gegr. 1945), Partei in der Tradition des christlichen Humanismus, anfänglicher Widerstand gegen die sowjetische Besatzungspolitik, hauptsächlich gegen die Enteignungen; seit 1952 Übereinstimmung mit der Politik der SED. *Aufgabe*: Integration der Christen.

LPDP: Liberaldemokratische Partei Deutschlands (gegr. 1945), zunächst traditionell liberal-demokratisch, ab 1952 Übereinstimmung mit der Politik der SED. *Aufgabe*: Integration der Handwerker und freien Berufe.

DBD: Demokratische Bauernpartei Deutschlands (gegr. 1948 auf staatl. Initiative), *Aufgabe*: Integration der Landbevölkerung, v. a. wichtig mit Blick auf die Kollektivierung der Landwirtschaft 1952/53 und 1958–1960.

NDPD: Nationaldemokratische Partei Deutschlands (gegr. 1948 auf staatliche Initiative), *Aufgabe*: Integration national gesinnter Kreise.

Die DDR war, wie die BRD, bei ihrer Gründung kein souveräner Staat. Die oberste Gewalt übte die **Sowjetische Kontrollkommission** aus, die die SMAD abgelöst hatte. Die Einheit Deutschlands wurde nach der DDR-Gründung ebenso propagiert wie im Westen. Es wurde in die Verfassung (von 1949) gar der Zusatz aufgenommen, Deutschland sei „eine unteilbare demokratische Republik“. Allerdings gelang keine Annäherung, da sich durch den Alleinvertretungsanspruch, den die DDR wie auch die BRD erhob, und durch die Integration in den östlichen Machtblock die Positionen immer weiter auseinanderentwickelten. Die Ostanbindung bedeutete für die DDR die **sozialistische Umgestaltung** von Staat, Wirtschaft und Gesellschaft und die **Abhängigkeit von der UdSSR,** die ihre Existenz sicherte.

Die DDR 1949–1971

Der Aufbau der Wirtschaft gestaltete sich in der DDR deutlich schwieriger als in der Bundesrepublik. Die verfolgte Leitlinie lautete „Einheit von Wirtschafts- und Sozialpolitik", der Lebensstandard und die Versorgung der Bevölkerung sollten verbessert werden, ohne dass zunächst Produktivitätsgewinne zu erzielen waren. In der Verfassung wurde die zentrale staatliche Leitung und Planung der gesamten Volkswirtschaft festgelegt **(Planwirtschaft).** Die Sowjetunion hatte es nicht gestattet, Gelder aus dem Marshall-Plan zu beantragen, konnte selbst aber kaum Hilfe bereitstellen. Zudem demontierte sie in der DDR bis 1954 Industrieanlagen, Eisenbahnschienen und gewerbliche Produkte als Kriegsentschädigung. Als Rohstoffe standen in der DDR nur Braunkohle und Uran bereit. Einen Exportmarkt gab es nur in sehr bescheidenem Umfang.
Die **Fünfjahrespläne** galten als Hauptinstrument der SED-Führung zur Steuerung der wirtschaftlichen Entwicklung. Ziel des ersten Fünfjahresplans war eine von westlichen Importen unabhängige Volkswirtschaft. Die als Erstes aufgebaute Stahlindustrie schluckte fast alle verfügbaren Investitionen, für die Konsumgüterindustrie blieb kaum etwas übrig. Die Folge war, dass sich ein Mangel an Kleidung, Möbeln, Haushaltsgeräten und Fahrzeugen einstellte. Auch Nahrungsmittel fehlten, der Wohnungsbau wurde vernachlässigt, die Preise für Konsumgüter wurden erhöht. Die Arbeitsnormen der Arbeiter wurden angehoben. Aufgrund von der unzureichenden Versorgungslage und des geringen Konsumangebots, gerade im Vergleich zur Bundesrepublik, wuchs der Unmut.

Planwirtschaft

Die Wirtschaftsordnung der DDR beruhte auf der **Theorie des Marxismus-Leninismus,** der zufolge alle **Produktionsmittel im Besitz des Staats** (= Volks) sein sollten. Anders als im Kapitalismus sollte die Ausbeutung der Arbeiter so verhindert und der gemeinsam erarbeitete Wohlstand gleichmäßig verteilt werden. Im Interesse des Allgemeinwohls sollte die Produktion gesteuert werden. Um diese Aufgabe zu erfüllen, wurde eine **zentrale Planungsbehörde** gegründet, die Produktionsmengen und Preise festlegte. Am Ende der 1950er-Jahre erwirtschaftete der Anteil der staatlichen **Volkseigenen Betriebe (VEB)** bereits 90% der Industrieproduktion. Auf dem Land mussten die Bauern sich zu **Landwirtschaftlichen Produktionsgenossenschaften (LPG)** zusammenschließen.
Die Planwirtschaft feierte zunächst einige Erfolge beim Wiederaufbau der Industrie, dennoch geriet die Produktion immer wieder ins Stocken. Die Produktionsleistung blieb kontinuierlich gering, obgleich in der DDR nie wirkliche Not herrschte. In den 1980er-Jahren brach die Wirtschaft zusammen und konnte nur mithilfe ausländischer Kredite in Gang gehalten werden. Grundpfeiler der Planwirtschaft waren:

- Unterordnung der Wirtschaft unter die Politik,
- Überführung der Produktionsmittel in den Besitz des Staates,
- Leitung und Koordination des Wirtschaftsprozesses durch eine Planungsbehörde.

Die SED verkündete auf ihrem **3. Parteitag** (1950) die Ziele und Maßnahmen des ersten Fünfjahresplans zur Förderung des wirtschaftlichen und kulturellen Aufbaus der DDR: Steigerung der Industrieproduktion; Steigerung der landwirtschaftlichen Produktion; Ausbau des „volkseigenen Sektors", d. h. **Verstaatlichung** bzw. Kollektivierung; privates Unternehmertum sollte nur in einem festgeschriebenen Rahmen möglich sein; „Förderung der Volksgesundheit" durch Präventionsmaßnahmen und Ausbau des Gesundheitswesens.

Auch in der Planwirtschaft (= Zentralverwaltungswirtschaft) der DDR gab es Preise, die allerdings von der Planungsbehörde zentral verbindlich festgelegt wurden und somit lediglich eine Verrechnungseinheit bildeten. „Angebot und Nachfrage" gibt es in einer Planwirtschaft nicht, die Funktion der schwankenden Preise übernimmt hier die Mengenfestlegung im Produktionsplan. Die Leistungsfähigkeit einzelner Arbeiter oder auch einzelner Produktionseinheiten zeigt sich im Grad der **Planerfüllung,** einer Art Kennziffer zur Motivationssteigerung bzw. zur Sanktion von Fehlmengen. Die von einem Arbeiter in einem bestimmten Zeitraum zu leistende Arbeit wurde durch eine sog. **Arbeitsnorm** festgelegt. Arbeitsnormen sollten die Erfüllung der Produktionspläne sicherstellen.

Der Volksaufstand am 17. Juni 1953

Im Juli 1952 hatte die SED-Führung den „planmäßigen Aufbau des Sozialismus" verkündet. Die Schwer- und Grundstoffindustrie sollte ausgebaut werden, zulasten der Konsumgüter- und Lebensmittelproduktion. Damit sank der im Vergleich zum Westen ohnehin niedrige Lebensstandard auf Nachkriegsstand. Zugleich wurden im Mai 1953 die Arbeitsnormen um 10% erhöht, um die Wirtschaftsleistungen zu erhöhen: bei gleichem Lohn. Die Unzufriedenheit wuchs, sodass das Politbüro Anfang Juni 1953 den „Neuen Kurs" propagierte: Die politische Unterdrückung wurde gelockert, die Produktion von Konsumgütern erhöht und Preissteigerungen zurückgenommen, die erhöhten Arbeitsnormen blieben.

Debatte Volksaufstand

Die Bewertung des Aufstands war in beiden Staaten sehr unterschiedlich: Während die DDR ihn als eine vom Westen angezettelte „faschistische Provokation" interpretierte, sah die Bundesrepublik den Aufstand als Ausdruck der brutalen Unterdrückung des Freiheitswillens der „Deutschen in der DDR". Der 17. Juni wurde in der Bundesrepublik bis 1990 als „Tag der deutschen Einheit" als Feiertag begangen.

Am 16.6.1953 legten Bauarbeiter in der Berliner Stalin-Allee die Arbeit nieder und zogen zum Sitz der SED. Diese Proteste breiteten sich über das ganze Land aus. Noch am selben Tag wurden Streikkomitees gebildet, die untereinander Kontakt aufnahmen. Neben die wirtschaftlichen traten auch politische Forderungen: freie Wahlen, Freilassung politischer Gefangener, Zulassung unabhängiger Parteien und

Gewerkschaften, Wiederherstellung der deutschen Einheit. Nach gewaltsamen Zusammenstößen zwischen Partei und Demonstranten zogen schon in der Nacht zum 17. Juni sowjetische Panzer auf und zerschlugen die Demonstrationen mit militärischer Gewalt. Über 50 Menschen wurden getötet, Tausende verhaftet.
Der Aufstand war niedergeschlagen, die **Konsequenzen** folgten: Die Führung der DDR reagierte auf den 17. Juni mit einer doppelten Strategie: Gegen die Demonstranten wurden hohe **Haftstrafen** verhängt und vorbeugend gegen „konterrevolutionäre" oder „ideologisch unzuverlässige Elemente" wurde der Überwachungsapparat der **Stasi** weiter ausgebaut. Die Investitionen in die Schwerindustrie wurden reduziert, um die Bevölkerung durch eine **verbesserte Versorgungslage** und eine Anhebung der Löhne und Mindestrenten beruhigen zu können. Die Sowjetunion sicherte der DDR den **Verzicht auf weitere Reparationsleistungen** zu. Der 17.6.1953 hatte eher eine **Verknöcherung des Herrschaftssystems** unter dem Druck der UdSSR zur Folge. Walter Ulbricht, Prototyp eines stalinistischen Politikers, wurde gestärkt.

Die Unzufriedenheit mit den Lebensverhältnissen führte zu einer hohen **Abwanderung**. Bereits seit 1945 verließen Menschen die SBZ, die Zahlen erhöhten sich, v. a. bei gut ausgebildeten Menschen, in den folgenden Jahren stetig. Die zunehmende Einschränkung der persönlichen Freiheiten, eine schlechte Versorgungslage, hohe Arbeitsnormen und fehlende Konsumgüter und die Unzufriedenheit v. a. im Vergleich mit dem Westen verursachten bei vielen Menschen eine große Unzufriedenheit. Nur in wenigen Fällen bekam man für die Auswanderung eine offizielle Genehmigung des Staates. Infolgedessen stieg die Anzahl derjenigen, die das Land illegal und häufig unter großen Gefahren verließen, unaufhörlich an. Von 1949 bis Ende August 1961 verließen etwa drei Millionen Menschen die DDR.

Der Mauerbau: 13. August 1961

Angesichts der Abwanderung fürchtete die SED, dass die DDR wirtschaftlich „ausbluten" würde. Tatsächlich fehlten in manchen Betrieben, Krankenhäusern und Schulen zusehends Arbeitskräfte. Diese Entwicklung wollte man durch eine hermetische Abriegelung beenden, darum versperrte die Regierung in Ostberlin völlig überraschend für die Öffentlichkeit in Ost und West alle Wege in den Westteil Berlins: Am 13.8.1961 wurden an der gesamten Grenze des sowjetischen Sektors in Berlin Barrieren aus Stacheldraht und Betonklötzen errichtet, die schnell durch eine Mauer ersetzt wurden. Die Staatsführung der DDR propagierte die Mauer als **„antifaschistischen Schutzwall"**, der das Eindringen von feindlichen Agenten verhindern solle.
Noch bis 1989 ließ die DDR-Regierung die Grenzanlagen in Berlin und auch die innerdeutsche Grenze erweitern: Wachtürme wurden errichtet, Minenfelder angelegt, Stolperdrähte gezogen und Sperrgräben für Autos ausgehoben. Die Grenztruppen hatten darüber hinaus den Befehl zu schießen (Schießbefehl). Für die Bevölkerung bedeutete die Mauer nicht nur ein unüberwindbares Hindernis, viele Menschen wurden quasi über Nacht von Familie und Freunden getrennt. Der Bau der Mauer schüchterte die Menschen in der DDR ein.

Stabilisierung

Die DDR begann sich in den 1960er-Jahren zu stabilisieren, auch durch folgende Maßnahmen der SED:

- **technisch:** „Wissenschaftlich-technische Revolution“ zur Umstrukturierung des Systems der Planwirtschaft, die den Ausbau des Bildungssystems und die Förderung von Wissenschaften sowie eine Mobilisierung von Arbeitskraftreserven umfasste. *Ziel:* Die Produktion sollte effektiver arbeiten und es sollte eine sozialistische Leistungsgesellschaft entstehen.
- **wirtschaftlich:** Das am 15.7.1963 offiziell beschlossene „Neue Ökonomische System der Planung und Leitung“ (NÖSPL) dezentralisierte die wirtschaftlichen Planungsvorgänge und führte leistungsbezogene Elemente in die Entlohnung ein. Ab 1968 wurde die Zentralisierung jedoch wieder verstärkt, um Konflikten zwischen jungen Fachleuten und älteren SED-Parteimitgliedern entgegenzutreten. *Ziel:* Die Wirtschaft sollte modernisiert werden.
- **bildungspolitisch:** Das 1965 verabschiedete „Gesetz über das einheitliche Bildungssystem“ förderte die mathematisch-naturwissenschaftliche Bildung, veranlasste, dass an den allgemeinbildenden Schulen Grundlagen der Produktionstechnik vermittelt wurden, und forderte eine Erziehung der Schülerschaft mit dem *Ziel,* dass die jungen Menschen ihre Kräfte in den Dienst der Gesellschaft stellten, um den sozialistischen Staat zu stärken und zu verteidigen.

Die DDR 1971–1989

Die Machtverhältnisse in der DDR waren ab etwa 1970 gefestigt, dennoch gab es unterschiedliche Entwicklungsphasen: Phasen einer intensivierten „Sowjetisierung“, also des Aufbaus sozialistischer Strukturen, aber auch Phasen der Verzögerung oder der Liberalisierung. Politische Auseinandersetzungen wurden nicht öffentlich, aber es gab sie, zu erkennen an bestimmten Maßnahmen oder an der Besetzung politischer Ämter. Die mächtigste Position hatte der Generalsekretär des Zentralkomitees der SED. Im Verlauf der DDR-Geschichte hatten zwei Männer diese Position inne:

- **Walter Ulbricht** (1893–1973): Regierungszeit war geprägt vom Mauerbau 1961,
- **Erich Honecker** (1912–1994): Regierungszeit war geprägt durch die Wirtschaftskrise und verstärkt repressive Maßnahmen.

Ulbricht musste seine Funktion infolge von Differenzen mit der Partei der UdSSR aufgeben. Er hatte mehr Selbstständigkeit gefordert und sich der Reaktion der UdSSR auf die neue Ostpolitik von Willy Brandt widersetzt. Erich Honecker dagegen erkannte die Führungsrolle der Sowjetunion vorbehaltslos an und wurde 1971 neuer Generalsekretär der SED und 1976 Staatsratsvorsitzender.

Wirtschafts- und Sozialpolitik

Honecker erklärte innenpolitisch die „weitere Erhöhung des materiellen und kulturellen Lebensniveaus des Volkes“ zur Hauptaufgabe der SED. Die Leitlinie der 1970er-Jahre war die Einheit von Wirtschafts- und Sozialpolitik, die auch Erfolg hatte: Der Wohnungsbau wurde gefördert, Löhne und Renten erhöht, Arbeitszeiten verkürzt, der Mutterschaftsurlaub verlängert. Zahlreiche Maßnahmen sollten Frauen

die Vereinbarkeit von Kind und Beruf ermöglichen, u. a. die kostenlose Betreuung von Kindern. Die Produktion stieg um knapp ein Drittel und die Versorgungslage besserte sich. War diese Zeit international geprägt durch eine Rohstoffkrise (1973), so gab es in der DDR Vollbeschäftigung, stabile Preise für Grundnahrungsmittel und steigende Einkommen. Dies konnte aber die existierenden Einschränkungen nicht wettmachen:
- Zensur bei Presse, Kunst und Kultur,
- niedriger Lebensstandard im Vergleich zur Bundesrepublik,
- Mangel an hochwertigen Konsumgütern (technische Geräte, Autos),
- fehlende Reisefreiheit (in westliche Länder),
- Vergeltungsmaßnahmen gegenüber Oppositionellen.

Systemkrise

Schon in der zweiten Hälfte der 1970er-Jahre gab es eine regelrechte Systemkrise in der DDR. Die Ursachen waren folgende:
- **innenpolitisch:** Unabhängig von der Versorgungslage kam erneut Missmut auf: Öffentliche Diskussionen waren nicht möglich, Bürgerrechte mangelhaft, für den Export wurde produziert, was im Inland nicht zu bekommen war, Lebensperspektiven fehlten, der Staat unterdrückte die Kirche als einzige nichtsozialistische und staatsfreie Institution. Der Wunsch nach Ausreise wurde zu einer Massenbewegung. Trotz staatlichen Engegenkommes (1984 zunächst 30 000 Ausreisegenehmigungen und 1988 noch einmal 23 800) setzte eine Massenflucht über Ungarn ein.
- **wirtschaftlich:** Die weltweite Ölkrise und die hohe Staatsverschuldung bewirkten erhebliche ökonomische Probleme. Soziale Sicherungsmaßnahmen und Wohnungsbau waren sehr kostspielig, die stabilen Preise für Grundnahrungsmittel subventioniert. Fehlende Investitionen in die Industrie verursachten sinkende Produktivität. Die Konsequenzen waren: Modernisierungen unterblieben, die Bausubstanz verfiel, die Umweltbelastungen waren enorm. Die Zahlungsunfähigkeit konnte nur durch Milliardenkredite der BRD abgewendet werden.

Im Gegensatz zu anderen osteuropäischen Staaten verfügte die Opposition in der DDR nicht über eine gefestigte Organisationsstruktur. Bürgerrechtler traten für eine Reformierung des politischen Systems ein und mussten sich dafür eine intensive Überwachung durch die Stasi gefallen lassen, kirchliche Gruppen konnten nicht viel erreichen. Die christliche Opposition wurde allerdings zunehmend selbstbewusst. Sie wollte ihren Überzeugungen folgen, nicht dem Regime, und schrieb sich Toleranz und das Recht auf freie Meinungsäußerung auf die Fahnen. Namhafte Dissidenten (Abweichler, Oppositionelle) waren z. B. der (1976 ausgebürgerte) Liedermacher Wolf Biermann, der Politiker Rudolf Bahro oder der Chemiker Robert Havemann. Der Staat reagierte auf alle oppositionellen Forderungen/Aktionen gleichermaßen mit **Repressionen, Verhaftungen, Ausbürgerungen und massiven Überwachungen.**

Der Überwachungsapparat der Stasi

Das **Ministerium für Staatssicherheit, MfS (Stasi)** war 1950 auf Beschluss der Volkskammer gegründet worden. Minister wurde Wilhelm Zaisser, Stellvertreter Erich Mielke. In den Augen der SED hatte das MfS in Bezug auf den Volksaufstand

1953 versagt und Zaisser wurde abgesetzt. Erich Mielke übernahm die Stasi-Leitung. Nach den Unruhen in Polen und Ungarn und dem Mauerbau wurde der Stasi-Apparat immer weiter ausgebaut. Oppositionsbewegungen sollten schon im Keim erstickt werden. Infolge der KSZE-Schlussakte (1975) änderte sich das Vorgehen des MfS: Verfolgungen erfolgten weniger offensichtlich, aber die Überwachung nahm stetig zu. In den 1980er-Jahren arbeiteten etwa 91 000 hauptamtliche und 173 000 sog. „inoffizielle Mitarbeiter" (IM) im Auftrag der Stasi (ein Stasi-Mitarbeiter auf 60 Bürger). 1989 besetzten Mitglieder oppositioneller Gruppen im Rahmen der friedlichen Opposition die Dienststellen der Stasi, damit die Akten nicht (heimlich) vernichtet wurden. Im Dezember 1989 wurde die Stasi offiziell aufgelöst. Die Stasi war eine Hauptstütze der Herrschaft der SED und zeigte das tiefe Misstrauen der SED gegenüber dem eigenen Volk, das sie ständig bedrohte. Die Mitarbeiter des Ministeriums dokumentierten alle Überwachungsaktionen schriftlich.
1991 verabschiedete der Bundestag das „Stasi-Unterlagen-Gesetz" (StUG), die Unterlagen wurden in einer Bundesbehörde archiviert. Ehemalige Bürger der DDR können dort auf Antrag Einsicht in die Akten nehmen, die über sie angelegt wurden.

Die Überwindung der deutschen Teilung im friedlichen Revolutionsjahr 1989

Mit dem Amtsantritt von Michail Gorbatschow begannen in den osteuropäischen Staaten politische und wirtschaftliche Entwicklungen, die u. a. auch zum Zusammenbruch des SED-Regimes im Herbst 1989 führten. Im Zuge eines „neuen Denkens" unter den Schlagworten „Perestroika" und „Glasnost" setzte Gorbatschow Reformen in Gang, die in den gesamten Ostblock ausstrahlten.

Der Untergang der Sowjetunion und die Revolutionen in Osteuropa

Gorbatschow wollte den „Eisernen Vorhang" nicht länger um jeden Preis aufrechterhalten, und er machte den Satellitenstaaten deutlich, dass die Sowjetunion ihnen keinen militärischen Beistand mehr leisten würde. Diese Entwicklung stärkte auch in anderen Ländern die Reformkräfte.

- **DDR:** Massenflucht, Großdemonstrationen, Sturz Honeckers, Öffnung der innerdeutschen Grenze, Übergangsregierung Modrow, führende Rolle der SED aus der Verfassung gestrichen, Bildung neuer Parteien;
- **Tschechoslowakei:** Demonstrationen ab November 1989, Rücktritt der KP-Führung (24.11.), führende Rolle der KP gestrichen, Regierung der „nationalen Verständigung" ab 10.12., Vačlav Havel wurde Präsident (29.12.);
- **Ungarn:** Reform-Mehrheit in der Führung der USAP, Auflösung der Partei (7.10.), Öffnung der Westgrenze, Verfassungsänderungen (Mehrparteiendemokratie, marktwirtschaftliche Elemente);
- **Jugoslawien:** Krise der jugoslawischen Föderation, Verfassungsänderung in Slowenien (Selbstbestimmung der Teilrepubliken, freie Wahlen, Aufgabe des Führungsanspruchs der KP, September 1989), Konflikt mit Serbien;
- **Bulgarien:** zaghafte Reformansätze nach Partei-Führungswechsel (10.11.1989),

Zusage freier Wahlen nach Massendemonstrationen, Aufgabe des Führungsanspruchs der Partei (11.12.);
- **Rumänien:** Volkserhebung nach Massaker in Temesvar (16.12.1989), Sicherheitstruppen nach Kämpfen von Armee und Bürgern überwunden, Hinrichtung Ceauçescus (25.12.), „Front der nationalen Rettung“ übernahm die Regierung (26.12.);
- **Polen:** Reformvereinbarungen am „Runden Tisch“ (5.4.1989), teils freie Wahlen (6.4.), Allparteien-Regierung unter Führung der „Solidarität“ (ab 12.8.).

Die Friedliche Revolution in der DDR

In der Präambel des Grundgesetzes stand, dass das gesamte deutsche Volk aufgefordert bleibe, die Einheit und Freiheit Deutschlands zu vollenden – auch wenn sich viele Westdeutsche mit der Teilung inzwischen abgefunden hatten. In der DDR gab es keine öffentliche Diskussion über diese Frage. Die SED betrachtete die Teilung in BRD und DDR als endgültig. Im Zentralorgan „Neues Deutschland“ brachte die SED Meldungen aus der Bundesrepublik grundsätzlich unter „Auslandsnachrichten“. Die Unzufriedenheit in der DDR wuchs: Die Kluft zwischen der erlebten Realität und den von der SED täglich über die staatlichen Medien veröffentlichten Erfolgsmeldungen sorgte zunehmend für erheblichen Unmut. Zwar wurden „Westreisen“ seit 1986 großzügiger als zuvor genehmigt, damit erhöhte sich aber auch die Anschauung der westlichen Lebensweise. Immer mehr DDR-Bürger beantragten die „Entlassung aus der Staatsbürgerschaft“ und die ständige Übersiedlung in die BRD. Genehmigungen erfolgten nur willkürlich, manche erst nach Jahren, manche gar nicht. Nicht wenige der Antragsteller verloren ihren Arbeitsplatz.
Die Unzufriedenheit erreichte auch die Partei. Die Reformen, die von Gorbatschow in der Sowjetunion angestoßen worden waren, waren nicht bei allen Mitgliedern und Funktionären willkommen. Einige Parteiverantwortliche distanzierten sich offen davon, die Abhängigkeit von der UdSSR blieb jedoch vorerst bestehen.
Infolge der widerstreitenden Positionen und Interessen verschwamm die bisherige Parteilinie etwas und es entstand ein gewisser Spielraum für Diskussionen. Auch in der Bevölkerung formierte sich eine oppositionelle Bewegung: Es entstanden kleine Gruppen, die dem Regime v. a. Verletzungen der Menschen- und Bürgerrechte, aber auch Umweltzerstörungen und Militarismus vorwarfen.
Diesen Menschen ging es zumeist gar nicht um die Abschaffung des Sozialismus, sondern um **Reformen, Demokratisierung und eine bessere Versorgungslage** (Konsum). Einen ersten, weltweit beachteten öffentlichen Auftritt hatte die Opposition im Januar 1988 bei der traditionellen SED-Demonstration zu Ehren von Karl Liebknecht und Rosa Luxemburg. Einige Oppositionelle zeigten hierbei Transparente mit Rosa Luxemburgs bekanntem Ausspruch: „Freiheit ist immer die Freiheit des Andersdenkenden“. Sie wurden verhaftet und teilweise des Landes verwiesen.

Die Opposition

Eine neue Dimension gewann die **oppositionelle Bewegung** bei den Kommunalwahlen im Mai 1989. Wie üblich waren es Scheinwahlen, die dieses Mal jedoch von einigen Bürgern in der Stimmauszählung genau verfolgt wurden. Diese stell-

ten anschließend Widersprüche in der amtlichen Darstellung der Ergebnisse fest: Gegenstimmen waren unterschlagen worden. Auch wenn diese Einwände barsch zurückgewiesen wurden, heizten sie das politische Klima in der DDR auf. Weitere oppositionelle Gruppen gründeten sich mit dem Ziel, einen Rahmen für einen freien und offenen Austausch von Meinungen, Interessen und Zielen zu schaffen.
Zeitgleich begannen im Anschluss an das montägliche Friedensgebet in der **Nikolaikirche** in **Leipzig** die sog. **Montagsdemonstrationen,** an denen Woche für Woche mehr Menschen teilnahmen. Auch in anderen Städten folgten nach dem Leipziger Vorbild Demonstrationen. „Wir sind das Volk!" (später: „Wir sind ein Volk!"), riefen wöchentlich in allen großen Städten Tausende. Zunächst protestierten sie gegen die politischen Verhältnisse, dann wollten sie eine friedliche, demokratische Neuordnung und anschließend das Ende des SED-Regimes. Die Demonstrationen wurden vom Regime teilweise mit Gewalt aufgelöst und mit Repressionen geahndet.
Während der Feierlichkeiten zum 40. Jahrestag der DDR am 7.10.1989 war Gorbatschow als Ehrengast zugegen. Er forderte die DDR-Regierung zu Reformen auf, sein Übersetzer spitzte zu: „Wer zu spät kommt, den bestraft das Leben!" Das wurde zu einer Art Schlachtruf, den die Opposition der Regierung entgegenhielt.
Im Juni 1989 gab es in China nach monatelangem Protest einer (vorwiegend studentischen) Demokratiebewegung ein Massaker auf dem Pekinger **Platz des Himmlischen Friedens (Tian'anmen).** Die Bewegung wurde von der Regierung brutal niedergeschlagen, es gab mehr als 2000 Tote. In der DDR hatten Bürger diese Situation vor Augen, als sie am 9.10.1989 zu Tausenden demonstrierten. Wie würde die DDR-Regierung reagieren, nachdem die offiziellen Feiern vorbei waren? Tatsächlich formulierte Honecker als Einsatzbefehl für die Polizei an dem Tag, „die konterrevolutionären Demonstrationen mit aller Gewalt" niederzuwerfen. Es geschah allerdings nichts – die Gründe, warum die Sicherheitskräfte nicht eingriffen, sondern sich zurückzogen, sind bis heute nicht völlig geklärt.
Am **9.10.1989** brachte die Montagsdemonstration in Leipzig eine Wende: 90000 Menschen nahmen an der Demonstration teil, sie verlief angespannt, aber friedlich. Heute gilt dieser Tag als **„letzter Tag der DDR",** denn mit dieser Demonstration hatte die Oppositionsbewegung ihr Recht zu demonstrieren durchgesetzt. Bereits eine Woche später demonstrierten noch mehr Menschen in Leipzig, am 4.11.1989 erreichte die **Demonstrationswelle in Ost-Berlin** mit über 500000 Menschen ihren Höhepunkt, sie demonstrierten für Freiheit, Rechtsstaatlichkeit und freie Wahlen.
Die gemäßigten SED-Funktionäre setzten sich jetzt durch, auch, weil mit militärischer sowjetischer Unterstützung nicht mehr zu rechnen war. Am 17.10.1989 hatte das Politbüro Erich Honecker abgesetzt und **Egon Krenz** als Nachfolger gewählt.

Flüchtlinge in den Deutschen Botschaften

Ungarn reagierte besonders reformfreudig auf die Lockerungen der Ära Gorbatschow. Ab Mai 1989 wurden Sperranlagen an der Grenze zu Österreich abgebaut. Ungarn war für die DDR-Bürger ein beliebtes Urlaubsland, in das sie ohne Visum reisen durften. Sie waren Zeuge dieses Abbaus und trotz strenger Kontrolle an den Grenzen gelang vielen DDR-Bürgern auf diesem Weg die Flucht in den Westen.

Zahlreiche weitere DDR-Bürger suchten die bundesdeutsche Botschaft in Budapest auf, um dort ihre Einreise zu erwirken. Die Botschaft musste recht bald wegen Überfüllung schließen. Anfang September warteten 6500 Menschen in dem dort eigens dafür eingerichteten „Auffanglager". Daraufhin entschloss sich Ungarn zu einem mutigen Schritt: Am 11. September setzte die ungarische Regierung ein Abkommen außer Kraft, das 1969 mit der DDR geschlossen worden war. Es hätte Ungarn verpflichtet, Flüchtlinge zurückzuschicken. Stattdessen erlaubte man allen die Ausreise. Bis Ende September kamen auf diesem Weg über 25000 Personen in die Bundesrepublik. Sie waren sofort Bundesbürger, weil die bundesdeutsche Regierung stets an der einheitlichen deutschen Staatsbürgerschaft festgehalten hatte. Die DDR reagierte hilflos und protestierte. In den bundesdeutschen Botschaften in Prag und Warschau bot sich ein ähnliches Bild und auch hier hatten die Menschen Erfolg – Tausende durften in die Bundesrepublik ausreisen.

Der Fall der Mauer

Sowohl die Demonstrationen als auch die Massenfluchten hatten Auswirkungen auf den Alltag in der DDR: In den Betrieben fehlten Ingenieure, ganze Krankenhausstationen konnten nicht mehr arbeiten, weil Ärzte und Schwestern nicht mehr zur Verfügung standen. Unter diesem Druck sah die neue Staatsführung kaum einen anderen Ausweg, als Westreisen der DDR-Bürger zu ermöglichen. Am Abend des 9.11.1989 verkündete der Pressesprecher der SED-Führung, Günther Schabowski, eher beiläufig auf einer Pressekonferenz, dass die Regierung ein neues Reisegesetz mit **vollständiger Reisefreiheit** beschlossen habe. Auf eine Nachfrage, ab wann denn das Gesetz gültig sei, antwortete er irrtümlich, dass er glaube, es gelte unverzüglich. Diese Nachricht breitete sich schnell aus. Noch in der Nacht strömten zehntausende Ostberliner zu den Grenzübergängen und erzwangen die Öffnung der Mauer: Die deutsche Einheit war eingeleitet, die Mauer war gefallen.

Die Vereinigung der beiden deutschen Staaten 1989/1990

Mit dem Mauerfall dominierte in der Politik die Frage der deutschen Wiedervereinigung. Es gab verschiedene Fragestellungen zu den denkbaren Konstruktionen:
- Konnte und sollte die Eigenständigkeit der DDR erhalten bleiben?
- Sollten beide Staaten eine Vertragsgemeinschaft vereinbaren?
- Sollte die Teilung schrittweise überwunden werden und konföderative Strukturen zu einem einheitlichen Deutschland führen?

Die letzte Lösung wurde vom westdeutschen Bundeskanzler Helmut Kohl priorisiert. Er stellte ein **Zehn-Punkte-Programm** zur Realisierung vor:
1. Sofortmaßnahmen humanitärer Art,
2. umfassende Wirtschaftshilfe,
3. Vertragsgemeinschaft,
4. Ausbau der Zusammenarbeit,
5. Schaffung konföderativer Strukturen,
6. Einbettung des deutschen Einigungsprozesses in gesamteuropäische Strukturen,
7. Beitritt reformierter Ostblockstaaten zur EG,

8. Beschleunigung des KSZE-Prozesses,
9. Abrüstung und Rüstungskontrolle,
10. Einheit Deutschlands.

Die DDR wurde nach dem Mauerfall von einer Übergangsregierung unter SED-Funktionär Hans Modrow (Reformanhänger) und der Volkskammer geführt. Eine zentrale Bedeutung in dem Gefüge hatte der „Zentrale Runde Tisch der DDR". Von der Kirche moderiert, saßen dort Vertreter von Regierung und Opposition. Er verstand sich als Kontrollinstanz der SED-Übergangsregierung und wollte einen reibungslosen Übergang zur Demokratie gewährleisten. Konkrete Aufgaben waren:

- Auflösen des Staatssicherheitsdienstes,
- Ausarbeitung einer neuen Verfassung,
- Vorbereitung von freien Wahlen.

Der **Verfassungsentwurf des Runden Tisches** war eigentlich eine Absage an eine schnelle Wiedervereinigung zwischen BRD und DDR, er sollte den Staat DDR stabilisieren und beinhaltete radikaldemokratische und soziale Grundrechte.

Die Volkskammerwahlen 1990

Reformierter, demokratischer und eigenständiger DDR-Staat oder ein vereintes Deutschland – diese Frage bildete den Hintergrund für den Wahlkampf vor der **ersten demokratischen Volkskammerwahl** am 18.3.1990. Es gab drei verfassungsrechtliche Alternativen, die durch das **Grundgesetz** bestimmt waren:

- das konservative Wahlbündnis **„Allianz für Deutschland"** (Ost-CDU, „Demokratischer Aufbruch", „Deutsche Soziale Union"; Motto: „Freiheit und Wohlstand – Nie wieder Sozialismus") warb für einen sofortigen Beitritt der DDR nach Artikel 23,
- die ostdeutsche **SPD** warb für eine gleichberechtigte Vereinigung nach Artikel 146,
- die **SED/PDS** (Partei des Demokratischen Sozialismus, Nachfolgepartei der SED, 1990) warb für eine eigenständige DDR, die als souveräner Staat Einfluss auf den Einigungsprozess haben sollte. Ein Anschluss an die Bundesrepublik wurde vehement abgelehnt.

Diese erste freie Wahl markierte das Ende der SED-Herrschaft und gilt als wichtiger Schritt der Wiedervereinigung. 12,4 Millionen DDR-Bürger durften wählen – 93,4% nahmen dieses Recht wahr. Ein eindeutiges Ergebnis: 40,8% der Wähler votierten für die „Allianz für Deutschland". Zweitstärkste Partei wurde die SPD mit 21,9% der Stimmen. Die PDS erhielt 16,4%. Der erste frei gewählte (und zugleich letzte) DDR-Ministerpräsident **Lothar de Maizière** (CDU) bildete mit der SPD eine Koalitionsregierung und bekannte sich in seiner Regierungserklärung zur **Bildung der staatlichen Einheit Deutschlands.**

Stationen der Wiedervereinigung

Die Deutsche Einheit wurde schrittweise erreicht.

1. **Wirtschafts-, Währungs- und Sozialunion, 1.7.1990:**
   Seit dem Frühjahr 1990 wurde eine Wirtschaftsunion der Bundesrepublik und der DDR vorbereitet, am 18.5. wurde der sog. **Staatsvertrag** von den beiden Finanzministern unterschrieben. In Kraft trat er erst später, weil die DDR wegen ihres maroden Wirtschaftszustands und der geringen Produktivität nicht über

Nacht einem Wettbewerb mit der westdeutschen und internationalen Konkurrenz hätte standhalten können. Zum 1.7. übernahm die DDR große Teile der Wirtschafts- und Rechtsordnung der Bundesrepublik und die D-Mark als Währung. Umstritten war der Umtauschkurs, denn eine 1:1 **Währungsumstellung** war nicht tragbar. So wurden Löhne, Gehälter, Renten, Mieten und andere „wiederkehrende“ Zahlungen 1:1 umgestellt. Bei Bargeld und Bankguthaben gab es unterschiedliche Regelungen: Bis zu 6000 DDR-Mark konnten 1:1 umgetauscht werden, darüber hinausgehende Beträge 2:1. Mit der Übernahme des Systems der BRD wurde die DDR wirtschaftlich eingegliedert.

Info Inhalt des Staatsvertrags

Wirtschaftsunion: Einführung der sozialen Marktwirtschaft in der DDR.
Währungsunion: Bildung eines einheitlichen Währungsgebiets = Einführung der D-Mark in der DDR.
Sozialunion: Einführung einer gegliederten Sozialversicherung (mit Renten-, Kranken-, Arbeitslosen- und Unfallversicherung) in der DDR.

2. **Einigungsvertrag, 31. August 1990:**
Der 2. Staatsvertrag, der Einigungsvertrag, wurde auf der Grundlage des Beitritts der DDR nach Artikel 23 Grundgesetz verhandelt. Dieser **Beitritt der DDR zum Geltungsbereich des Grundgesetzes** sollte zum **3. Oktober 1990** stattfinden – ein besonderer Vorgang: Ein Staat löst sich friedlich und demokratisch selbst auf. Der rund 900 Seiten starke Einigungsvertrag wurde im Bundesrat einstimmig verabschiedet, im Parlament stimmten für die DDR (Volkskammer) 299 von 380 Abgeordneten dafür und in der Bundesrepublik (Bundestag) 442 von 492 Abgeordneten. Es gab aber durchaus gegenläufige Einschätzungen:
   - Gregor Gysi, PDS: *„Das Parlament hat nicht weniger als den Untergang der Deutschen Demokratischen Republik zum 3. Oktober beschlossen.“*
   - Björn Engholm, SPD, Präsident des Bundesrates zum Einigungsvertrag: *„Damit beenden wir endgültig die Nachkriegszeit.“*
3. **„Zwei-plus-Vier-Vertrag“, 12. September 1990:**
Auch wenn die Bundesrepublik seit 40 Jahren ein demokratischer Rechtsstaat war und ihr nach dem Krieg entzogene Rechte wieder zugestanden worden waren, eine Wiedervereinigung erforderte die Zustimmung der (ehemaligen) Besatzungsmächte, denn ein vereintes Deutschland hätte zu jeder Zeit unter gewissen Umständen ein erneutes Risiko für die Sicherheit und Stabilität in Europa bedeuten können. Seit dem 5.5.1990 berieten deshalb die Außenminister der vier Siegermächte des Zweiten Weltkriegs mit den beiden deutschen Außenministern („Zwei-plus-Vier“) über die außenpolitischen Konsequenzen einer Vereinigung.
Am 12.9.1990 wurde der „Vertrag über die abschließende Regelung in Bezug auf Deutschland“ **(Zwei-plus-Vier-Vertrag)** in Moskau unterzeichnet. Am 1.10.1990 verzichteten die vier Mächte in einer gemeinsamen Erklärung in New York auf ihre Rechte und Verantwortlichkeiten in Bezug auf Deutschland, wodurch dieses seine volle Souveränität erhielt. Die Bundesrepublik Deutschland garantierte vertraglich

die Unverletzlichkeit der bestehenden Grenzen, garantierte den Verzicht auf ABC-Waffen und stimmte einer Reduzierung der Streitkräfte zu. Die Sowjetunion sagte zu, ihre Truppen bis 1994 aus Ostdeutschland abzuziehen.

4. **Wiedervereinigung durch Beitritt der wiederhergestellten Länder der DDR zum Geltungsbereich des Grundgesetzes, 3. Oktober 1990:**
   Mit dem Beitritt der DDR zum Geltungsbereich des Grundgesetzes am 3. Oktober wird dieser Tag zum gesetzlichen Feiertag erklärt („Tag der deutschen Einheit"). Das Grundgesetz trat in den Bundesländern Brandenburg, Mecklenburg-Vorpommern, Sachsen, Sachsen-Anhalt und Thüringen sowie in Ost-Berlin in Kraft.
5. **Erste gesamtdeutsche Bundestagswahlen, 2. Dezember 1990:**
   Die erste freie gesamtdeutsche Parlamentswahl seit 1932 fand am 2.12.1990 statt. Der Wahlkampf hatte die Deutsche Einheit thematisiert und die positive Haltung Kohls zu den Folgeproblemen wirkte sich für ihn günstig aus – mit 43,8% der Stimmen ging die CDU/CSU als Sieger aus der Wahl hervor. Die SPD erhielt 33,5% der Stimmen, die FDP 11%, die PDS erhielt in den Wahlgebieten des Ostens 11,1%, in denen des Westens nur 0,3%. Das Regierungsbündnis bestand aus CDU/CSU und FDP. Der Bundestag wählte am 17.1.1991 Helmut Kohl zum Bundeskanzler, der in seiner Regierungserklärung die geistige, kulturelle, wirtschaftliche und soziale Einheit Deutschlands zu seinem Hauptziel erklärte.

Debatte War die „Friedliche Revolution" von 1989 eine Revolution?

Eine „Revolution" meint die plötzliche Veränderung politischer und gesellschaftlicher Machtverhältnisse. Im Unterschied zum Putsch (oder Staatsstreich) zeichnet sich eine Revolution meist durch die aktive Mitwirkung der Volksmassen aus und erhält dadurch eine gewisse Legitimation, auch wenn sie gewaltsam verläuft. Revolutionen haben tiefere, langfristige Ursachen, die zu einer Unzufriedenheit führen, die häufig nur eines kleinen Anlasses bedarf, um auszubrechen. Der Begriff „Revolution" wird darüber hinaus auch gebraucht, um bedeutende Umwälzungen aller Art zu charakterisieren. Genügt die „Friedliche Revolution" diesen Kriterien?

- Es war eine hohe Beteiligung weiter Bevölkerungsschichten gegeben.
- Der Großteil der Bevölkerung wendete sich aktiv gegen Repressionen.
- Der Ruf nach Freiheit und Bürgerrechten war ebenso zu hören wie der Wunsch nach einer (freiheitlichen) Verfassung.
- Für die Bevölkerung in der DDR kam es zu einem Systemwechsel.
- Die Auswirkungen für die Bevölkerung waren beträchtlich.
- Die Revolution erhielt durch eine Wahl ihre Legitimation.
- Der von der Revolution 1989 ausgelöste Wandel hat noch heute Bestand.

Wahrscheinlich hatte die Bevölkerung in der DDR zu Anfang keine revolutionären Absichten, viele Forderungen kamen erst im Laufe der Proteste hinzu. Es gab auch keinen Revolutionsführer, sondern einzelne oppositionelle Gruppen. Auch gab es keine (Waffen-)Gewalt. Dennoch muss man 1989 von einer (friedlichen) Revolution sprechen, weil das **Ausmaß der Umwälzung** und der **starke Bürgerwille** die Verhältnisse grundlegend veränderten.

Der Untergang der Sowjetunion

Mit der grundlegenden Umgestaltung der gesellschaftlichen und wirtschaftlichen Struktur in der Sowjetunion zeigte Gorbatschow der Welt deutlich, dass es Probleme im System der UdSSR gab. Die öffentliche Diskussion schwächte die Regierung zusätzlich. Die angehende Demokratisierung und auch die weiteren Reformen brachten zunächst nicht die gewünschten und notwendigen Erfolge für die Bevölkerung:

- Die Versorgungslage war auch Ende der 1980er-Jahre nicht hinreichend verbessert und das erwartete industrielle Wachstum blieb aus, denn dem Staat selbst fehlten für diese Reformen die institutionellen Rahmenbedingungen.
- Die eingeleitete Außenpolitik der Entspannung und Abrüstung hatte nicht nur Befürworter, die immensen Kosten für das Wettrüsten mit den USA waren für die Sowjetunion nicht mehr tragbar.

Insgesamt gab es viele politische und wirtschaftliche Unsicherheiten, zu denen dann auch noch weitere **Katastrophen und Probleme** hinzukamen:

- Am 26. April 1986 kam es im ukrainischen Atomkraftwerk Tschernobyl zu einem **Reaktorunfall.** Große Mengen Radioaktivität traten aus und richteten verheerende Schäden an, nicht nur in der Sowjetunion, sondern auch in weiten Teilen Nord- und Westeuropas.
- Der **Aralsee trocknete aus.**
- In Westsibirien kam es durch **auslaufendes Erdöl** zu einer Boden- und Vegetationskontamination.
- Die **hohe Luftverschmutzung** in den Industriestädten stieg noch weiter an.
- Es gab einen Bruch der Randstaaten mit der Sowjetunion, weil diese sich vermehrt auf ihre eigene nationale Identität besannen. Die baltischen Republiken Estland, Lettland und Litauen, die durch den Hitler-Stalin-Pakt 1939 ihre nationale Unabhängigkeit verloren hatten, forderten diese 1990 wieder ein – die Sowjetunion konnte diese Loslösung nicht verhindern. Der Erfolg bestärkte auch andere Sowjetrepubliken, ihre Unabhängigkeit zu erklären.

Die Sowjetunion löste sich zum 31. Dezember 1991 auf und Gorbatschow trat zurück. Der **Zerfall der Sowjetunion** fand seinen Abschluss in der **Gründung der GUS (Gemeinschaft unabhängiger Staaten).** Die führende Rolle der GUS hatte die Russische Föderation, die als Nachfolgerin der UdSSR auch den Sitz im UN-Sicherheitsrat innehatte. Höchstes Organ war der Rat der Staatsoberhäupter, der zweimal im Jahr zusammentrat.

Debatte War das Jahr 1989 ein Epochenjahr?

„Ein Epochenjahr" wird ein Kalenderjahr genannt, in dem (mehrere) bedeutende Ereignisse stattgefunden haben, die zu einem Bruch im historischen Prozess führten. Das Jahr 1989 war durchaus ein Epochenjahr für Europa, weil Gorbatschow einen Wandel in der Sowjetunion in Gang setzte, weil es zahlreiche Revolutionen und Veränderungen in den Satellitenstaaten gab, weil in diesem Jahr die Mauer fiel (am 9. November 1989), weil sich die DDR durch friedlichen Bürgerprotest auflöste und weil es nach über 40 Jahren Teilung zur deutschen Wiedervereinigung kam.

IF 7: Friedensschlüsse und Ordnungen des Friedens in der Moderne

Inhaltsfeld 7 umfasst ein Längsschnitt-Thema und beinhaltet Friedensordnungen nach epochalen Kriegen. An ausgewählten Beispielen wird untersucht, wie unter historisch jeweils unterschiedlichen Bedingungen Lösungen für eine internationale Friedensordnung gefunden wurden. Wichtig ist nicht, wie stabil die jeweiligen Lösungen waren. Die Fragestellungen gelten vielmehr den Zielsetzungen der Beteiligten, den verhandelten Festlegungen und deren Auswirkungen. Es soll deutlich werden, dass das internationale Bemühen um Frieden eine dauerhafte und gegenwarts- sowie zukunftsorientierte Aufgabe ist.

Nur LK: Multilateraler Interessenausgleich nach dem Dreißigjährigen Krieg

Die Bedeutung des „Westfälischen Friedens“ von 1648, der den Dreißigjährigen Krieg beendete, ist in seinem modellhaften Charakter begründet. Unterschiedlichste Interessen europäischer Länder wurden nach Jahrzehnten des Krieges zu einem tragfähigen Ausgleich zusammengeführt. Der Dreißigjährige Krieg ist mehr als ein Konfessionskrieg zwischen katholischen und evangelischen Ländern. Die Konfessionsfrage ist vielmehr eng mit den politischen Interessen der europäischen Mächte verwoben. Im Zentrum steht die Machtstellung des Hauses Habsburg, das den Kaiser des Heiligen Römischen Reiches stellte und besonders mit den österreichischen Erblanden, Böhmen, Spanien samt seiner überseeischen Kolonien sowie den Niederlanden die führende Macht Europas darstellte. Diese Machtstellung wurde besonders seitens Frankreich, des protestantischen Schwedens, der nach Unabhängigkeit strebenden Niederlande sowie der protestantischen Fürsten und Adelsvertreter im Heiligen Römischen Reich angegriffen. Damit wurde der Dreißigjährige Krieg von einem zunächst lokalen Ereignis im weiteren Verlauf zu einem europäischen Flächenbrand.

Konfliktherde im Dreißigjährigen Krieg

1618–1629: Böhmisch-Pfälzischer Krieg und Niedersächsisch-Dänischer Krieg
Der protestantische Adel Böhmens lehnte sich gegen die Herrschaft des katholischen Habsburgers als König von Böhmen auf. Dies fand seinen Ausdruck im „Prager Fenstersturz“ von 1618. Aufrührerische Adelige stürzten dabei zwei kaiserliche Statthalter aus einem Fenster der Prager Burg. Der böhmische Adel wählte daraufhin den Protestanten Kurfürst Friedrich V. von der Pfalz zum neuen König Böhmens. Den folgenden Krieg verliert die protestantische Seite gegen die katholische Liga. Auf ihrer Seite steht auch Maximilian I. von Bayern. Die katholischen Habsburger erlangen ihre Machtstellung in Böhmen zurück, Maximilian weitet die Territorialmacht Bayerns um die Pfalz samt ihrer Kurwürde aus (die Kurfürsten wählten den deutschen König).
In der Folge kam es ab 1625 unter Führung Christians IV. von Dänemark zur Aufstellung eines großen protestantischen Heeres im norddeutschen Raum (Niedersächsi-

scher Reichskreis). Dieses wird in mehreren Schlachten von der katholischen Liga unter den berühmten Heerführern Tilly und Wallenstein vernichtend geschlagen. 1629 wird der Sieg der katholischen Liga und damit des habsburgischen Kaisers im Restitutionsedikt festgelegt.

1630–1635: Schwedischer Krieg

Daraufhin greift der schwedische König Gustav II. Adolf erneut auf protestantischer Seite ein, unterstützt von Frankreich. Bis 1635 kann keine Seite gewinnen, Gustav Adolf stirbt in der Schlacht 1632. Der 1635 geschlossene Frieden von Prag bringt keine dauerhafte Lösung.

1635–1648: Schwedisch-Französischer Krieg

In der Folge greift Frankreich direkt in das Kriegsgeschehen ein, weiterhin unterstützt vom protestantischen Schweden. Bis 1648 wird in erbitterten Kriegshandlungen letztlich um die Vorherrschaft in Europa gerungen, allerdings auf dem Boden des Heiligen Römischen Reiches, also in den deutschen Ländern.

Kriegsauswirkungen und -führung

Die verschiedenen Phasen des Dreißigjährigen Krieges zeigen, dass der Krieg in den drei Jahrzehnten nicht immer und überall gleich geführt wurde. Es gab regional wechselnde Schwerpunkte. Tatsächlich gibt es jedoch Landstriche, in denen ein Bevölkerungsverlust von nahezu zwei Dritteln der Menschen zu verzeichnen war. Es gab Regionen, besonders in Mittel- und Nordostdeutschland, in denen viele Städte verwüstet zurückblieben. Andere Regionen des Reiches blühten hingegen in dieser Zeit auf.
Die Kriege wurden nicht mit den heute bekannten Armeen eines Staates geführt, sondern mit verschiedensten Söldnerheeren. Diese wechselten bisweilen je nach Auftraggeber auch die Seite. Diese Heere beuteten eroberte Gebiete gnadenlos zu eigenem Vorteil aus, wobei es zu brutalsten Kriegsvergehen an der Bevölkerung kam. Es gab ein regelrechtes Kriegsunternehmertum. Wallenstein, ein katholischer Adliger, stieg auf diese Weise bis zu seinem Sturz und schließlich zu seiner Ermordung 1634 zu einem der mächtigsten Kriegsherren Europas auf.

Der Westfälische Frieden

Der Friedensvertrag, der den Dreißigjährigen Krieg 1648 beenden sollte, wurde über mehrere Jahre mit großem Aufwand in den Städten Münster und Osnabrück ausgehandelt. Es lassen sich drei zentrale Aspekte als Ergebnis festhalten: die Entschärfung **konfessioneller Gegensätze,** die Klärung der **politischen Machtverhältnisse** im Heiligen Römischen Reich sowie die **territoriale Neuordnung** in Teilen Europas. Die Grundsätze dieses Friedensschlusses sollten immerhin bis zu dessen Auflösung im Jahre 1806 Bestand haben. Insofern zeigt sich die Bedeutung des Westfälischen Friedens als auf Dauer wirkendes Vertragswerk.
Im Einzelnen wurde auf **konfessioneller Ebene** beschlossen:

- Anerkennung des Calvinismus (Reformierte Kirche) als dritte Konfession neben der katholischen und der evangelisch-lutherischen;

- Untertanen wie Fürsten wurde die Konfessionswahl zugesprochen, d. h. die Konfession wurde nicht mehr wie zuvor allein vom Landesherrn bestimmt (Ablösung des Grundsatzes „cuius regio eius religio“);
- zur Orientierung wurden die Zustände eines festgelegten „Normaljahres“, 1624, als Ausgangspunkt bestimmt: Es sollten die konfessionellen Verhältnisse dieses Stichjahres gelten;
- die Akzeptanz konfessioneller Spaltung wird auch in der Reichsverfassung sichtbar: die Institutionen und Gremien des Reiches sollten paritätisch besetzt werden.

In **politischer Hinsicht** gab es folgende zentrale Beschlüsse:
- Die Reichsstände (die Fürsten, Landesherren und Reichsstädte) erhielten Mitbestimmung bei allen zentralen Entscheidungen des Reichs: Es wurde ein Ausgleich zwischen dem Habsburger-Kaiser und den einzelnen Landesherren erreicht.
- Die Reichsstände erhielten volle Landeshoheit, d. h. das Recht, über ihre weltlichen und geistlichen Dinge selbst zu entscheiden sowie besonders das Recht, selbst Bündnisse zu schließen (solange sie sich nicht gegen Kaiser und Reich richteten): Dies bedeutete einen wichtigen Schritt auf dem Weg zum souveränen modernen Staat für die einzelnen deutschen Territorien.
- Die Staatenvielfalt blieb bis 1806 im Reich erhalten. Besonders Brandenburg-Preußen und Österreich sollten diese neuen Rechte nutzen, um sich zu europäischen Großmächten zu entwickeln.

In Bezug auf die **territoriale Neuordnung in Europa** sind hervorzuheben:
- Die Niederlande und die Eidgenossenschaft (Schweiz) wurden endgültig unabhängig: Beide schieden aus dem Heiligen Römischen Reich aus.
- Schweden konnte sich als Großmacht des Nordens behaupten und mit verschiedenen Territorien (besonders Pommern) seinen Einfluss im Ostseeraum sichern.
- Es wurden zum Ausgleich häufig ehemals kirchliche Territorien (Bistümer) an weltliche Mächte vergeben, womit die Praxis der Verweltlichung territorialer Herrschaft (Säkularisierung) als Beispiel für die Zukunft gegeben wurde (Napoléon). Einwände des Papstes wurden ignoriert, sein Machtverlust war unübersehbar.
- Frankreich gewann mehrere Gebiete bis zum Rhein und sicherte sich einen gewissen Einfluss auf die Reichspolitik. Die tatsächlich angestrebte Schwächung des Habsburger-Kaisers als europäische Macht durch Stärkung der deutschen Landesherren gelang Frankreich jedoch nicht.

Der Westfälische Frieden von 1648 hatte für das heilige Römische Reich insgesamt eine friedensstiftende und rechtssichernde Wirkung über eine längere Zeit. Die europäischen Mächte führten zunächst an anderer Stelle Kriege um ihre Vorherrschaft.

Europäische Friedensordnung nach den Napoléonischen Kriegen

Unter der Führung Napoléons hatte Frankreich es bis 1807 (Friede von Tilsit) geschafft, weite Teile Europas unter seine direkte oder indirekte Herrschaft zu bringen.

1807 war Napoléon auf dem **Höhepunkt seiner Macht**:
- Fast ganz Europa war erobert,
- neue Staaten waren entstanden, neue Grenzen gezogen,
- Preußen und Österreich existierten sehr viel kleiner als vorher,
- der 1795 aufgelöste polnische Staat wurde als Großherzogtum Warschau von Napoléon wiedergegründet,
- neue Staaten wurden gebildet und von Familienmitgliedern Napoléons regiert (z. B. Westfalen),
- mächtige Rivalen waren nur noch England und Russland.

In der Seeschlacht von Trafalgar 1805 zeigte sich die britische Flotte der französischen klar überlegen, weshalb Napoléon versuchte, England durch eine Blockade der Seewege wirtschaftlich zu isolieren. Alle von Napoléon beherrschten europäischen Länder mussten an dieser **Kontinentalsperre** teilnehmen, selbst Russland war dabei. Es sollten weder Waren zu den britischen Inseln gelangen noch aus diesen exportiert werden. Doch nicht nur England war von dem Boykott betroffen, sondern auch das auf die englischen Rohstoffe angewiesene Festland.

INFO Die Schlacht von Trafalgar

Am 21. Oktober 1805 schlug die britische Flotte unter **Admiral Nelson** die Verbündeten Frankreich und Spanien am Kap Trafalgar vernichtend. Noch heute erinnert der Trafalgar Square in London an diese Schlacht.
Die Schlacht war von strategischer Bedeutung für die englische Flotte: Infolge des Sieges über die Franzosen und Spanier stieg die englische Marine zur uneingeschränkten Seemacht auf. Außerdem vereitelte der Sieg Admiral Nelsons die Pläne Napoléons, in Großbritannien einzumarschieren.

Napoléon erlitt nach und nach kleinere **Rückschläge**: 1807 ließ er seine Truppen auf der iberischen Halbinsel einmarschieren und besiegte die spanische Armee. In Spanien hatte Napoléon seinen Bruder Joseph als Herrscher eingesetzt, der allerdings kein starker Machthaber war. Die Spanier versuchten, die Besatzer mithilfe der „Guerillataktik“, also durch ständige kleine unvorbereitete Attacken, zu besiegen. Die Franzosen erlitten hohe Verluste, auf die sie mit brutalen Vergeltungsmaßnahmen reagierten, welche allerdings den spanischen Widerstand noch anheizten. Nachdem sich Russland aus der Kontinentalsperre zurückgezogen hatte, erklärte Napoléon dem Zaren den Krieg und versuchte, mit einem 600 000 Mann starken Heer einen schnellen Sieg zu erringen. Zwar zog sich die unterlegene russische Armee zurück, aber sie gab nicht auf: Stetige kleine Überfälle schwächten den französischen Gegner und zermürbten ihn. Das französische Heer erreichte Moskau zwar, fand es jedoch verlassen und in Brand gesteckt vor („Politik der verbrannten Erde“).
Der frühe Wintereinbruch zwang Napoléon zum Rückzug, was für das Heer jedoch eine Katastrophe bedeutete, denn man verfügte nicht über genug Lebensmittel und hatte keinen Schutz gegen die Kälte. Die „Große Armee“ kehrte mit nur etwa 5 000 Soldaten aus Russland zurück.

Der gescheiterte Russlandfeldzug sorgte dafür, dass sich die europäischen Staaten zusammenschlossen und Napoléons Truppen in der sog. **Völkerschlacht** bei Leipzig 1813 besiegten. Napoléon wurde nach Elba verbannt, übernahm aber nach hundert Tagen erneut die Macht. 1815 wurde er in der **Schlacht von Waterloo** im heutigen Belgien von britischen und preußischen Heeren endgültig besiegt. Napoléon starb 1821 auf der Atlantikinsel Sankt Helena.

INFO Unterdrückung durch Napoléon

Die Nachteile der Herrschaft Napoléons spürten alle: Die Bevölkerung musste hohe finanzielle Abgaben leisten, das Zollsystem schützte nur die französische Wirtschaft, verteuerte aber die eigene Lebenshaltung. Die Einquartierungen der Soldaten waren belastend und Napoléon rekrutierte Hundertausende junger Männer, die für Frankreich kämpfen mussten und starben.

Der Wiener Kongress

Nach dem Sieg über Napoléon folgten die europäischen Mächte einer Einladung des österreichischen Kanzlers Clemens Fürst von Metternich nach Wien. Auf dem **Wiener Kongress (1814/15)** wurden die Grundzüge der künftigen Politik festgelegt – hier gab es die Möglichkeit eines dauerhaften friedlichen Miteinanders in Europa.
Die **Kernfrage** lautete: Auf welcher **Legitimationsgrundlage** soll die neue europäische Ordnung aufgebaut werden? Auf dem traditionellen Gottesgnadentum der angestammten Fürstenhäuser oder auf dem Willen und der Zustimmung der Völker, dem Konsens der einen und unteilbaren Nation?
Der Verhandlungsführer Metternich nannte das wichtigste Ziel des Kongresses: „ein versöhnender, ruhiger, bequemer Friedenszustand". So entschied man sich, noch unter dem Eindruck der Geschehnisse während der Französischen Revolution und der Vorherrschaft Napoléons, für eine **Restauration** (Wiederherstellung) der politischen Zustände, die vor **Ausbruch der Französischen Revolution** geherrscht hatten. Frankreich erhielt wieder einen König, Ludwig XVIII., und die Großmächte wurden im Wesentlichen in den Grenzen von 1792 bestätigt. Es herrschte erneut eine Fürstenherrschaft. Die Restauration war getragen von der Idee der **Legitimität der Fürstenherrschaft**. Die Vorstellung einer Herrschaft der Massen erzeugte Angst, man befürchtete Chaos. Folgerichtig sollte nur der Fürst unabhängig und der „einzige ganz Freie" sein. Jeder Gedanke an Volkssouveränität war damit verworfen. Die Frage, ob Verfassungen gegeben werden sollten, blieb den einzelnen Herrschern überlassen, hier gab es keine einheitliche Regelung.
Weitere Grundsätze waren das **Gleichgewicht der Kräfte** und die **militärische Solidarität**. Die Neufestsetzung der europäischen Grenzen legte die Akzeptanz der Konferenzteilnehmer für ein Gleichgewicht der fünf europäischen Mächte (England, Frankreich, Preußen, Österreich-Ungarn und Russland) zugrunde. Kein Staat dürfe zu mächtig werden, damit Kriege untereinander verhindert würden. Unruhen innerhalb eines Landes sollten gemeinsam bekämpft werden, die Fürsten sollten sich bei jeder

Gelegenheit gegenseitig Hilfe und Beistand leisten. Erklärter Zweck der Solidarität war also die Abwehr künftiger revolutionärer Strömungen, wofür eigens ein Verbund gegründet wurde, die **Heilige Allianz**, bestehend aus Österreich, Preußen und Russland (Frankreich trat 1818 bei).
Das Prinzip des Gleichgewichts der Mächte stand einem einheitlichen deutschen Nationalstaat entgegen. Der Kongress einigte sich auf die Gestaltung eines lockeren Staatenbundes – den **Deutschen Bund**.

Internationale Friedensordnung nach dem Ersten Weltkrieg

Der Erste Weltkrieg wurde durch den **Friedensvertrag von Brest-Litowsk** zwischen den Mittelmächten (unter Führung des Deutschen Reiches und Österreich-Ungarns) und Russland sowie die **Pariser Vorortverträge** der Mittelmächte mit den alliierten Entente-Staaten (v. a. Frankreich, Großbritannien, Italien und USA) beendet. Dabei spielte der **Versailler Friedensvertrag** vom **28.6.1919** die für Deutschland zentrale Rolle. Er bewirkte die Entstehung von neuen Staaten (14-Punkte-Plan), aber zugleich zahlreicher nationaler Minderheiten infolge der Grenzziehungen.

Info Wilsons 14-Punkte-Plan

US-Präsident Thomas Woodrow Wilson hatte einen 14-Punkte-Plan entwickelt, um eine Grundlage für Friedensverhandlungen zu schaffen. Auf diese einzugehen, war die Reichsregierung jedoch erst nach dem Scheitern der Frühjahrsoffensive 1918 bereit, als sich abzeichnete, dass Deutschland den Krieg nicht gewinnen würde. Der Friedensplan sah u. a. Folgendes vor: Abrüstung, Selbstbestimmungsrecht der Völker, Frieden ohne Sieger und Besiegte, Demokratisierung, Gründung eines Staatenbunds, um den Weltfrieden zu sichern (Völkerbund). Wilsons Plan spielte bei der Pariser Friedenskonferenz (Januar 1919) eine wichtige Rolle. Die Satzung des Völkerbunds, der in Zukunft den Frieden sichern sollte, wurde schließlich Teil des Versailler Vertrags. Der Völkerbund war indirekt die Vorläuferorganisation der UNO.

Ausgangspunkt der Verhandlungen war die Zuweisung der **alleinigen Kriegsschuld an das Deutsche Reich und seine Verbündeten** (Artikel 231). Auf dieser Grundlage fußten die Gestaltung sowohl der Verhandlungen wie auch der Bestimmungen.
Der Vertrag wurde im Schloss von Versailles verhandelt. Die Konferenz begann am 18.1.1919. Es waren 27 Siegerstaaten beteiligt (unter Führung der Großmächte Frankreich, Großbritannien, Italien und USA). Die Verhandlungen waren entgegen der Forderung der USA nicht öffentlich, Deutschland war von ihnen ausgeschlossen. Der deutschen Delegation wurden die Friedensbedingungen am 7. Mai 1919 überreicht. Es blieb nur Unterzeichnung oder Ablehnung, jedoch keine Nachverhandlung. Daraufhin trat die deutsche Regierung unter Scheidemann zurück (20.6.1919). Die neue Regierung unter Gustav Bauer und Außenminister Hermann Müller unterzeichnete den Vertrag am 28.6.1919. Die Bestimmungen traten am 10.1.1920 in Kraft.
Die prägenden Politiker waren die Regierungschefs der großen Siegermächte: Wilson

(USA), Clemenceau (Frankreich), Lloyd George (Großbritannien), Orlando (Italien). Wilson drängte die anderen zur Mäßigung ihrer Forderungen und strebte eine Friedensregelung auf der Grundlage seines 14-Punkte-Plans an. Doch die nach materiellem Ausgleich und Durchsetzung ihrer Sicherheitsinteressen strebenden Sieger Frankreich und Großbritannien konnten die Verhandlungen auch unter dem Druck der eigenen Bevölkerung in ihrem Sinne erfolgreich beenden.

Der Versailler Vertrag

Territoriale Bestimmungen:

- Abtretung von Elsass-Lothringen an Frankreich,
- Abtretung von Eupen-Malmedy an Belgien,
- Abtretung von Nordschleswig an Dänemark,
- Einrichtung eines polnischen Korridors zwischen Posen und Westpreußen,
- Danzig wird freie Stadt unter Kontrolle des Völkerbunds,
- Verlust des Memellands,
- Hultschiner Ländchen an die Tschechoslowakei,
- Teilung Oberschlesiens zwischen Deutschland und Polen; Industriegebiet Kattowitz an Polen,
- das Saargebiet unter Verwaltung des Völkerbunds,
- Abtretung aller Kolonien.

Die territorialen Bestimmungen gründeten sich teilweise auf Volksabstimmungen (Eupen-Malmedy, Nordschleswig, West- und Ostpreußen, Oberschlesien und das Saargebiet), die als Zugeständnis der Alliierten gewährt wurden.

Militärische Bestimmungen:

- Reduzierung des Heers auf 100 000 Mann und Entfall der Wehrpflicht,
- Begrenzung der Marine auf 15 000 Mann,
- Verbot von schweren Waffensystemen (Luftwaffe, U-Boote, Panzer, schwere Artillerie),
- Besetzung der linksrheinischen Gebiete und von Brückenköpfen in Köln, Koblenz, Mainz durch französische, britische und belgische Truppen,
- Einrichtung einer entmilitarisierten Zone 50 Kilometer rechts des Rheins und Schleifung von Festungen.

Wirtschaftliche Bestimmungen:

- Ausweitung des Reparationsbegriffs auch auf Versorgungsleistungen (dies ließ die Gesamtsumme so hoch ausfallen),
- Sachschäden wurden v. a. von Frankreich und Belgien aufgrund von Kriegszerstörungen geltend gemacht,
- Zahlungen in Bargeld sowie in Sachlieferungen (z. B. Lokomotiven, Eisenbahnen, Kohle, Industrieanlagen, Vieh),
- Handelsbeschränkungen einerseits und -vorteile für die Siegermächte andererseits, Auslieferung der Handelsflotte.

Reparationsleistungen

Die Zahlungen von **Reparationen** wurden in mehreren Verhandlungen und Verträgen festgelegt und mehrfach verändert. Schließlich wurden tatsächlich etwa 25 Milliarden Goldmark gezahlt:

1921 **Londoner Konferenz**: Festlegung auf 132 Milliarden Goldmark,
1923 **Ruhrbesetzung** durch Frankreich aufgrund von ausbleibenden Zahlungen,
1924 **Dawes-Plan:** Entgegenkommen, die Zahlungen wurden an die Leistungsfähigkeit Deutschlands geknüpft (5 Jahre je 1 Milliarde, dann 2,5 Milliarden), keine Gesamtsumme mehr,
1929 **Young-Plan:** Zahlung auf 2 Milliarden jährlich gesenkt, insgesamt 112 Milliarden Reichsmark, Laufzeit bis 1988,
1932 **Konferenz von Lausanne:** Aufhebung der Reparationen gegen eine Restsumme von 3 Milliarden Reichsmark (nie gezahlt).

Reaktionen auf den Versailler Vertrag

Die Deutschen waren in ihrer überwiegenden Mehrheit schockiert vom Verhandlungsergebnis. Die Art und Weise des Zustandekommens und Zuweisung der Kriegsschuld sowie die belastenden territorialen, militärischen und wirtschaftlichen Bestimmungen wurden als **„Diktatfrieden"** oder **„Schandfrieden"** bezeichnet. Politik und Medien reagierten mit großer Ablehnung. Diese reichte bis in die Regierung hinein. Dennoch blieb angesichts des Ultimatums der Alliierten und der Drohung, militärisch einzugreifen und den Krieg fortzusetzen, realistisch betrachtet keine andere Wahl, als den Vertrag zu unterzeichnen. Die Tatsache, dass es einen Regierungswechsel gab (von Scheidemann zu Bauer, beide SPD) und die DDP aus der Regierung ausschied, zeigt die schweren politischen Konflikte, die der Vertrag zur Folge hatte.
Die Unterzeichnung durch die Regierung unter Führung der Sozialdemokraten wurde vom konservativen und rechten politischen Spektrum propagandistisch ausgenutzt. Im gesamten Verlauf der Weimarer Republik wurden Politiker und Parteien, die der Vertragsunterzeichnung zugestimmt hatten, als „Erfüllungspolitiker" diffamiert. Die Propaganda gründete sich auf stark nationalistische Argumente. Wer dem Vertrag zustimmte, handelte in dieser Sichtweise gegen die eigene Nation und das eigene Volk. Radikale Gruppen nutzten diese Stimmungsmache zur Herabwürdigung republikanischer Politiker und zu Gewalttaten mit Angriffen und politischen Morden.
Bereits während des Kriegs wurde von nationalistischer Seite und von der Militärführung der Vorwurf erhoben, die militärische Front würde unter mangelnder materieller und ideeller Unterstützung durch die Heimat leiden. Am Ende bzw. kurz nach dem Krieg entstand die sog. **Dolchstoßlegende.** Sie wurde von Hindenburg und Ludendorff in die Welt gesetzt, um die Schuld an der militärischen Niederlage den Sozialdemokraten und den übrigen revolutionären Kräften zuzuweisen. Demnach hätten die Zivilbevölkerung und demokratische Politiker mit der Revolution dafür gesorgt, dass den eigenen Soldaten die Unterstützung verweigert und das Militär am Sieg gehindert worden sei. Dies verdrehte die Tatsachen vollständig und selbst führende Militärs widersprachen einander mit ihren Einschätzungen der militärischen Lage während des Kriegs massiv. Die Wirkung der „Dolchstoßlegende" war verheerend.

Debatte Bewertung des Versailler Vertrags

Die neuere Geschichtswissenschaft ist sich darin einig, dass der Versailler Vertrag eine äußerst **schwere Belastung für die Weimarer Republik** darstellte und die wirtschaftliche Entwicklung enorm einschränkte. Dennoch wird die einseitige Verurteilung durch die Zeitgenossen auch kritisch gesehen. So wird darauf verwiesen, dass die deutschen Kriegsziele zur Etablierung als Hegemonialmacht in Mitteleuropa, die territorialen und materiellen Forderungen kaum zurückhaltender oder weniger aggressiv waren als die der anderen Großmächte. Das Deutsche Reich selbst hatte Russland einen „Diktatfrieden“ (Friede von Brest-Litowsk, 1918) aufgezwungen und keinerlei Rücksichten genommen. Außerdem war die Erwartungshaltung an das Ergebnis der Verhandlungen besonders in der französischen und belgischen Bevölkerung sehr hoch und setzte die eigenen Regierungen unter Druck. Die Wahrung der Sicherheitsinteressen Frankreichs blieb angesichts der vergangenen deutschen Aggressionen prägend für die Verhandlungen. Gleichzeitig wurde das Deutsche Reich in seinem Bestand nicht infrage gestellt (im Unterschied zum Ende des Zweiten Weltkriegs) und im Verlauf der 1920er-Jahre in mehreren Schritten die Abmilderung der Reparationszahlungen vollzogen.

Historiker plädieren für eine differenziertere Beurteilung des Versailler Vertrags. Seine Darstellung habe lange Zeit v. a. unter dem nationalen Blickwinkel gelitten und sei vom Aufstieg der Nationalsozialisten, die den Vertrag propagandistisch am stärksten ausnutzen konnten, geprägt gewesen.

„Auch sonst hat Deutschland aller ehrlichen Schwarzmalerei zum Trotz die Folgen des verlorenen Krieges einschließlich der Amputation von 13 Prozent seines Gebietsstandes [...] nach den ersten Wirren wirtschaftlich überraschend gut überstanden. Psychologisch freilich war dies weniger der Fall.“ (Helmut Heiber)

„Deutschland fühlte sich [...] auf den Platz einer Nation zweiten Ranges zurückgeworfen [...], seine Souveränität war drastisch eingeschränkt, sein Territorium geschrumpft, seine Wirtschaftskraft geschwächt, sein militärisches Potential nur noch ein schwacher Abglanz dessen, was der Hohenzollernstaat einst besessen hatte. Aber das Reich bestand fort [...].“ (Heinrich August Winkler)

„Es ist daher angebracht, wenn die historische Forschung [...] stattdessen v. a. die verhängnisvolle Schieflage der politischen Mentalitäten der europäischen Völker in der Zwischenkriegszeit zur Darstellung bringt. Wie immer man über die großen sachlichen Probleme urteilen mag, welche der Versuch einer grundlegenden Neuordnung der politischen Verhältnisse in Europa nach dem Ersten Weltkrieg mit sich brachte, so steht doch eines fest, dass es in erster Linie die geistigen Einstellungen waren, welche es verhinderten, dass sich die betroffenen Völker und insbesondere ihre Führungseliten dazu imstande zeigten, sich den durch den Krieg geschaffenen Realitäten uneingeschränkt zu stellen und in nüchterner Einschätzung der Verhältnisse erträgliche Lösungen zu finden.“ (Wolfgang J. Mommsen)

Frieden nach dem Zweiten Weltkrieg

Die Potsdamer Konferenz und die Folgen

Auf der Potsdamer Konferenz einigten sich die Siegermächte im Sommer 1945 auf vier Ziele, die im besiegten Deutschland verfolgt werden sollten:

1. Die ideologischen und machtpolitischen Strukturen der NS-Zeit sollten dauerhaft beseitigt und ein **demokratischer Neubeginn** ermöglicht werden.
2. Deutschland wurde in **vier Besatzungszonen** aufgeteilt, die jeweils eigenständig von der jeweiligen Besatzungsmacht verwaltet werden sollten.
3. Auch die ehemalige Hauptstadt **Berlin** wurde in vier Sektoren aufgeteilt.
4. Die gemeinsame und einheitliche Verwaltung Deutschlands sollte der **Alliierte Kontrollrat** (die vier Militärgouverneure der Besatzungszonen) übernehmen. Eine deutsche Regierung war fürs Erste nicht vorgesehen.

Die Konferenz endete nicht mit einem völkerrechtlich verbindlichen Abkommen, sondern nur mit einem **Kommuniqué** (2.8.1945). Vereinbart waren vier Strategien:

- **Denazifizierung:** Alle nationalsozialistischen Organisationen sollten sofort aufgehoben und die Gesellschaft von den Einflüssen des Nationalsozialismus „befreit" werden. Gegen alle Kriegsverbrecher sollte Anklage vor einem internationalen Militärgerichtshof erhoben werden. Der Alliierte Kontrollrat verabschiedete in Berlin ab Januar 1946 eine Vielzahl an Entnazifizierungsdirektiven, mittels derer man bestimmte Personengruppen definierte und anschließend einer gerichtlichen Untersuchung zuführte.
- **Demilitarisierung:** Alle militärischen Verbände und die gesamte Rüstungsindustrie sollten aufgelöst werden, um das Waffenarsenal zu beseitigen, damit ein weiterer militärischer Angriff unmöglich wurde.
- **Dezentralisierung:** *Politisch:* Schaffung mittlerer und unterer Verwaltungsebenen (Länder bzw. Regionen, Städte, Kommunen). Deutschland sollte föderal organisiert, ein starker Zentralstaat verhindert werden. *Wirtschaftlich:* Großunternehmen (z. B. IG Farben) sollten zerschlagen werden, um die deutsche Wirtschaft zu schwächen. Beide Strategien sollten einen erneuten Machtmissbrauch verhindern.
- **Demokratisierung:** Es sollte schrittweise eine politische Selbstorganisation auf demokratischer Grundlage ermöglicht werden. Mittels des Bildungswesens sollte eine demokratische Grundhaltung herangebildet werden.

Hinzugefügt werden kann ein fünftes „D":

- **Demontage:** Die Sowjetunion verlangte eine Wiedergutmachung für besondere Kriegsverluste und erlittene Schäden. Industrieanlagen wurden abgebaut und fortgeschafft. Weil die industrielle Basis Deutschlands infolgedessen geschwächt wurde, beendete die Truman-Doktrin diese Praxis im Westen schon bald.

Territorial wurde verfügt, dass Königsberg und das nördliche Ostpreußen an die UdSSR gingen und es wurde eine vorläufige polnische Westgrenze festgelegt. Die deutschen Gebiete östlich der **Oder-Neiße-Linie** wurden unter polnische Verwaltung gestellt. Die deutsche Bevölkerung aus Polen, der Tschechoslowakei und Ungarn sollte „ordnungsgemäß überführt" werden, also nach Westen übersiedeln.

Entnazifizierung und Nürnberger Prozesse

In den ersten Nachkriegsjahren hatte die Entnazifizierung für die Siegermächte oberste Priorität – auch wenn das Ergebnis kritisch zu hinterfragen ist. Ziel war u. a., politisch Belastete von staatlichen Leitungspositionen fernzuhalten. Gelingen sollte dieses Vorhaben durch einen umfangreichen **Fragebogen** über Tätigkeiten während des NS-Regimes, den fast alle Deutschen ausfüllen mussten. Für die Auswertung wurden sog. „Spruchkammern" eingeführt, Laiengerichte unter Aufsicht der Alliierten. Diese Spruchkammern teilten die Bevölkerung in fünf Kategorien ein: Hauptschuldige, Belastete, Minderbelastete, Mitläufer, Entlastete.
Weil die Menschen jedoch die Möglichkeit hatten, durch Aussagen von Opfern oder ehemaligen Gegnern, aber auch von Kirchen, Mitbürgern usw. entlastet zu werden und damit einen positiven bzw. guten Leumund zu erhalten (**„Persilschein"** = Reinwaschen von einer nationalsozialistischen Gesinnung), wurden aus zahllosen Belasteten Mitläufer, aus Mitläufern Entlastete oder sogar plötzlich Widerständler.

Kriegsverbrecher sollten für ihre Taten zur Verantwortung gezogen werden. Im November 1945 begann in Nürnberg vor dem **Internationalen Militärgerichtshof** der vier Siegermächte der Prozess gegen die führenden Nationalsozialisten, sofern sie sich nicht durch einen Selbstmord der Verantwortung entzogen hatten – wie Hitler, Goebbels, Himmler – oder geflohen waren wie Bormann oder Eichmann. Jede Siegermacht stellte einen der vier vorsitzenden Richter. Angeklagt waren 177 Personen, von denen 25 zum Tode verurteilt und 12 hingerichtet wurden. Es gab auch drei Freisprüche.

„Neu" war, dass man keinen geheimen Militärprozess, sondern einen öffentlichen und geregelten Prozess gegen Kriegsverbrecher führte. Das hatte mehrere Gründe:
- die Täter sollten ihre gerechte Strafe erhalten,
- die Weltbevölkerung sollte über die NS-Verbrechen aufgeklärt werden,
- die Menschenrechte sollten künftig rechtlich sichergestellt werden können.

Die Statuten des Internationalen Militärgerichtshofs definierten die Anklage so:
- **Verbrechen gegen den Frieden:** Planen, Vorbereiten, Einleiten oder Durchführen eines Angriffskriegs.
- **Kriegsverbrechen:** Verletzung der Kriegsgesetze, z. B. durch Mord, Misshandlungen, Deportation (z. B. zur Sklavenarbeit), Ermordung oder Misshandlung von Kriegsgefangenen, Tötung von Geiseln.
- **Verbrechen gegen die Menschlichkeit:** Mord, Ausrottung, Versklavung, Verfolgung aus politischen, rassistischen oder religiösen Gründen.

Im **Nürnberger Prozess** wurden zum ersten Mal in der Geschichte Kriegsverbrechen und Verbrechen gegen die Menschlichkeit vor einem internationalen Gericht verhandelt. Anfangs gingen die Alliierten sehr streng vor, mit der Zeit stellte sich aber heraus, dass die Verfahren sehr aufwändig waren. Insgesamt dauerte der Prozess vom 20.11.1945 bis zum 1.10.1946. Es gab **12 Nürnberger Nachfolgeprozesse** vor US-Militärgerichten (bis 1949). Weitere Gerichtsverfahren gegen NS-Täter liefen in allen vier Besatzungszonen parallel dazu, mit der Folge, dass mehrere Hundert-

tausend NS-Funktionäre interniert und ehemalige NSDAP-Mitglieder aus Schulen, Unternehmen und der staatlichen Verwaltung entlassen wurden.
Es gab allerdings viele Schlupflöcher für alte NS-Funktionäre, u. a. diese:
- Parteigenossen erhoben Einspruch gegen ihre Entlassung, der dann von deutschen Ausschüssen wohlwollend geprüft wurde.
- Spitzenbeamte wurden massenhaft herabgestuft, denn auf niederen Posten durften sie weiterarbeiten und bewahrten sich so ihre Pensionsansprüche.
- Die Behörden hielten zahlreiche Planstellen frei, damit Herabgestufte oder Entlassene sie später wieder einnehmen konnten.

Die „Stunde Null"

Zusammenfassend kann man sagen, dass die Entnazifizierung der Deutschen nur zum Teil gelang. Das Vorgehen der Alliierten stieß in der westdeutschen Bevölkerung zunehmend auf Ablehnung. Nach langen Debatten verabschiedete der Bundestag im Dezember 1950 Richtlinien zum Abschluss der Entnazifizierung. In der sowjetischen Besatzungszone wurden deutlich mehr Personen angeklagt, etwa 520 000 Personen verloren ihren Arbeitsplatz. Die freien Stellen wurden mit Kommunisten, ab 1946 mit Mitgliedern der SED besetzt. Aber wie im Westen konnten auch hier frühere NSDAP-Funktionäre Karriere machen. Im letzten ZK der SED (1986–1989) saßen immer noch 14 frühere NSDAP-Mitglieder!

Debatte Die „Stunde Null"

Die Vorstellung einer „Stunde Null" nach 1945 spiegelt die Gewissheit einer totalen Niederlage, aber auch die Hoffnung auf einen unbelasteten Neuanfang wider. Sie ist jedoch in der Forschung mittlerweile umstritten:
- Erstens führe die Bezeichnung zu einer **nationalgeschichtlichen Verengung,** die das Ausmaß der Zerstörung in anderen Ländern außer Acht lasse,
- zweitens ignoriere sie die **personellen Kontinuitäten** und
- drittens sei ein unbelasteter Neuanfang angesichts der **nationalsozialistischen Verbrechen** ohnehin nicht möglich gewesen.

Für Millionen Menschen war 1945 mit dem Sieg der Alliierten die NS-Herrschaft beendet, aber der Schrecken dauerte an. Deutschland glich, wie viele andere Länder auch, einem Trümmerfeld. Viele Städte waren zerstört, die Infrastruktur war zusammengebrochen, medizinische Versorgung nur begrenzt vorhanden, Wasser und Strom gab es nicht, die Betriebe waren geschlossen. KZ-Häftlinge, verschleppte Zwangsarbeiter, Kriegsgefangene, Ausgebombte, Flüchtlinge und Vertriebene – Millionen Menschen hatten keine Heimat und oftmals auch keine Familie mehr. Über 10% der Deutschen hatten den Krieg nicht überlebt, elf Millionen Deutsche befanden sich in Kriegsgefangenschaft. Bis zu 75% der Wohnungen in Städten waren zerstört. 1946 gab es für 14 Millionen Haushalte nur acht Millionen Wohnungen. Die Versorgungslage war katastrophal, bedingt durch den wirtschaftlichen Zusammenbruch, schlechte Ernten und extrem kalte Winter.

Die Teilung Deutschlands

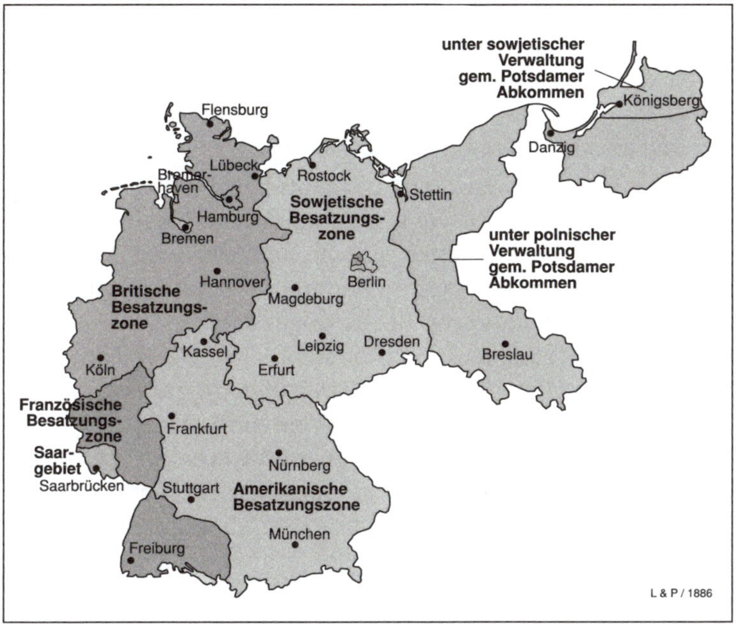

Die Besatzungszonen gemäß Potsdamer Abkommen

Die Siegermächte verfolgten schon früh unterschiedliche deutschlandpolitische Ziele. Mit Beginn des Kalten Krieges wuchs das Misstrauen, das die vier Besatzungsmächte gegeneinander hegten. Eine gemeinsame Verwaltung Deutschlands wurde deshalb immer schwieriger und unwahrscheinlicher. Die Alliierten begannen, in ihrer jeweiligen Zone zunehmend ihre eigenen Interessen zu verfolgen:

Deutschlandpolitische Ziele der Siegermächte	
USA/Frankreich/Großbritannien **Westliche Besatzungszonen**	**UdSSR** Symbol: Sichel + Hammer **Sowjetische Besatzungszone (SBZ)**
– Eindämmung des sowjetischen Expansionsstrebens in Osteuropa, – Integration der westlichen Besatzungszonen ins westliche Lager, – Beseitigung von Elend und Armut, – Verhinderung totalitärer Systeme, – demokratische Umgestaltung der Gesellschaft: Durchsetzung freier Wahlen, Gewährung individueller Freiheitsrechte (Rede-, Presse-, Religionsfreiheit), Schutz des Individuums vor politischer Unterdrückung, – Schaffung finanzieller und wirtschaftlicher Stabilität.	– Kontrolle über Deutschland = Schutz der Interessen der Sowjetunion und der europäischen „Volksdemokratien" vor den imperialistischen Bestrebungen der USA und ihrer Verbündeter, – Gewährleistung der Reparationen, – Integration der SBZ in den sowjetischen Einflussbereich, – sozialistische Umgestaltung der Gesellschaft = Sicherung eines „gerechten und demokratischen Friedens" mit allen Kräften des „antiimperialistischen und antifaschistischen Lagers". Kommunismus

kapitalistisch /
freie Marktwirtschaft

Waren die ersten Besatzungsmonate noch deutlich durch die Rollenverteilung Sieger – Besiegte geprägt (schließlich sollten die Deutschen sehen, dass sie von den Siegermächten ernsthaft zur Verantwortung für das Geschehene gezogen wurden), wurde die Besatzung zunehmend ein Nebenschauplatz des Kalten Krieges.

Die Entwicklung in der Sowjetischen Besatzungszone (SBZ)

Die Politik der Sowjetunion war (und ist in Russland bis heute) nachhaltig vom Zweiten Weltkrieg geprägt. Das eigene Territorium war weitestgehend verwüstet. Von den insgesamt 55 Millionen Opfern des Zweiten Weltkriegs waren 20 Millionen Bürger der Sowjetunion. Russland forderte darum besondere Wiedergutmachungsleistungen, v. a. durch Reparationslieferungen aus allen vier Besatzungszonen.
Die Politik in der sowjetischen Besatzungszone war bestimmt durch zwei Aspekte: Das besiegte Deutschland sollte durch Reparationen helfen, die Kriegszerstörungen in der Sowjetunion zu beheben, und die SBZ sollte im Sinne der Besatzungsmacht gestaltet und in den sowjetischen Machtbereich eingegliedert werden.

- **Machtsicherung:** Alle wichtigen Ämter wurden mit deutschen Exil-Kommunisten besetzt, die von der Sowjetischen Militäradministration (SMAD, gegründet im Juni 1945) unterstützt wurden und von dieser Anweisungen erhielten. Etwa 80% aller in den Bereichen Justiz und Schulwesen Tätigen wurden im Zuge dessen „ersetzt".
- **Parteien:** Neu gegründete Parteien wurden im „antifaschistisch-demokratischen Block" (1945) zusammengefasst. Die KPD und die SPD wurden zur Sozialistischen Einheitspartei Deutschlands zwangsvereinigt (SED, 1946). Die SED wurde zur „Partei neuen Typs" nach sowjetischem Vorbild geformt: zu einer Partei streng stalinistischen Zuschnitts.
- **politische Säuberung:** Mehr als 120 000 ehemalige NS-Anhänger und Regime-Gegner wurden bis 1948 in Sonderlagern interniert.
- **Umgestaltung der Wirtschaft:** 1945/46 wurde eine Bodenreform durchgeführt. Nazis und Kriegsverbrecher, aber auch Großgrundbesitzer mit einem Landbesitz von mehr als 100 ha wurden ohne Entschädigung enteignet. Wirtschaftsunternehmen wurden bis 1948 in Volkseigene Betriebe (VEB) umgewandelt.
- **Reparationen**: Als Reparationsleistung wurden Industrieanlagen demontiert und überführt. Betroffen waren etwa 25% der Industriekapazität in der SBZ, u. a. Werksanlagen und Schienennetze. Die Gewinne der „sowjetischen Aktiengesellschaften" (SAG) flossen bis 1953 in die UdSSR.
- **Gründung der Deutschen Wirtschaftskommission:** Ziel war die Sicherung der Reparationsleistungen und die Koordinierung der Landesverwaltungen.
- **Gleichschaltung**: Kultur und Medien wurden kontrolliert und „gleichgeschaltet". Es wurden Massenorganisationen gegründet, z. B. der „Freie Deutsche Gewerkschaftsbund" (FDGB) und die „Freie Deutsche Jugend" (FDJ), die breite Schichten der Bevölkerung erreichen und formen sollten.

Die Entwicklung in den Westzonen

Die **französische Regierung** wollte ein einheitliches und starkes Deutschland verhindern und das Ruhrgebiet dauerhaft unter internationale Kontrolle stellen.

Die **US-amerikanische** und die **britische Regierung** verfolgten zunehmend den wirtschaftlichen Wiederaufbau, damit Deutschland sich wieder selbst ernähren konnte. Reparationsleistungen aus den Westzonen an die UdSSR sollten gestoppt werden. Am 6.9.1946 stellte der amerikanische Außenminister **James F. Byrnes** eine Rückgabe der Regierung an das deutsche Volk in Aussicht. Am 1.1.1947 wurden die amerikanische und die britische Zone zur sog. **Bi-Zone** vereinigt. Mit dem Beitritt der französischen Zone entstand am 8.4.1949 eine **Tri-Zone.**
Die Einführung einer gemeinsamen Währung in den vereinigten Westzonen **(Währungsreform,** 20.6.1948) teilte Deutschland endgültig in zwei voneinander getrennte Wirtschaftsräume. Zusammenfassend lässt sich die Besatzungspolitik in den Westzonen darstellen wie folgt:
- **Demokratisierung:** Zulassung demokratischer Parteien und die Durchführung von Kommunal- und Landtagswahlen. Übertragung der Verwaltungsbefugnisse an kommunale Behörden und Länderregierungen, die unter der Aufsicht des zonalen Militärgouverneurs arbeiteten.
- **Aufbauhilfe:** US-Hilfsprogramm **Marshall-Plan.**
- **Vereinheitlichung:** Bi-Zone (1.1.1947), später Tri-Zone (8.4.1949), gemeinsamer **(Frankfurter) Wirtschaftsrat,** einheitliche Weststaatenlösung, Beschluss zur Erarbeitung einer westdeutschen Verfassung (Londoner Sechs-Mächte-Konferenz, Westalliierte/Beneluxstaaten).

Info Marshall-Plan

Vorgelegt durch den amerikanischen Außenminister George C. Marshall: Wirtschaftliches Wiederaufbauprogramm, das die Erholung Europas unterstützte. Die Deutschen in der SBZ erhielten keine Hilfe aus dem Marshall-Plan, weil die Sowjetunion ihn abgelehnt hatte. Der Marshall-Plan sah Kredite, Rohstoff-, Waren- und Lebensmittellieferungen vor. Das 12,4-Milliarden-Dollar-Programm wurde 1948 für vier Jahre verabschiedet. Ziele:
- Hilfe für die notleidende Bevölkerung des zerstörten Europa,
- Eindämmung der Sowjetunion und des Kommunismus **(Containment-Politik),**
- Schaffung eines Absatzmarktes für die amerikanische Überproduktion.

Die wirtschaftliche und staatliche Spaltung Deutschlands

Mit der Währungsreform in den Westzonen war die zentrale Voraussetzung für Hilfe aus dem Marshall-Plan gegeben. Nach geheimen Vorbereitungen wurde am 20.6.1948 in den Westzonen und in den Berliner Westsektoren die Reichsmark durch die **Deutsche Mark** (DM) ersetzt. Während Grundbesitz, Industrieanlagen und Aktien ihren Wert behielten, wurden Löhne, Gehälter und Mieten im Verhältnis 1:1 umgestellt, Schulden und Guthaben im Verhältnis 10:1. Berlin und Westdeutschland waren damit in zwei Wirtschaftsgebiete gespalten. Die Währungsreform, zusammen mit der Aufhebung von Lohn- und Preisbindungen, Rationierung und Zwangsbewirtschaftung, bildete die Grundlage für die Soziale Marktwirtschaft und das spätere „Wirtschaftswunder".

Die Einführung der westlichen Währung in den Westsektoren von Berlin spaltete auch die Stadt in zwei Teile, was zur **Berlin-Krise** im Juni 1948 führte: Die Sowjetunion sperrte alle Verkehrswege nach Berlin. Auf diese Blockade reagierten die Amerikaner und Briten mit einer Luftbrücke. Elf Monate lang wurden die eingeschlossenen Berliner durch die sog. **„Rosinenbomber"** aus der Luft versorgt. Erst im Mai 1949 gab die Sowjetunion die Blockade nach zähen Verhandlungen auf. Die Westmächte hatten deutlich genug gezeigt, dass sie nicht auf Westberlin verzichten würden.
Wegen der Berlin-Krise und nachdem bereits im Laufe des Jahres 1947 auf zwei Konferenzen der Außenminister der vier Besatzungsmächte in London und Moskau keine Einigung erzielt werden konnte, beschlossen die Westmächte 1948, den Deutschen in den Westzonen die Möglichkeit einzuräumen, eine **Verfassung** auszuarbeiten und einen eigenen Staat zu gründen. Die sowjetischen Militärgouverneure zogen sich aus dem Alliierten Kontrollrat zurück, was dessen Ende bedeutete.

INFO Die Frankfurter Dokumente

Nach der Londoner Sechsmächtekonferenz (Großbritannien, USA, Frankreich, Belgien, Niederlande, Luxemburg) wurden den Deutschen im Juli 1948 in Frankfurt drei „Empfehlungen" ausgehändigt:

- Einberufung einer **verfassunggebenden Versammlung** spätestens zum 1.9.1948 (Ziel: Verfassung für den zu gründenden Weststaat);
- **Überprüfung der Ländergrenzen** durch die Regierungen der westdeutschen Länder und gegebenenfalls die Einreichung von Änderungsvorschlägen;
- Verabschiedung eines **Besatzungsstatuts** durch die Alliierten, das die Beziehungen zwischen den Alliierten und der deutschen Regierung regeln sollte.

Der Plan der Sowjetischen Militäradministration, mit der Berlin-Blockade die Währungsreform im Westen zu verhindern und die Bildung eines Weststaates zu hintertreiben, scheiterte – zeitgleich aber führte sie am 23. Juni 1948 eine eigene Währungsreform durch (Einführung der DM-Ost).
Am 23.5.1949 wurde die **Bundesrepublik Deutschland (BRD)** und am 7.10.1949 die **Deutsche Demokratische Republik (DDR)** gegründet.

Nur LK: Flucht und Vertreibung

Weit über zwölf Millionen Flüchtlinge und Vertriebene suchten ab 1945 eine neue Heimat, wobei die Suche sehr ziel- und orientierungslos verlief.
Bereits gegen Kriegsende verließen Millionen Menschen ihre Heimat: Aus Ostpreußen, Pommern, Brandenburg und Schlesien – ehemals deutsche Gebiete – zog die deutsche Bevölkerung nach Westen. Als die Rote Armee im Oktober 1944 ostpreußischen Boden erreichte, konnte sie zwar noch einmal zurückgeworfen werden, dennoch brachen bereits jetzt viele Menschen Richtung Westen auf. Der Winter war in diesem Jahr besonders hart und Eis, Kälte und Schnee erschwerten die **Flucht,** die meist zu Fuß, mit Hand- und Pferdekarren erfolgte, bisweilen aber

auch über das Meer. Der Zugverkehr war unterbrochen. Es gab keine medizinische Versorgung, Lebensmittel und Trinkwasser waren knapp. Viele starben während der Flucht, sie verhungerten, erfroren oder erlagen Erschöpfung und Krankheit.
Die Flüchtlingstrecks waren lang: In kurzer Zeit flohen Millionen, doch durch die Umstände konnten sie am Tag nur eine kurze Strecke zurücklegen – die russische Front hingegen drang schneller ins Reichsinnere ein, als die Menschen fliehen konnten. Sie wurden von den Soldaten der Roten Armee „überrollt", die Flüchtlinge in großer Zahl tötete, misshandelte, vergewaltigte und/oder in russische Gefangenenlager deportierte.

Info

Flüchtlinge: Personen, die infolge territorialer Ereignisse (Krieg, Bürgerkrieg, Diktatur) ihren Wohnsitz verlassen, um ihr Leben oder ihre Freiheit zu retten.
Vertriebene: Personen, die mit Gewalt oder sonstigen Zwangsmitteln aus ihrer Heimat entfernt werden (unerheblich ist für die Einordnung, ob der Vertreibung eine völkerrechtliche Übereinkunft zugrunde liegt).

Parallel zu den Flüchtlingen begann im Winter 1944 auch die **systematische Vertreibung** der Menschen aus den ehemals besetzten Gebieten. Die durch die Nationalsozialisten jahrelang unterdrückten Völker entluden ihren Hass gegenüber der zivilen, deutschen Bevölkerung. Deutsche wurden zunächst einzeln, anschließend systematisch aus den osteuropäischen Ländern vertrieben: in Polen, im Sudetenland, den südlichen, nördlichen und westlichen Randgebieten der böhmischen Länder, in der deutschen „Wolga-Republik" auf russischem Territorium, in Ungarn, Rumänien, Kroatien, Serbien, Slowenien und im Baltikum.
Die Vertreibungsaktionen werden im August 1945 auf der Konferenz von Potsdam zwischen den Siegermächten bestätigt, zudem sollte eine Regelung für die territoriale Neuordnung Ostmitteleuropas gefunden werden. Letztendlich aber wurde diese vertraglich geregelte Übereinkunft einer geordneten Vertreibung nicht umgesetzt. Trotz Potsdamer Abkommen herrschten weiterhin für die Menschen unhaltbare Zustände. Sie wurden oft von einem Moment auf den anderen ausgewiesen und enteignet, d. h. ihr Eigentum, Grund und Boden wurde entschädigungslos eingezogen. Die Vertreibungen aus den ehemaligen Ostgebieten des Deutschen Reichs dauerten bis lange nach Kriegsende. Tausende wurden ermordet. Hunderttausende wurden in Lagern inhaftiert oder sie mussten oft über Jahre hinweg Zwangsarbeit leisten.
Die Flüchtlingsströme verliefen kreuz und quer durch das zerstörte Deutschland. Die Entwurzelten trafen im Westen auf Menschen, die nach den Bombenangriffen und Kriegshandlungen selbst kaum über das Nötigste zum Leben verfügten. Diese verhielten sich eher ablehnend gegenüber den Neuankömmlingen. In den Ruinenlandschaften mangelte es an Wasser, Lebensmitteln, Medikamenten, Kleidung, Heizmaterial und Arbeit. Wohn- und Lebensraum musste erst neu geschaffen werden. Die Nachkriegsjahre waren auch geprägt von den Bemühungen um die gesellschaftliche Integration der Vertriebenen, die selbst nicht erwarteten, dass sie in absehbarer Zukunft in die verlorenen Gebiete würden zurückkehren können.

Die bipolare Welt nach 1945 – der Kalte Krieg

Die Spannungen zwischen Ost und West, namentlich zwischen der Sowjetunion und den USA, nahmen bald nach Kriegsende kontinuierlich zu, die Zusammenarbeit wurde kompliziert und mühselig. Die machtpolitischen Interessen und die weltanschaulichen Positionen der Blöcke waren extrem unterschiedlich.
Die Ursachen des Ost-West-Konflikts wurzelten in gegensätzlichen ideologischen Positionen, die im 19. Jahrhundert entstanden. Spätestens seit 1917, mit der Russischen Revolution und der Gründung des ersten kommunistischen Staats, verschärften sich die Gegensätze zwischen den demokratisch gesinnten, vorwiegend marktliberalen Kräften USA und Großbritannien auf der einen und der sozialistischen Sowjetunion auf der anderen Seite. Nachdem NS-Deutschland den Krieg in die ganze Welt getragen hatte, bildeten diese Mächte trotz auseinanderstrebender Interessen eine Allianz, um Deutschland und das mit ihm verbündete Japan zu besiegen und vollständig zu entwaffnen. Historiker bezeichnen diesen gemeinsamen Kampf der Anti-Hitler-Koalition (USA, Sowjetunion, Großbritannien) auch als „unnatürliche Allianz“: ein Zweckbündnis mit großen ideologischen Unterschieden, für das beide Seiten Kompromisse eingingen. Mit der Potsdamer Konferenz 1945 brach das beide Seiten verbindende Element weg, es gab keinen gemeinsamen Feind mehr. Der Bruch der Siegermächte war endgültig vollzogen, als die Potsdamer Konferenz ohne ein verbindliches, völkerrechtliches Abkommen beendet wurde.

Bipolare Weltordnung

Der US-Präsident Franklin D. Roosevelt verfolgte seit Kriegsbeginn verstärkt das Konzept einer liberalen Weltordnung mit garantiertem Selbstbestimmungsrecht der Völker und freiem Welthandel. Das Konzept wurde von der UdSSR als **imperialistische Machtpolitik** abgelehnt. Umgekehrt deuteten die USA die sowjetische Sicherheitspolitik in Europa als **kommunistische Expansionspolitik.** Aus der Unvereinbarkeit dieser Auffassungen entwickelte sich der Ost-West-Gegensatz, der schließlich in den Kalten Krieg führte.
Beide Mächte banden weitere Staaten an sich, man sprach von **„Machtblöcken“**. Diese Struktur des internationalen Staatensystems wird in der Wissenschaft als „bipolar“ bezeichnet, denn zwei sich feindlich gegenüberstehende Führungskräfte bestimmen allein die internationalen Beziehungen und haben damit auch Einfluss auf die Außenpolitik anderer Staaten. Ordneten sich Staaten diesen Führungsmächten unter, wurden ihnen Schutz und Hilfe geboten.
Aber nicht alle Staaten ordneten sich unter, sondern einige betonten ihre politisch-gesellschaftliche Eigenständigkeit **(blockfreie Staaten).**

Der **Kalte Krieg (Ost-West-Konflikt)** prägte die Weltpolitik über 40 Jahre hinweg. Schwer bewaffnet standen die USA (und mit ihr die Staaten des Westens als Block) und die Sowjetunion (der Ostblock) einander gegenüber. Nach unzähligen Aufrüstungen waren die beiden Parteien so hochgerüstet, dass sie alles Leben auf der Erde mehrfach hätten auslöschen können.

Info Völkerbund und UNO

Völkerbund

Der Völkerbund war eine internationale Organisation zur Sicherung des Friedens, nach dem Ersten Weltkrieg vordergründig initiiert von Woodrow Wilson. Der Vertrag zur Gründung des Völkerbundes trat am 10. Januar 1920 in Kraft. Zu diesem Zeitpunkt nahm der Völkerbund seine Arbeit offiziell auf. Der Hauptsitz des Bundes war in Genf. Die ersten Mitglieder des Völkerbundes waren 32 **Siegermächte des Ersten Weltkriegs** sowie 13 neutrale Staaten. Die USA traten der Organisation nicht bei, das Deutsche Reich durfte sich als besiegte Macht nicht beteiligen. Erst 1926 gelang es Gustav Stresemann, für das Deutsche Reich einen Beitritt zum Völkerbund zu erreichen. Große Bedeutung hatte der Völkerbund für das Deutsche Reich in den ersten Nachkriegsjahren v. a. mit Blick auf die Territorialbestimmungen aus dem Versailler Vertrag.

Weil der Völkerbund als seine wichtigste Aufgabe die Sicherung und den Erhalt des Weltfriedens definiert hatte, durfte er Friedensbrechern gegenüber Sanktionen aussprechen. Damit war er die erste Organisation, die zur Durchsetzung des internationalen Völkerrechts beitragen konnte. Als das NS-Regime jedoch begann, eine aggressive Aufrüstungs- und Expansionspolitik zu betreiben, versagte der Völkerbund, Abrüstung gelang nicht. Formal existierte der Völkerbund, der dennoch auf eine 20 Jahre andauernde Friedensperiode zurückblicken konnte, bis zum Ende des Zweiten Weltkriegs. Erst am 18. April 1946 wurde er durch Beschluss der Völkerbundversammlung aufgelöst. Nachfolgend wurde die United Nations Organization (UNO) gebildet.

UNO (United Nations Organization)

Die UNO ist ein zwischenstaatlicher Zusammenschluss von inzwischen 193 Staaten. Sie ist eine global wirkende, international angelegte Organisation mit folgenden Aufgaben: Sicherung des Weltfriedens, Einhaltung des Völkerrechts, Schutz der Menschenrechte, Förderung der internationalen Zusammenarbeit, Unterstützung in wirtschaftlichen, sozialen und humanitären Bereichen.

Auf der **Konferenz von Jalta** (Februar 1945) wurde die „Verfassung" der UNO fertiggestellt und am 26.6.1945 in San Francisco von 50 Staaten unterzeichnet. Am 10. Dezember 1948 wurde die Charta um die „Allgemeine Erklärung der Menschenrechte" ergänzt. Darin verkündeten erstmals alle Staaten gemeinsam grundlegende Menschenrechte, die für jeden Menschen gleichermaßen gelten.

2001 wurden von der UNO und anderen internationalen Organisationen die sogenannten Millennium-Entwicklungsziele postuliert. Es sind acht Entwicklungsziele, die bis 2015 erreicht sein soll(t)en und als Ziel die globale Zukunftssicherung haben: Bekämpfung von Hunger und Armut, Primärschulbildung für alle, Gleichstellung der Geschlechter, Senkung der Kindersterblichkeit, bessere Gesundheitsversorgung für Mütter, Bekämpfung schwerer Krankheiten, ökologische Nachhaltigkeit und Aufbau einer globalen Partnerschaft für Entwicklung.

Unmittelbar nach dem Zweiten Weltkrieg verschärften sich die Konflikte wegen der politischen, wirtschaftlichen und sozialen Umgestaltung, die die Sowjetische Militäradministration (SMAD) in ihrer Besatzungszone einleitete. Diese Entwicklungen, zu denen auch die Zwangsvereinigung von SPD und KPD zur SED gehörte, wurden im Westen mit Sorge betrachtet, auch weil die SMAD ihre Maßnahmen gegen den Willen der Bevölkerung durchsetzte.

Die Frage nach den Gründen und Verantwortlichen des Kalten Kriegs wird in der Geschichtswissenschaft kontrovers diskutiert, zentrale Aspekte sind:

- zwangsläufige Konfrontation aufgrund **unüberwindbarer ideologischer Gegensätze** und unterschiedlicher machtpolitischer Interessen,
- gegenseitige **Schuldzuweisungen,**
- wechselseitige **Bedrohungs- und Vernichtungsängste** vor einem militärischen Angriff (anfänglich nukleare Überlegenheit der USA),
- **fehlende Kompromissbereitschaft** bei der Gestaltung Nachkriegsdeutschlands,
- die UdSSR dehnte ihren Machteinfluss durch einen „Sicherheitsgürtel“ aus **kommunistischen Satellitenstaaten** in Osteuropa („Sowjetisierung“) aus,
- die USA dämmten den Einfluss der UdSSR durch politische und wirtschaftliche Hilfe (**Truman-Doktrin, Marshall-Plan**) in Westeuropa ein **(Containment-Politik).**

Nach der Berlin-Krise gründete der Westen 1949 die **NATO (North Atlantic Treaty Organization),** ein Militär- und Verteidigungsbündnis. Zentral ist Artikel 5 des Vertrags, darin heißt es, „dass ein bewaffneter Angriff gegen eine oder mehrere von ihnen [gemeint sind die Mitgliedsstaaten] in Europa oder Nordamerika als ein Angriff gegen sie alle angesehen werden wird.“ Das östliche Gegenstück, der **Warschauer Pakt** („Vertrag über Freundschaft, Zusammenarbeit und gegenseitigen Beistand“), wurde als Reaktion auf die Aufnahme der BRD in die NATO gegründet. Ebenfalls ein Militärbündnis, wurde er am 14.5.1955 in Warschau von Albanien, Bulgarien, der DDR, Polen, Rumänien, der Tschechoslowakei, der Sowjetunion und Ungarn unterzeichnet. Mit dem Vertrag gab es einen Beschluss über die Bildung eines „Vereinten Kommandos der Streitkräfte“, der aber am 31.3.1991, nach dem Ende des Ost-West-Konflikts, von den verbliebenen Mitgliedern aufgelöst wurde.

Hauptorgan des Warschauer Pakts war der Politisch Beratende Ausschuss, in dem jeder Mitgliedstaat vertreten war, sowie das Vereinte Oberkommando der Streitkräfte mit Sitz in Moskau, an dessen Spitze immer ein sowjetischer Offizier stand. Durch den Warschauer Pakt stellte die UdSSR das Recht sicher, Streitkräfte in allen Mitgliedstaaten zu stationieren, und festigte ihre Hegemonie über den Ostblock.

Debatte Der Begriff „Kalter Krieg“

„Kalter Krieg“ ist ein in der Forschung umstrittener Begriff:
Viele Historiker halten das Wort „Krieg“ für unangemessen, da das atomare Patt letztlich zur Sicherung des Weltfriedens beigetragen habe, denn es kam nie zur direkten Konfrontation der Supermächte. Allerdings fanden viele sog. **Stellvertreterkriege** statt, die Millionen Menschen das Leben kosteten. Dies waren durchaus „heiße Kriege“ mit furchtbaren Folgen, z. B. der Korea- oder der Vietnam-Krieg.

Der Korea-Krieg

Korea wurde wie Deutschland am Ende des Zweiten Weltkriegs von sowjetischen und US-amerikanischen Truppen besetzt, wobei die Sowjets den nördlichen Teil besetzten und schon bald die **kommunistische Volksdemokratische Republik Nordkorea** gründeten, während die Amerikaner den Süden besetzten und ihrerseits die westlich orientierte **Republik Korea** bildeten. 1948/49 verließen die Besatzungsmächte die beiden Staaten und es kam im Anschluss immer wieder zu Konfrontationen und Grenzverletzungen zwischen dem Norden und dem Süden.

Nordkorea wollte Südkorea „befreien" und marschierte dort am 25.6.1950 ein, zwar ohne die Unterstützung russischer Truppen, aber mit der Billigung durch Stalin. US-Präsident Truman reagierte umgehend und ließ Besatzungstruppen aus Japan nach Südkorea schicken. Der UN-Sicherheitsrat verurteilte ebenfalls den nordkoreanischen Angriff und entsandte UNO-Truppen unter dem Kommando der Amerikaner zur Wiederherstellung des Friedens. Diese Truppen eroberten Südkorea zurück und überschritten die Grenze zwischen Süd- und Nordkorea (38. Breitengrad). Sie besetzten die Hauptstadt Nordkoreas (Pjöngjang) und rückten bis zur chinesischen Grenze vor. China reagierte mit einem ca. 300 000 Mann starken Heer, um dem kommunistischen Nordkorea als Verbündeter zu helfen. Chinesische und nordkoreanische Truppen waren in der Lage, eine Offensive zu starten und die UN-Streitkräfte weit zurückzudrängen. Der weitere Kriegsverlauf forderte viele Opfer und brachte keinen Gewinner hervor.

Nach schwierigen und langen Waffenstillstandsverhandlungen wurde am 27.7.1953 das **Waffenstillstandsabkommen von Panmunjom** geschlossen, das erneut die Grenzen festlegte und eine vier Kilometer breite entmilitarisierte Zone mit neutraler Bewachung bestimmte. Die Folgen des Kriegs waren weitreichend:

- bis heute gibt es zwei koreanische Staaten ohne Friedensvertrag und mit dauerhaften Konflikten,
- der Kalte Krieg verstärkte sich und hatte eine erhöhte militärische Aufrüstung der beiden Mächte zur Folge,
- es gab in der Folge zahlreiche Bündnisverträge zwischen den USA und Staaten in Asien und Südamerika mit dem Ziel, sowjetische Expansionsbestrebungen einzudämmen,
- die Pläne zur Wiederbewaffnung der BRD wurden beschleunigt.

Der Koreakrieg war eigentlich ein Bürgerkrieg zwischen Nord- und Südkorea, wuchs sich aber vor dem Hintergrund des Kalten Kriegs zu einem **Stellvertreterkrieg zwischen Ost und West** aus.

Die Kuba-Krise

Zu einer der gefährlichsten Krisen während des Kalten Kriegs kam es auf Kuba. 1959 stürzte eine Gruppe kommunistischer Revolutionäre um Fidel Castro den kubanischen Diktator Fulgencio Batista, unter dem Kuba wirtschaftlich von den USA abhängig war. US-amerikanische Bemühungen, Castros „Revolution" rückgängig zu machen, scheiterten u. a. daran, dass die kubanische Bevölkerung sich nicht gegen die Castro-Regierung stellte.

Nachdem Kuba vom Handelspartner USA abgeschnitten war, suchte es die wirtschaftliche Anbindung an den Ostblock. Die Sowjetunion stationierte dort Atomraketen: aus amerikanischer Sicht vor der Küste Floridas. Die US-Regierung interpretierte dies als direkte Bedrohung und Präsident Kennedy informierte im Oktober 1962 die Öffentlichkeit darüber. Er verhängte eine Seeblockade und forderte den sofortigen Abzug der Raketen, worauf die Sowjetunion weitere Schiffe mit Soldaten und Raketen in Richtung Kuba entsandte. Die USA bereiteten sich auf einen Angriff vor – die Welt stand am Rande eines Atomkriegs. Der sowjetische Ministerpräsident Chruschtschow lenkte ein, er und Kennedy fanden einen Kompromiss: Die Sowjetunion zog ihre Raketen aus Kuba ab und im Gegenzug dazu bauten die USA ihre Raketen in der Türkei ab.

Mit der Kuba-Krise erreichte der Kalte Krieg einen Höhepunkt, aber auch gleichzeitig seinen Wendepunkt. Die direkte Auseinandersetzung der beiden Mächte ließ die Erkenntnis wachsen, dass ein nuklearer Krieg unter allen Umständen vermieden werden müsse und dass es einer besseren Kommunikation in Krisenzeiten zwischen den Mächten bedürfe, woraufhin es seit Juni 1963 den sog. „heißen Draht“ (direkte Fernverbindung) vom Weißen Haus in Washington zum Kreml in Moskau gab.

Der Vietnam-Krieg

Im Rahmen der 1954 in Genf stattfindenden **Indochina-Konferenz** wurde Vietnam (nach dem Rückzug der französischen Kolonialmacht) zunächst provisorisch geteilt, wobei sich die USA durch militärische Beratung und wirtschaftliche Hilfe für die südvietnamesischer Seite einsetzte. Das kommunistische Nordvietnam hingegen unterstützte den Guerillakrieg gegen die prowestliche Regierung Südvietnams.
1964 wurden US-amerikanische Kriegsschiffe im Golf von Tonking angeblich von der nordvietnamesischen Marine beschossen, woraufhin die USA Truppen nach Südvietnam in Marsch setzten, um 1965 Nordvietnam zu bombardieren. Präsident Johnson erhielt vom Kongress eine Generalvollmacht zur Kriegsführung und schickte etwa 600 000 reguläre Soldaten nach Südvietnam.
Je länger der Vietnamkrieg dauerte, umso deutlicher wurde, dass die hochgerüsteten amerikanischen Soldaten keinen Erfolg gegen die Guerillataktik der einheimischen Kämpfer haben würden. Auch die immer höhere Anzahl an abgeworfenen Bomben der Amerikaner vermochte die Gegenseite nicht zu stoppen und erst recht nicht zu besiegen. Kampfstoffe wie Napalm (Brandwaffe) ließen Menschen qualvoll sterben, hochgiftige Pflanzenvernichtungsmittel entlaubten riesige Wälder – weite Landstriche wurden so für Jahrzehnte verseucht. Noch heute kommen missgebildete Kinder zur Welt und die Krebsrate in der Bevölkerung ist exorbitant hoch.
In Vietnam kämpften v. a. junge Rekruten, viele entzogen sich ihrer Einberufung allerdings durch Flucht. Das Vorgehen der Amerikaner in Vietnam führte zu immer größeren Protestwellen in den USA und zu Massendemonstrationen, deren Ziel es war, den Vietnamkrieg zu beenden. Der Rückzug der Amerikaner nach dem **Friedensabkommen 1973** kam einer Flucht nahe. Nordvietnam eroberte 1975 den Süden und vereinigte beide Länder unter kommunistischer Regierung.

Konflikte im Ostblock

Nach dem Ende des Zweiten Weltkriegs richtete die UdSSR als Besatzungsmacht in Ost- und Südosteuropa einen „Sicherheitsgürtel“ mit **kommunistischen Satellitenstaaten** (= kleinere Staaten, die sich in einem Abhängigkeitsverhältnis zu einem größeren befinden) ein, zu dem auch die DDR gehörte.

In diesen Staaten kam es zu Aufständen: 1953 in der DDR und der Tschechoslowakei, 1956 in Polen und Ungarn, deren Ziel größere nationale Unabhängigkeit war. Die Proteste wurden vom Westen indirekt unterstützt. Die UdSSR sah ihren Führungsanspruch in Gefahr und schlug die Aufstände nieder.

Info Volksdemokratien

Schon nach der Befreiung Polens von der NS-Herrschaft regte die UdSSR die Bildung einer mehrheitlich kommunistischen „Provisorischen Regierung“ an.
In Bulgarien, Ungarn und Rumänien errichtete sie unter Zwang sog. **Volksdemokratien** unter kommunistischer Führung, in der Tschechoslowakei entstand eine **Volksrepublik.**

Nach dem **Tod Stalins 1953** wurde unter der Führung von **Nikita Chruschtschow** eine Lockerung der stalinistischen Diktatur eingeleitet (**Tauwetterperiode).** Während China und Rumänien gegen Reformen waren, weil sie eine Schwächung der eigenen Führung befürchteten, zeigten Ungarn und Polen zunächst Tendenzen für einen nationalen Weg. Chruschtschow aber ließ alle Aufstände militärisch niederschlagen.

Aufstand in Ungarn: Teile der Bevölkerung forderten im Oktober 1956 Reformen, wobei sich aus einer Demonstration ein regelrechter Aufstand entwickelte. Gefordert wurden Meinungs- und Pressefreiheit, freie Wahlen, Rückzug der sowjetischen Truppen und die Anerkennung der Souveränität Ungarns durch die UdSSR. Zwar reagierte die UdSSR zunächst mit Zugeständnissen (sie stimmte einer Regierungsumbildung zu und vereinbarte den Abzug des sowjetischen Militärs), bereitete aber eine militärische Niederschlagung vor, die sie auch durchführte, nachdem Ungarn seine Mitgliedschaft im Warschauer Pakt aufgekündigt und die nationale Unabhängigkeit verkündet hatte. Am 4. November wurde Budapest von der sowjetischen Armee besetzt. Die Kämpfe hatten nur eine Woche gedauert.

Der Prager Frühling

Auch in der Tschechoslowakei gründete sich eine Oppositionsbewegung, und zwar sowohl in der Bevölkerung als auch in der kommunistischen Partei KPČ, die u. a. für die Meinungsfreiheit eintrat. Der sowjetische Staats- und Parteichef **Leonid Breschnew** stimmte der Ernennung des Reformpolitikers **Alexander Dubček** zum Ersten Sekretär der KPČ am 5.1.1968 zu. Dieser leitete eine Demokratisierung mit dem Ziel eines „Sozialismus mit menschlichem Antlitz“ ein. Dieses Reformprogramm wird als „Prager Frühling“ bezeichnet und versprach Liberalisierungen, das Ende des Machtmonopols der Partei und die Einführung der sozialen Marktwirtschaft.
In der Nacht vom 20. auf den 21.8.1968 rückten Truppen von fünf Warschauer-Pakt-Staaten gewaltsam in die Tschechoslowakische Sozialistische Republik (ČSSR) ein

(darunter Truppen der DDR) und beendeten die Reformansätze gewaltsam. Dubček wurde zusammen mit dem ganzen Politbüro verhaftet und in die Sowjetunion gebracht. Im August 1968 mussten sie im „Moskauer Protokoll" versprechen, die eingeleiteten Reformversuche zurückzunehmen. Im April 1969 wurde Dubček abgesetzt.

Info Die Breschnew-Doktrin

Alle Aufstände der Satellitenstaaten verfolgten das Ziel einer Demokratisierung der Gesellschaft in Verbindung mit der Unabhängigkeit. Die Sowjetunion sah durch diese Forderungen ihren Führungsanspruch gefährdet und Leonid Breschnew verkündete deshalb am 12.11.1968 auf dem 5. Parteitag der Polnischen Vereinigten Arbeiterpartei die **„beschränkte Souveränität der sozialistischen Staaten"**. Er leitete daraus das Recht der Sowjetunion ab, im Falle einer Gefährdung des Sozialismus in allen diesen Staaten eingreifen zu dürfen. Diese Breschnew-Doktrin blieb bis 1988 in Kraft und wurde erst von Gorbatschow aufgehoben.

Wettrüsten und Entspannung

Beide Machtzentren, die sich im Kalten Krieg gegenüberstanden, rechtfertigten ihr Wettrüsten mit der militärischen Bedrohung durch den jeweils anderen. Jede Seite war stets kampfbereit. Das Auf- und Wettrüsten wurde unterbrochen von Phasen der Entspannung, z. B. nach der Kubakrise, als die Gefahr eines nuklearen Angriffs zum Greifen nahe war und auch die Machtblöcke die Notwendigkeit einer Deeskalation sahen, denn einen Atomkrieg wollten beide Parteien vermeiden.

Das **Auf- und Wettrüsten** folgte den wechselnden machtpolitischen Konstellationen. Die USA erhöhten nach 1950 ihren Verteidigungshaushalt (der Koreakrieg verschlang viel Geld) und noch einmal nach dem Bau der Berliner Mauer, nach der Kuba-Krise und während des Vietnamkrieges. Analog dazu steigerte die Sowjetunion ihre Verteidigungsausgaben in den Jahren 1950 bis 1955 und von 1959 bis 1970.

In den 1960er- und 1970er-Jahren gab es neben der Aufrüstung aber auch eine **Rüstungskontrolle**. 1963 einigten sich die USA, Großbritannien und die Sowjetunion auf die Einstellung der Kernwaffenversuche in der Atmosphäre, im Weltraum und unter Wasser. 1968 folgte der **Atomwaffensperrvertrag**, in dem sich die Mächte verpflichteten, keine Kernwaffen weiterzugeben. Weitere Abrüstungsverhandlungen und -abkommen zwischen den USA und der UdSSR zur Begrenzung der strategischen Waffen brachten am 26.5.1972 das Vertragswerk **„Strategic Arms Limitation Talks" (SALT I)** hervor, welches von Breschnew und Nixon unterzeichnet wurde und den Umfang der Raketenabwehrsysteme und die Zahl der Interkontinentalraketen begrenzte. Weitere Verhandlungen führten zur Unterzeichnung von **SALT II** durch Breschnew und Carter (Juni 1979), welcher eine weitere Begrenzung der strategischen Offensivwaffen vorsah, von den USA aber wegen des Einmarsches der Sowjetunion in Afghanistan Ende 1979 nicht ratifiziert wurde.

Info Die Schlussakte von Helsinki

Am 1.8.1975 unterzeichneten Vertreter von 35 Staaten, darunter auch die USA und die UdSSR sowie die BRD und DDR, in einer feierlichen Zeremonie die Schlussakte der **„Konferenz für Sicherheit und Zusammenarbeit in Europa" (KSZE)** in der finnischen Hauptstadt Helsinki. Die KSZE bildete den Höhepunkt der Entspannungspolitik der 1970er-Jahre, denn es gelang den Teilnehmern über alle Gegensätze hinweg, sich auf gemeinsame Grundsätze zu einigen:

- Anerkennung der bestehenden Grenzen in Europa,
- Verzicht auf militärische Gewalt,
- keine Einmischung in die inneren Angelegenheiten anderer Staaten,
- Achtung der Menschenrechte.

Die **Anerkennung der Grenzen** und der **Verzicht auf Gewalt** erhöhten die Sicherheit in Europa.

Anstelle der geplanten Verhandlungen für SALT III wurden 1982 die Gespräche über **START (Strategic Arms Reduction Talks)** aufgenommen. Hierbei ging es um die Reduzierung von nuklearen Mittelstreckensystemen. 1991 wurde START I in Moskau unterzeichnet, der Vertrag beinhaltete u. a. eine Reduzierung der atomaren Gefechtsköpfe auf eine Obergrenze von jeweils 6000. Ein weiterer Vertrag (**START II**), der 1993 in Moskau von Russland und den USA unterzeichnet wurde, sah einen Abbau der Gefechtsköpfe auf 3000 bzw. 3500 vor. Die USA ratifizierte den Vertrag 1996, Russland erst im Jahr 2000. Da Russland aber Vorbehalte hatte, konnte der Vertrag nicht endgültig in Kraft gesetzt werden. 2002 wurde dafür der **Moskauer Vertrag** über die Reduzierung strategischer Offensivwaffen unterzeichnet.

Das Ende des Kalten Kriegs

Entscheidend für die Beendigung des Kalten Kriegs war die **Reformpolitik Michael Gorbatschows.** Überraschend war Gorbatschow 1985 neuer Parteivorsitzender der KPdSU geworden. Er verkündete ein Reformprogramm, mit dem eine Modernisierung des „real existierenden Sozialismus" in der Sowjetunion durchgeführt werden sollte. Gorbatschow reagierte auf die massiven **Probleme,** denen er sich gegenübersah:

- Das zentralistische System der Wirtschaft hatte die UdSSR zu einer **nicht konkurrenzfähigen Industrienation** gemacht. Ohne westliche Hilfe konnte sie in dieser Weise nicht lange bestehen.
- Im militärischen und wirtschaftlichen System wurden Stellen nicht mehr nur nach Qualifikation besetzt, sondern häufig zur Absicherung der Nachkommen der sog. Eliten genutzt (Nepotismus/Vetternwirtschaft).
- Sozial-, Bildungs- und Gesundheitspolitik funktionierten nicht mehr.
- Die **Korruption** hatte unkontrollierbare Ausmaße angenommen.
- Die Kosten der kontinuierlichen Aufrüstung wurden zulasten der Gesamtwirtschaft finanziert, die Lebensqualität wurde immer schlechter.
- Der schwelende **Nationalitäten-Konflikt** in den Sowjetrepubliken (nur knapp 30% der Gesamtbevölkerung waren Russen) drohte zu eskalieren.

Michail Gorbatschow sah die Lösung dieser Probleme in einem radikalen Umgestaltungskurs (**Perestroika**) und in der Öffnung der sowjetischen Gesellschaft (**Glasnost**). Er wollte den Sozialismus nicht abschaffen, sondern verbessern. Die Planwirtschaft sollte um liberale wirtschaftliche Ideen ergänzt werden, um die Sowjetunion wieder konkurrenzfähig zu machen. Gorbatschow glaubte, die Macht der UdSSR nur erhalten zu können, solange die Lage innenpolitisch stabil blieb. Dafür wiederum wurden finanzielle Ressourcen benötigt: Der Westen gab Kredite, verlangte dafür jedoch einen demokratischen Wandel. Doch es war nicht einmal mehr genug Geld für die angestrebten Reformen vorhanden, die Wirtschaft der Sowjetunion brach weitestgehend zusammen.

Info Perestroika und Glasnost

Perestroika (dt.: Umbau, Umgestaltung, Umstrukturierung) bezeichnet den Prozess zum Umbau und zur Modernisierung des gesellschaftlichen, politischen und wirtschaftlichen Systems der Sowjetunion. Der Prozess ging einher mit der Aufhebung der Einschränkungen von Meinungs- und Pressefreiheit unter dem Schlagwort **Glasnost** (dt.: Offenheit, Redefreiheit, Informationsfreiheit).
Die Reformen bezogen sich auf weite Teile der Gesellschaft und leiteten eine Demokratisierung des Staates ein. Lockerungen in den Parteidirektiven für die Wirtschaftspolitik und kleine marktwirtschaftliche Elemente folgten – ein bedeutender Einschnitt in der Geschichte der UdSSR.

Die finanziellen Schwierigkeiten des Landes hatten auch außenpolitisch Folgen: Den (Rüstungs-)Wettlauf mit den USA konnte sich die Sowjetunion schlicht nicht mehr leisten, sodass der ideologische Kampf vorerst zur Ruhe kam. Gorbatschow wollte einen stabilen Frieden, militärisch nur defensiv agieren und einen Kurs der weltweit friedlichen Koexistenz einschlagen. Eine generelle Abrüstung sollte seine Bemühungen unterstreichen. Innerparteilich stieß der Weg Gorbatschows auf Widerstand. Um das Gleichgewicht zwischen West und Ost zu stabilisieren, wollte die Partei den Kampf gegen die USA fortführen. Gorbatschow blieb bei seinem Kurs.
Unter dem Eindruck der offenen Politik von Gorbatschow setzte ab 1988 ein **Demokratisierungsprozess** ein, der zuerst in Ungarn und Polen spürbar wurde. Um diese Bewegung zusätzlich zu unterstützen, begann Gorbatschow am 15.2.1989, die russischen Truppen aus Afghanistan abzuziehen und verkündete am 7.7.1989 vor dem Europarat, dass jede Einmischung in Unabhängigkeitsbestrebungen von Staaten des Ostblocks unzulässig sei. Damit beendete er die Breschnew-Doktrin.

Der Prozess der europäischen Einigung bis zur Gründung der Europäischen Union

Erste Initiativen für ein politisch geeintes Europa als „Schlüssel zum Frieden für die Welt“ gab es bereits vor dem Zweiten Weltkrieg. Der britische Premierminister Winston Churchill forderte die „Vereinigten Staaten von Europa“, allerdings mit Großbritannien als Schutzmacht des Zusammenschlusses, nicht als Mitglied. Ein erster Europakongress fand im Mai 1948 in Den Haag statt. Delegierte aus 19 Staaten nahmen daran teil, um über eine gemeinsame europäische Zukunft nachzudenken. Den wichtigsten Impuls dazu gaben die Vereinigten Staaten im Jahr 1948: Sie wollten Europa als stabilen Absatzmarkt und als verlässlichen Verbündeten aufbauen. Das Instrument dazu war der Marshall-Plan als Konjunkturprogramm, für dessen Verteilung 1948 *die Organisation für Europäische Wirtschaftliche Zusammenarbeit* (OEEC) gegründet wurde.

Heute geben die inzwischen 28 Mitgliedsländer der EU einen Teil ihrer staatlichen Souveränität an die europäischen Organe ab (Europäisches Parlament, Europäischer Rat, Europäische Kommission, Europäischer Gerichtshof, Europäischer Rechnungshof) und entscheiden gemeinsam Fragen von europäischem Interesse. Der Weg dahin war lang, die damit verbundenen Probleme komplex. Die europäische Integration (also der Zusammenschluss von Hoheitsrechten) beruht auf vier Gründungsverträgen:

- **Vertrag zur Europäischen Gemeinschaft für Kohle und Stahl (1951):** Zunächst wurde am 5.5.1949 in London der Europarat von Vertretern von zehn Staaten als erste politisch europäische Organisation mit Sitz in Straßburg gegründet – zwar noch ohne Entscheidungsbefugnisse, aber als Forum eines Meinungsaustausches. Am 9.5.1950 erfolgte ein großer Schritt: Der französische Außenminister Robert Schuman schlug vor, die Kohle- und Stahlerzeugung – Kernindustrien in Frankreich wie Deutschland – gemeinsam zu verwalten. Bereits im April 1951 unterzeichneten Frankreich, die BRD, Italien, die Niederlande, Belgien und Luxemburg den „Vertrag über die Gründung der Europäischen Gemeinschaft für Kohle und Stahl" (EGKS, auch **Montanunion** genannt). Ein gemeinsamer Markt stellte den freien Verkehr von Kohle und Stahl sicher. Der Vertrag bildete den Grundstein, die neu geschaffenen Organe (Hohe Behörde, Ministerrat, Gerichtshof, Parlamentarische Versammlung) dienten anderen Zusammenschlüssen als Vorbild.
- **Vertrag zur Gründung der Europäischen Wirtschaftsgemeinschaft/Vertrag zur Gründung der Europäischen Atomgemeinschaft (1957):** Auf der Konferenz von Messina im Jahr 1955 vereinbarten die EGKS-Staaten eine vertiefte Kooperation. Im März 1957 wurde in Rom von den sechs EGKS-Staaten der Vertrag zur Gründung einer „Europäischen Wirtschaftsgemeinschaft" (EWG) unterzeichnet. Ziel war die Schaffung eines gemeinsamen europäischen Marktes, in dem der freie Personen- und Warenverkehr und auch ein freier Kapital- und Dienstleistungsverkehr ermöglicht werden sollte. Zudem wurde eine gemeinsame Politik z. B. im Bereich der Landwirtschaft angestrebt sowie eine gemeinsame Erforschung und (friedliche) Nutzung der Atomenergie. Dazu wurde die „Europäische Atomgemeinschaft" (EURATOM) gegründet, verbunden mit einer gemeinsamen Behörde für die Entwicklung der Nuklearindustrie.
- **Vertrag über die Europäische Union (1992):** Im Juli 1967 wurden die Organe der drei Gemeinschaften zusammengelegt zur EG, der Europäischen Gemeinschaft. Es wurden ein gemeinsamer Rat und eine gemeinsame Kommission eingesetzt. In mehreren Schritten wurden Zölle zwischen den Mitgliedstaaten abgebaut und über eine gemeinsame äußere Zollschranke gesprochen. Die mit der EG verbun-

denen Erfolge und Vorteile machten eine europäische Gemeinschaft nun auch für andere Staaten attraktiv. Im Januar 1973 traten das Vereinigte Königreich, Irland und Dänemark bei, 1981 folgte Griechenland, 1986 Spanien und Portugal. Es gab anschließend erste umfassende Änderungen der Römischen Verträge. Zum 1.1.1993 verpflichteten sich die nunmehr 12 Mitgliedsstaaten zu einem Europa ohne innere Grenzen – die Schaffung eines Binnenmarktes sollte nicht durch nationale Gesetze oder Steuern verzögert werden.

- Im Rahmen des **Vertrags von Maastricht** wurden die Gemeinschaften unter dem Dach der **Europäischen Union (EU)** zusammengefasst und ein enger Zusammenschluss in der Wirtschafts-, Innen-, Außen- und Sicherheitspolitik beschlossen. Im Juni 1993 wurden auf dem Gipfeltreffen des Europäischen Rates Kriterien festgelegt, die als Richtschnur für den Beitritt in die Europäische Gemeinschaft galten und die Bereiche Politik (demokratische und rechtsstaatliche Ordnung, Achtung der Menschenrechte, Schutz von Minderheiten), Wirtschaft (funktionierende Marktwirtschaft) und die Anerkennung des gemeinschaftlichen Besitzstandes der EU (Erfüllung europäischer Rechte und Pflichten, Übernahme des EU-Rechtsgefüges) umfassen sollten.
- 1995 traten Österreich, Schweden und Finnland der Gemeinschaft bei. 1999 wurde der **Vertrag von Amsterdam** unterzeichnet – er trug zur Demokratisierung der Entscheidungsprozesse bei, weil das Europäische Parlament gestärkt wurde. Weiterhin wurde eine intensivere Zusammenarbeit im Bereich der Asyl- und Einwanderungspolitik vereinbart und das Schengen-Abkommen wurde in den EU-Vertrag aufgenommen. Seit 1999 gibt es eine Währungsunion, in der ab 2002 der Euro auch als Bargeld gültig ist und der bisher 19 EU-Staaten angehören.
- Als bisheriger Endpunkt des Integrationsprozesses ist der **Vertrag von Lissabon** aus dem Jahr 2009 zu sehen. Durch ihn wurde die Europäische Union institutionell reformiert, mit dem Ziel, sie demokratischer, transparenter und effizienter zu machen. Der politische Entscheidungsrahmen des Europäischen Parlaments wurde vergrößert und zugleich die (Überprüfungs-)Rechte der nationalen Parlamente gegenüber der EU gestärkt.

Info Schengener Abkommen

Vereinbarung über den Abbau von Personenkontrollen an den Binnengrenzen. Beschlossen wurde die Vereinbarung im Grenzort Schengen (Luxemburg). Um die offenen Grenzen vor Missbrauch durch illegale Einwanderung und internationalem Verbrechen zu schützen, beschlossen die Schengen-Staaten eine verstärkte Kontrolle der Außen-Grenzen und eine engere Zusammenarbeit von Polizei- und Justizbehörden. Das Abkommen sollte die Schaffung des europäischen Binnenmarkts vorantreiben.

Beispiele für Prüfungsaufgaben

Die folgenden Beispielaufgaben sind teils für Leistungskurse, teils für Grundkurse konzipiert. Sie greifen die im Zentralabitur verlangten Aufgabentypen auf und stellen zunächst die zentralen Methoden zur Erschließung unterschiedlicher Materialtypen (Quellen und Darstellungen) vor. Die Lösungen sind zunächst sehr ausführlich, um Ihnen eine Orientierung zu geben, dann zunehmend auf wesentliche Aspekte gestrafft. Ab Seite 178 finden Sie Beispiele aus der Originalprüfung 2015 sowie abschließend ab Seite 200 auch Beispiele für die mündliche Abiturprüfung.

Beispiel 1: Leistungskurs, Aufgabentyp A

Interpretation sprachlicher oder nichtsprachlicher historischer Quellen
Inhaltliche Schwerpunkte: IF 6.1 und IF 4
Materialtyp: Historische Bildquelle in Form einer **Karikatur** als nichtsprachliche Quelle

Aufgabenstellung:

Interpretieren Sie die Quelle, indem Sie
1. die formalen Merkmale der Karikatur analysieren und die Bildelemente beschreiben,
2. die Karikatur in den historischen Kontext der Innen- und Außenpolitik des Deutschen Kaiserreiches einordnen und die Bedeutung der Bildelemente erläutern,
3. die Einschätzung des Karikaturisten aus zeitgenössischer Sicht beurteilen.

Methode: Eine Karikatur interpretieren

Ein Karikaturist stellt einen Sachverhalt pointiert dar. Seine Position dazu ist meist kritisch. Übertreibung und Verfremdung sind gängige Stilmittel, eine Situation oder Person wird überzeichnet oder bis zur Lächerlichkeit verzerrt. Die Auseinandersetzung mit einer Karikatur soll aufzeigen, wie in der dargestellten Zeit gesellschaftliche und politische Zustände, Entwicklungen, Ereignisse, Personen und Sachverhalte gesehen und aus einer bestimmten Perspektive bewertet wurden. Der aufgezeigte Kontrast zur Realität soll zum Nachdenken anregen. Die Beurteilung einer Karikatur muss in dem Bewusstsein erfolgen, dass eine zeitgenössische Meinung dargestellt wird.

Materialgrundlage:
„Moderne Schädelstudie“

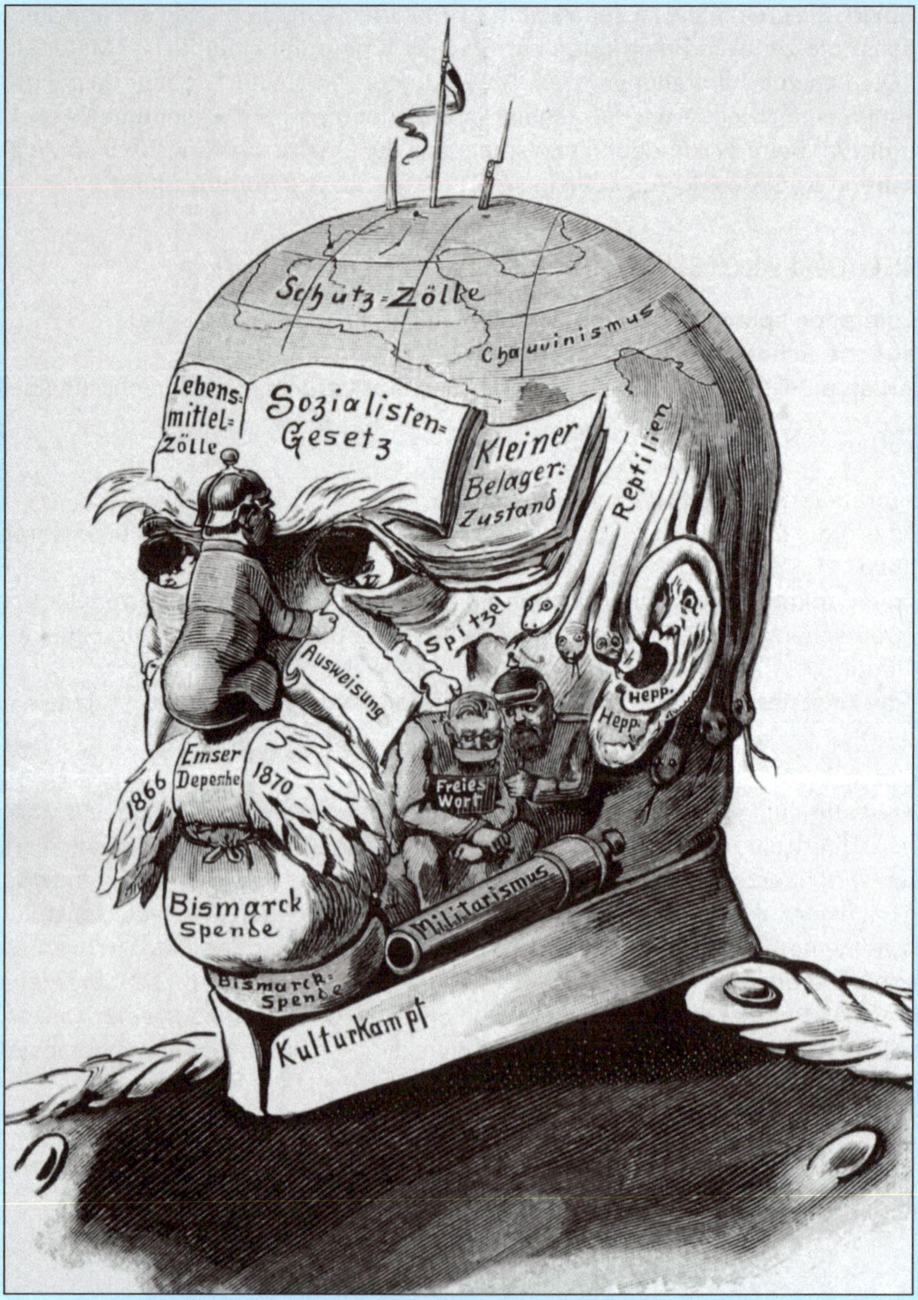

Ursprünglicher Titel: „Der Vater der ersten Umsturzvorlage“ von Robert Holoch, 1879

Quelle: Der Wahre Jacob. Illustrierte Zeitschrift für Satire, Humor und Unterhaltung, Berlin 1879; Später reproduziert unter dem Titel: „Bismarck ohne Maske“ Fundstelle: www.preussenchronik.de

Die Erschließung erfolgt schrittweise:

Schritt 1: Benennen Sie die äußeren formalen Kriterien.

Karikatur-Typ (Ereignis, Prozess, Zustand), den Zeichner der Karikatur, den Auftraggeber (falls möglich), den Zeitpunkt der Veröffentlichung oder die Entstehungszeit, das Publikationsorgan, den Titel (Beschriftungen, zusätzlichen Text), das Thema, die Adressaten/die Zielgruppe.

Schritt 2: Beschreiben Sie die einzelnen Bildelemente.

Anordnung der Karikatur (Überschrift, Textelemente, Bildaufbau, Bildelemente), Gestaltungsmittel (Figurendarstellung: Mimik, Gestik, Kleidung, Gegenstände, Symbole), stilistische Mittel (Symbole, Metaphern, Personifikationen, Allegorien), Besonderheiten (Proportionen), die verwendeten Bildsymbole und ihre Bedeutung, die dargestellte Situation oder die historischen Zusammenhänge (Ereignis, Epoche, evtl. Konflikt, Person).

Schritt 3: Deuten Sie die Bildelemente im historischen Zusammenhang.

Zentrale Bildaussage (= Botschaft), Absicht/Ziele des Karikaturisten/des Auftraggebers, Wirkung auf den zeitgenössischen Betrachter/heute, Überzeugungskraft der bildlichen Mittel/textlichen Gestaltung, typisch Zeitgenössisches, wertende Aussagen (die Sie aus heutiger Sicht und mit Ihren Wertmaßstäben unterstützen, ablehnen, kritisch sehen?), sachliche Angemessenheit der Aussage.

Schritt 4: Formulieren Sie im Hinblick auf die Leitfrage eine Schlussfolgerung.

Trifft die Kritik der Karikatur die historische Realität oder gibt sie diese bewusst falsch wieder?

Beispiellösung zu Prüfungsbeispiel 1

Aufgabe 1: Analysieren und Beschreiben

Formale Analyse: Äußere formale Merkmale wiedergeben.
Beschreiben der Bildelemente: Strukturiert die einzelnen Bildelemente beschreiben, noch ohne Deutung oder Urteil.
Ziel: Sie sollen bei der Erarbeitung dieser Aufgabe zeigen, dass Sie das Material verstanden haben und es in seinen Grundzügen vorstellen können, um es für die weitere Interpretation zu nutzen.

Teillösung: formale Analyse

Karikaturtyp: personale Individualkarikatur, Zustandskarikatur
Karikaturist: Robert Holoch, deutscher Karikaturist
Auftraggeber: unbekannt
Zeit: Die Karikatur erschien 1879.
Publikationsorgan: „Der Wahre Jacob“, illustrierte Zeitschrift für Satire, Humor und Unter-

haltung. „Der Wahre Jacob" war eine deutsche sozialdemokratische Satirezeitschrift, die 1879 gegründet wurde und mit Unterbrechungen bis 1933 erschien. Im Umfeld der SPD war sie zeitweilig die meistgelesene Zeitschrift. Der Name leitet sich aus einer Redensart ab, die auf die biblische Erzählung von Jakob und Esau zurückgeht: Gemeinst ist, dass etwas den Kern der Sache trifft (Jakob = der Hinterlistige). Schon im Jahr 1933 wurde die Zeitschrift von den Nationalsozialisten verboten.
Titel: „Bismarck ohne Maske" (reproduziert). Ursprünglicher Titel: „Moderne Schädelstudie. Der Vater der ersten Umsturzvorlage."
Thema: Die Karikatur zeigt auf, mit welchen Mitteln Bismarck seine Politik betrieb, gerade in Bezug auf den Umgang mit den Sozialdemokraten.
Adressaten: Politisch Interessierte und die Leserschaft der Zeitschrift, also in erster Linie Leser aus dem Umfeld der Sozialdemokraten.
Kontext: 1879, als die Karikatur erschien, drehte sich die innenpolitische Diskussion im Deutschen Kaiserreich um die Sozialistengesetze und außenpolitisch wurde der Zweibund mit Österreich-Ungarn geschlossen.

Teillösung: inhaltliche Analyse (als Beschreibung)

Die Karikatur „Bismarck ohne Maske" besteht aus dem Kopf von Bismarck und einem kleinen Teil seiner Schultern. Der Kopf ist eine Collage aus Körpern, Gegenständen, Ereignissen, Tieren und Schlagwörtern. Der obere Schädel zeigt einen Umriss des Deutschen Reichs mit Elsass-Lothringen, Württemberg und Bayern, beschriftet mit dem Wort „Schutz-Zölle". Südöstlich steht statt „Österreich" der Begriff „Chauvinismus". Aus dem Schädel heraus, mitten in Preußen, ragen drei „Stangen", ein Säbel, eine Pike und ein Bajonett. Süddöstlich zu Russland hin verschwimmen die Landesgrenzen in zehn Schlangenkörper, von denen man sechs Köpfe sieht. Auf den Schlangen steht das Wort „Reptilien". Zwischen den Schlangenköpfen ist Bismarcks linkes Ohr als ein verzerrtes Gesicht abgebildet, dort stehen die Worte „Hepp Hepp". Die Stirn Bismarcks ist als aufgeschlagenes Buch angelegt: Links steht „Lebensmittelzölle", rechts „Sozialisten-Gesetz". Darunter zeigt ein weiteres aufgeschlagenes Buch die Beschriftung „Kleiner Belager[ungs]zustand". Die Nase besteht aus einem typisch preußischen Soldaten mit Pickelhaube, den man von hinten sieht und der sich (sitzend) auf Bismarcks Bart befindet. Rechts unterhalb des Auges steht „Ausweisung". Der Bart des Reichskanzlers ist ein halber Siegerkranz, auf dessen Mitte das Wort „Emser Depesche" steht, links „1866" und rechts „1870". Das Kinn zeigt sich als Geldsack mit dem Begriff „Bismarckspende". Die Augen bilden zwei Männer mit Kopfbedeckung, die einer nicht erkennbaren Bevölkerungsgruppe angehören. Von dem linken Menschen sieht man nur ein Teil des Gesichts, vom rechten das Gesicht und den Oberkörper sowie den rechten Arm, der von hinten mit einer Faust auf zwei hockende Männer „zielt". Zwischen ihm und den hockenden Männern steht das Wort „Spitzel". Die beiden hockenden Männer sitzen nah beieinander, einer ist geknebelt, auf der Brust steht „Freies Wort". Unter den hockenden Männern ist eine mit „Militarismus" beschriftete Kanone. Auf dem weißen Kragen von Bismarcks Uniform steht das Wort „Kulturkampf". Ansonsten sind von seiner Uniform nur die Schultertressen zu sehen. Die Karikatur ist in Graustufen abgebildet. Bismarck wird trotz des „zusammengesetzten" Gesichts stolz und erhaben gezeigt. Der verwendete Titel lautet „Moderne Schädelstudie" (ursprünglicher Titel: „Der Vater der ersten Umsturzvorlage").

Aufgabe 2: Einordnen und Erläutern

Einordnen: Sachverhalte in einen historischen Zusammenhang bringen.
Erläutern: Den beschriebenen Elementen durch Wissen und Einsichten eine begründete Deutung geben, sie in einen Zusammenhang bringen und durch zusätzliche Informationen verdeutlichen.
Ziel: In dieser Teilaufgabe wird erwartet, dass das Material in den historischen Kontext eingeordnet wird, der in Bezug zum Material darzulegen ist. Hier wird vor allem nach den innen- und außenpolitischen Ereignissen, Personen und Einrichtungen gefragt.
Bildelemente erläutern: Zusätzliche Berücksichtigung von historischen Beispielen, die in Bezug zum Material stehen und für das Gesamtverständnis wichtig sind.
Tipp: Für eine übersichtliche und nachvollziehbare Lösung strukturieren Sie Ihre Ergebnisse entsprechend den angegebenen Operatoren.

Es soll zunächst der konkrete Zeitpunkt der Erstellung bzw. Veröffentlichung der Karikatur benannt werden und sie soll anschließend in den Kontext der Innenpolitik und der Außenpolitik gestellt werden.

Die Karikatur wurde 1879 veröffentlicht, über den Zeitpunkt der Erstellung sind keine Angaben bekannt, aber aufgrund der dargestellten Ereignisse ist eine Erstellung vor 1879 unwahrscheinlich. Innenpolitisch ist diese Zeit, acht Jahre nach der Gründung des Deutschen Kaiserreichs, geprägt von Interessengruppen und „Reichsfeinden". Von 1871 bis 1878 versuchte Bismarck mit vielen Maßnahmen, die unter den Begriff „Kulturkampf" zusammengefasst werden, den „ultramontanen", d. h. von Rom aus gelenkten Katholizismus als politische Kraft auszuschalten, die in seinen Augen reichsfeindlichen Katholiken zu kontrollieren. Seine Maßnahmen waren dabei rechtsstaatlich umstritten: 1871 „Kanzelparagraph"; 1872 „Jesuitengesetz"; 1872 Schulaufsichtsgesetz; 1873 „Kulturexamen"; 1874 „Expatriierungsgesetz"; 1874 „Zivilstandsgesetz"; 1875 „Brotkorbgesetz".

Eine andere Bedrohung des Reichs sah Bismarck in den Sozialdemokraten, die er als Keimzelle der Weltrevolution betrachtete, definitiv eine Gefahr für die Monarchie. Zwei Attentatsversuche auf den Kaiser 1878 brachte Bismarck mit den Sozialisten in Verbindung. Er ließ neu wählen. Der neu gewählte Reichstag stimmte schließlich Bismarcks Sozialistengesetz („Gesetz gegen die gemeingefährlichen Bestrebungen der Sozialdemokratie") zu. Insgesamt versuchte Bismarck, die Sozialdemokraten durch eine Doppelstrategie zu bekämpfen: „Sozialistengesetze": Verbot aller sozialdemokratischen Vereine, Versammlungen und Publikationen, nicht jedoch der Partei; Verhaftung und Ausweisung führender Sozialdemokraten; „Sozialgesetzgebung": Einführung eines staatlichen Systems der Sozialversicherung: 1883 Krankenversicherung, 1884 Unfallversicherung, 1889 Alters- und Invaliditätsversicherung.

Außenpolitisch war das Deutsche Kaiserreich in Bismarcks strategischen Bündnisvorstellungen verhaftet. 1879 gab es das Drei-Kaiser-Abkommen (1873, Österreich, Russland und Deutschland) und den Zweibund (1879, Österreich/Deutschland).

Das in der Karikatur aufgeführte Jahr 1866 nennt das Jahr des Deutschen Kriegs zwischen dem Deutschen Bund unter der Führung Österreichs und dem Königreich Preußen sowie dessen Verbündeten, der auf Streitigkeiten der Verwaltungen der Herzogtümer Schleswig (durch Preußen) und Holstein (durch Österreich) zurückging. Der Sieg Preußens hatte die

Auflösung des Deutschen Bundes zur Folge; Preußen übernahm die politische Vormachtstellung unter den deutschen Ländern und gründete den Norddeutschen Bund.
Das Jahr 1870 gibt das Jahr des Deutsch-Französischen Kriegs an. Bismarck hielt nach dem Sieg über Österreich einen Krieg mit Frankreich für ein geeignetes Mittel, die nationale Einigung Deutschlands unter der Führung Preußens durch „Eisen und Blut" zu vollenden. Die süddeutschen Staaten hatten sich mit dem Norddeutschen Bund zur Waffenbrüderschaft verpflichtet und sollten nach einem Sieg über Frankreich auch politisch in das neu zu gründende Reich eingebunden werden. In politisch gegensätzlichen Diskussionen über die potenzielle Thronfolge eines Hohenzollern auf dem spanischen Thron hatte Frankreich Position dagegen genommen. Wilhelm I. ließ Bismarck telegrafisch über die Forderungen Frankreichs informieren (Emser Depesche), Bismarck nutzte den Text propagandistisch, sodass die deutsche Bevölkerung ihn als Beleidigung empfand. Frankreich erklärte Preußen den Krieg. Nach dem Sieg über Frankreich wurde das Kaiserreich als konstitutionelle Monarchie gegründet, der preußische König war zugleich Deutscher Kaiser und Bismarck wurde Reichskanzler.

Die einzelnen Bildelemente werden gedeutet.
Schutz-Zölle (im Umriss des Deutschen Reiches): Schon seit Beginn der Gründerkrise 1873 fielen die Preise für Agrar- und Industrieprodukte drastisch. Die Reichsregierung erließ deshalb 1879 Schutzzölle auf ausländische Agrar- und Industrieprodukte, um die deutsche Wirtschaft zu begünstigen und zu einer Stabilisierung der Preise beizutragen. „Chauvinismus" ist als übersteigerter Nationalismus verbunden mit Hass und Verachtung gegenüber anderen Ländern. Bismarck und das Deutsche Reich, besonders Preußen, wurden als überheblich gegenüber anderen europäischen Nationen (vor allem Frankreich) dargestellt. Die „Drei Haare" sind ein typisches Stilmittel der Bismarck-Darstellung. Schlangen sind ein zweideutiges Symbol: Im christlichen Verständnis stehen sie für die Versuchung durch das Böse, für Zerstörung und Hinterlist. Doch sie stehen auch für den Äskulapstab, die heilende Wirkung der Medizin. In Verbindung mit Bismarck zeigt sich hier die Kontroverse um Bismarcks Würdigung als Außenminister und als Innenpolitiker, die positive wie negative Aspekte umfasst. Reptilienfonds spielen auf „Schwarzgeld" an: Nach dem Preußisch-Österreichischen Krieg von 1866 nutzte Bismarck Gelder aus dem beschlagnahmten Privatvermögen des Königs Georg V. von Hannover (Welfenfonds) und Mitteln des hessischen Kurfürsten Friedrich Wilhelm I., um sich eine positive Presse zu erkaufen und die Zustimmung des bayerischen Königs Ludwig IV. zum Krieg gegen Frankreich zu erhalten.
Bücher (Bismarcks Stirn) mit den Begriffen „Lebensmittelzölle", „Sozialistengesetze" und „kleiner Belagerungszustand": Am 21. Oktober 1878 wurde im Reichstag mit den Stimmen der Konservativen und der Nationalliberalen das „Sozialistengesetz" beschlossen. Der „kleine Belagerungszustand" waren ordnungspolizeiliche Maßnahmen im Rahmen der Sozialistengesetze gegen die Sozialdemokratie. Soldat mit Pickelhaube (Bismarcks Nase): Die Pickelhaube ist das Symbol preußischer Militärmacht. Siegerkranz mit „Emser Depesche" und den Jahreszahlen 1866 und 1870 (Bismarcks Bart): „Heil dir im Siegerkranz" war bis 1871 die preußische Volkshymne, dann wurde es zur Kaiserhymne und erklang bei jeder patriotischen Gelegenheit. Der Siegerkranz ist damit das Symbol für Vaterland, Sieg und Kaiser. Die beiden Daten 1866 und 1870, die den Begriff „Emser Depesche" einrahmen,

zeigen in Verbindung mit dem Siegerkranz, dass es der Preußisch-Österreichische Krieg und der Deutsch-Französische Krieg waren, die die Gründung des Deutschen Kaiserreichs, des Nationalstaats erst möglich machten und dass es Bismarck war, der daran großen Anteil hatte. Geldsack mit „Bismarckspende" (Bismarcks Kinn): Man munkelte, dass Bismarck mehr als alle Ehren materielle Geschenke schätzte. 1867 erhielt er vom König die Summe von 400 000 Talern zum Kauf des Guts Varzin in Pommern. 1877 schenkte Wilhelm ihm den Sachsenwald im Herzogtum Lauenburg. Die Darstellung in der Karikatur zeigt Bismarck also in gewisser Weise als käuflich, als jemanden, der seine Macht zu seinem persönlichen Vorteil nutzte. Menschen/Männer mit Kopfbedeckung und das Wort „Spitzel" (Bismarcks Augen): Im Zusammenhang der Karikatur sind hier wohl Polizeispitzel gemeint, die nach Einführung der Sozialistengesetze und nach dem Verbot von sozialdemokratischen Zusammenkünften zunehmend stärker eingesetzt wurden. Hockende Männer, einer geknebelt und mit zusammengebundenen Händen mit dem Begriff „Freies Wort": Das Sozialistengesetz hatte die Presse und auch die Redefreiheit der Sozialdemokratischen Partei zerstört. Kanone mit dem Begriff „Militarismus": Das Militär nahm eine Sonderstellung im Deutschen Kaiserreich ein, mit Auswirkungen auf die Politik und die Gesellschaft. Unter Militarismus versteht man allgemein die Übertragung militärischer Wertvorstellungen auf nichtmilitärische Lebensbereiche. Bismarck stand dem Militär sehr positiv gegenüber. Weißer Kragen mit dem Begriff „Kulturkampf": Der Kragen erinnert an den weißen Kragen eines Kirchenmannes, was durch den Begriff des Kulturkampfs unterstrichen wird. Bismarck war ein strikter Befürworter der Trennung von Staat und Kirche und er sah das Deutsche Kaiserreich durch die Katholiken bedroht. Titel „Moderne Schädelstudie": Schädelstudien dienen dem biologischen oder medizinischen Vergleich. Anfang des 19. Jahrhunderts versuchte Franz Josef Gall durch die Untersuchung von Schädelformen Erkenntnisse über Charakter- und Denkeigenschaften von Menschen zu gewinnen. Die Karikatur will demnach Bismarck als Persönlichkeit deuten.

Die einzelnen gedeuteten Bildelemente werden in einen sachlogischen Zusammenhang gebracht.

Bismarck wird hier gezeigt als ein Staatsmann, der alle Bereiche bestimmt, klare Prioritäten hat und seine Vorstellungen mit allen ihm zur Verfügung stehenden Mitteln durchsetzt. Er hat folgende Ziele: die Ausschaltung der so genannten „Reichsfeinde", der katholischen Kirche (Kulturkampf) und der Sozialdemokraten (Sozialistengesetze).

Aufgabe 3: Beurteilen

Beurteilen: Stellenwert der vom Zeichner dargestellten Situation in einem Zusammenhang bestimmen, um ohne persönlichen Wertebezug zu einem begründeten Sachurteil zu gelangen.
Ziel: Sie sollen hier zu einer eigenständigen und begründeten Folgerung gelangen und die dargestellten Sachverhalte bzw. die damit gedeuteten Aussagen im Zusammenhang überprüfen sollen, um eine Aussage über deren Richtigkeit oder Angemessenheit zu treffen. Sie sollen keine eigene Meinung darlegen, sondern nur aufgrund von fundierten Sachkenntnissen die zusammenhängende Aussage der Karikatur beurteilen. Formulierungsmöglichkeiten könnten etwa sein: *„Die Einschätzung des Karikaturisten ist nachvollziehbar / überzeugend / widersprüchlich /*

stichhaltig / schlüssig / ...", oder „*Der Karikaturist argumentiert einseitig / widersprüchlich / ...*", oder „*In seiner Einschätzung berücksichtigt der Karikaturist ... nicht.*" Auf keinen Fall dürfen hier Formulierungen wie „*Ich glaube ...*", „*Ich bin der Meinung, dass ...*" oder „*Ich finde, dass ...*" verwendet werden, weil damit immer die eigene Meinung bekundet wird.
Zeitgenössisch meint im Zusammenhang dieser Aufgabe, dass die Einschätzung des Karikaturisten aus seiner Zeit heraus beurteilt werden soll und nicht nach den heutigen Sachkenntnissen.

Zunächst wird die Richtigkeit der Darstellung und der Aussagen überprüft.
Der Karikaturist zeigt Bismarck als einen konservativen Politiker, der es geschafft hat, einen einheitlichen Staat zu gründen und der versucht, diesen mit allen Mitteln zu erhalten. - Auch wenn Bismarck risikobereit war und auch neue Wege in seiner Politik beschritt, zeigte er doch eine hohe politische Intelligenz und versuchte, den Kern der bestehenden Staats- und Gesellschaftsordnung zu wahren. Er hatte einen Blick für alle Belange des Staates und versuchte, alle Bereiche des komplexen Gefüges mit zu gestalten, was ihm über lange Zeit hinweg auch gelang. Der Karikaturist zeigt deutlich seinen Zorn über die Maßnahmen Bismarcks bezüglich der Sozialdemokraten. Er macht deutlich, wie weit diese bis hinein in die alltägliche Privatsphäre reichten. - Bismarck nahm die „sozialistische Bedrohung" sehr ernst und versuchte auf zweierlei Wegen („Zuckerbrot und Peitsche"), die Sozialdemokratie einzudämmen.
Bismarck wird in der Karikatur auch mit seinen „im Verborgenen getätigten Handlungen" dargestellt (Bismarckspende, „Reptilienfonds") und klar verurteilt. - Es ist tatsächlich so, dass Bismarck die Gesetze häufig nach seinem Verständnis auslegte und in seinem Handeln keine Verletzung der Verfassung sah oder auch nur moralische Bedenken hatte. Weil die Parteien auf ihn angewiesen waren, wie er auch auf sie, konnte er trotzdem immer auf genügend Stimmen zurückgreifen, um seine Vorstellungen durchzusetzen.
Deutlich zu sehen in der Karikatur ist die große Bedeutung des Militärs, die ungewöhnliche Machtstellung der preußischen Armee und auch der Polizei. - Das entspricht den Tatsachen. Das preußische Militär beispielsweise war ein fester Bestandteil des deutschen Heeres und hatte auch in anderen Bereichen, in nichtmilitärischen Lebensbereichen, großen Einfluss.
Einen positiven Aspekt kann man als Betrachter in der außenpolitischen Darstellung sehen (Emser Depesche auf Siegerkranz). Bismarck ist es tatsächlich gelungen, auf militärischen ‚Erfolgen' aufbauend einen Nationalstaat zu errichten.

Abschließend kommt es zu einem zusammenfassenden Sachurteil.
Die Karikatur ist wahrscheinlich aus Sicht eines Sozialdemokraten oder eines Sympathisanten der Sozialdemokratie zu lesen und zu betrachten. Der Zorn über die Maßnahmen zur Bekämpfung der Sozialdemokratie kommt deutlich zum Ausdruck.
Zusammenfassend lässt sich sagen, dass der Karikaturist Bismarck ganz gut trifft: Er zeigt viele kritische Aspekte der politischen Figur, etwa einen gewissen Fanatismus. Aber Bismarck wirkt dennoch auch stolz und erhaben, in Siegerpose und unantastbar. Diese Doppeldeutigkeit charakterisiert den Reichskanzler ganz gut: Außenpolitisch war er jemand, dem es gelang, die Position des Deutschen Reiches über Jahrzehnte zu erhalten und diesem Anerkennung zu verschaffen, innenpolitisch überzog er manches.

Beispiel 2: Leistungskurs, Aufgabentyp A

Interpretation sprachlicher oder nichtsprachlicher historischer Quellen
Inhaltlicher Schwerpunkt: IF 5, IF 6.2, IF 7
Materialtyp: Politische Rede in Form einer Regierungserklärung als sprachliche Quelle

Aufgabenstellung:

Interpretieren Sie das vorliegende Material, indem Sie
1. es anhand der formalen und inhaltlichen Kriterien analysieren und die Schwerpunkte der Reformpolitik Brandts herausarbeiten,
2. die Regierungserklärung in den ereignisgeschichtlichen Kontext einordnen und Brandts politischen Ansätze im Gesamtkontext der Politik der BRD erläutern,
3. die Reformbestrebungen von Willy Brandt vor dem Hintergrund der gesellschaftspolitischen Entwicklungen in der Bundesrepublik und der DDR seit 1961 beurteilen.

Methode: Eine politische Rede interpretieren

Politische Reden gelten als klassische Form der historischen Quelle. Der Redner oder die Rednerin spricht zu einem relevanten Sachverhalt, in der Regel engagiert und mit dem Ziel, die Adressaten zu informieren oder sie zu überzeugen. Um zu überzeugen, wird die Überlegenheit der eigenen Position argumentativ gestützt – das macht Reden bezüglich der zeitgenössischen Perspektive so informativ.

Schritt 1: Benennen Sie die äußeren formalen Kriterien.

Autor/Redner (sozialer Status, Funktion): *Wer?;* Textsorte „politische Rede“ in ihren besonderen textspezifischen Merkmalen charakterisieren: *Wie? Auf welche Weise?;* Thema: *Was?;* Ort des Vortrags: *Wo?;* historischer Kontext der Rede: *Wann?*; Adressatenkreis: *Für wen?;* Intention der Rede: *Warum?*

Schritt 2: Geben Sie den Text strukturiert wieder.

Erarbeiten Sie die folgenden Aspekte systematisch, um die Rede schrittweise zu erschließen und ein Konzept (Gliederung) für Ihre Ausarbeitung zu entwickeln. Geben Sie Wichtiges unter Beachtung von Thema, These und Argumentation wieder.
Aspekt Inhalt: Zentrales Thema; Schlüsselbegriffe, Kernbegriffe, Schlagwörter, Kurzformen und Floskeln; Struktur/Gliederung: These, Argumente/Gegenargumente, ggf. Beispiele; Wirkung der Argumentation plausibel, logisch und den Tatsachen entsprechend?
Aspekt Redner: Redner/in; Form der Rede; Absichten, ideologische Grundpositionen/Überzeugungen; sprachliche Handlungen, z. B. Manipulation; Selbstoffenbarung?
Aspekt Adressaten: Anhänger oder Gegner, ideologische Grundüberzeugungen/Wertehorizont des Publikums; emotionale oder soziale Beziehung zwischen Redner und Zuhörer; Umgang mit ab- oder anwesenden politischen Gegnern?

Aspekt Rhetorik/sprachliche Mittel: Redetyp: sachlich informierend oder appellativ; sprachliche Besonderheiten/rhetorische Mittel; Redeabsicht/Wirkung?
Aspekt historischer Kontext: Ort und Zeitpunkt des Vortrags, politische Situation; thematischer Zusammenhang; spontane oder vorbereitete Rede; Thesen strittig oder Konsens; Wirkungen der Rede in der Folgezeit/Einfluss auf die politische Meinungsbildung/Medieninteresse?

Tipp zum Punktesammeln

- **Wichtig:** Jeder Satz sollte mindestens eine **wesentliche Information** enthalten. Formulieren Sie deutlich, aber kurz und präzise.
- Der Inhalt der Rede wird im **Präsens** dargestellt, z. B.: *Der Redner sagt, er habe bemerkt, dass …* Der historische Kontext (Einleitung, Fazit) wird im **Präteritum** verfasst, z. B.: *Der Bundeskanzler hielt die Rede vor …*
- Geben Sie Redepassagen in **indirekter Rede** mit dem **Konjunktiv I** wieder. Jede Redewiedergabe muss mit **Zeilenangabe am Text belegt** werden.
- Jedes aufgeführte **sprachliche Mittel** muss **exakt benannt** werden und am Text stichhaltig mit dem gewünschten Zweck belegt werden (mit Zeilenangabe).
- Die entscheidende (und auch schwierige) Leistung ist das Erkennen der **Hauptargumentationslinien** und der damit verbundenen rhetorischen Mittel. Arbeiten Sie den Kausalzusammenhang der Rede heraus und verzetteln Sie sich nicht in Nebensächlichkeiten.

Anschließend folgt die **Interpretation**. Gehen Sie so vor:

1. Fassen Sie die Intention der Rede knapp zusammen, arbeiten Sie die Interessen und Motive im historischen Gesamtkontext heraus und hinterfragen sie diese kritisch.
2. Ergänzen Sie die Textaussagen mit eigenem historischem Wissen, erläutern und beurteilen Sie sie im historischen Problemzusammenhang.
3. Zeigen Sie die Redestrategie auf und beurteilen Sie diese.
4. Formulieren Sie ein abwägendes Gesamturteil mit Blick auf die Leitfrage(n).

Materialgrundlage: „Mehr Demokratie wagen“

Regierungserklärung, 28.10.1969 *Willy Brandt*

Wir sind entschlossen, die Sicherheit der Bundesrepublik und den Zusammenhalt der deutschen Nation zu wahren, den Frieden zu erhalten und an einer europäischen Friedensordnung mitzuarbeiten, die Freiheitsrechte und den Wohlstand unseres Volkes zu erweitern und unser Land so zu entwickeln, dass sein Rang in der Welt von morgen anerkannt und gesichert sein wird. Die Politik dieser Regierung wird im Zeichen der Kontinuität und im Zeichen der Erneuerung stehen.

Unser Respekt gebührt dem, was in den vergangenen Jahren geleistet worden ist – im Bund, in den Ländern und in den Gemeinden, von allen Schichten unseres Volkes. Ich nenne die Namen Konrad Adenauer, Theodor Heuss und Kurt Schumacher stellvertretend für viele andere, mit denen die Bundesrepublik einen Weg zurückgelegt hat, auf den sie stolz sein kann. Niemand wird die Leistungen der letzten zwei Jahrzehnte leugnen, bezweifeln oder geringschätzen. Sie sind Geschichte geworden. [...]

Wir wollen mehr Demokratie wagen. Wir werden unsere Arbeitsweise öffnen und dem kritischen Bedürfnis nach Information Genüge tun. Wir werden darauf hinwirken, dass durch Anhörungen im Bundestag, durch ständige Fühlungsnahme mit den repräsentativen Gruppen unseres Volkes und durch eine umfassende Unterrichtung über die Regierungsarbeit jeder Bürger die Möglichkeit erhält, an der Reform von Staat und Gesellschaft mitzuwirken.

Wir wenden uns an die im Frieden nachgewachsenen Generationen, die nicht mit den Hypotheken der Älteren belastet sind und belastet werden dürfen; jene jungen Menschen, die uns beim Wort nehmen wollen – und sollen. Diese jungen Menschen müssen aber verstehen, dass auch sie gegenüber Staat und Gesellschaft Verpflichtungen haben. [...]

Mitbestimmung, Mitverantwortung in den verschiedenen Bereichen unserer Gesellschaft wird eine bewegende Kraft der kommenden Jahre sein. Wir können nicht die perfekte Demokratie schaffen. Wir wollen eine Gesellschaft, die mehr Freiheit bietet und mehr Mitverantwortung fordert. Diese Regierung sucht das Gespräch, sie sucht kritische Partnerschaft mit allen, die Verantwortung tragen, sei es in den Kirchen, der Kunst, der Wissenschaft oder in anderen Bereichen der Gesellschaft. [...]

Zu den Schwerpunkten der Wirtschafts- und Gesellschaftspolitik gehört das Bemühen um eine gezielte Vermögenspolitik. Die Vermögensbildung in breiten Schichten – vor allem in Arbeitnehmerhand – ist völlig unzureichend, sie muss kräftig verstärkt werden. [...]

Bildung und Ausbildung, Wissenschaft und Forschung stehen an der Spitze der Reformen, die es bei uns vorzunehmen gilt. Das Ziel ist die Erziehung eines kritischen, urteilsfähigen Bürgers, der imstande ist, durch einen permanenten Lernprozess die Bedingungen seiner sozialen Existenz zu erkennen und sich ihnen entsprechend zu verhalten. Die Schule der Nation ist die Schule. Die Bildungspolitik kann und darf nicht mehr nach Ausbildungsstufen isoliert betrachtet werden. Bildung, Ausbildung und Forschung müssen als ein Gesamtsystem begriffen werden, das gleichzeitig das Bürgerrecht auf Bildung sowie den Bedarf der Gesellschaft an möglichst hoch qualifizierten Fachkräften und an Forschungsergebnissen berücksichtigt. [...]

Die Regierung kann in der Demokratie nur erfolgreich wirken, wenn sie getragen wird vom demokratischen Engagement der Bürger. Wir haben so wenig Bedarf an blinder Zustimmung, wie unser Volk Bedarf hat an gespreizter Würde und hoheitsvoller Distanz. Wir suchen keine Bewunderer; wir brauchen Menschen, die kritisch mitdenken, mitentscheiden und mitverantworten.

Das Selbstbewusstsein dieser Regierung wird sich als Toleranz zu erkennen geben. Sie wird daher auch jene Solidarität zu schätzen wissen, die sich in Kritik äußert. Wir sind keine Erwählten; wir sind Gewählte. Deshalb suchen wir das Gespräch mit allen, die sich um diese Demokratie mühen.

In den letzten Jahren haben manche in diesem Lande befürchtet, die zweite deutsche Demokratie werde den Weg der ersten gehen. Ich habe dies nie geglaubt. Ich glaube dies heute weniger denn je.

Nein: Wir stehen nicht am Ende unserer Demokratie, wir fangen erst richtig an. [...]

Aufgabe der praktischen Politik in den jetzt vor uns liegenden Jahren ist es, die Einheit der Nation dadurch zu wahren, dass das Verhältnis zwischen den Teilen Deutschlands aus der gegenwärtigen Verkrampfung gelöst wird. 20 Jahre nach Gründung der Bundesrepublik Deutschland und der DDR müssen wir ein weiteres Auseinanderleben der deutschen Nationen verhindern; also versuchen, über ein geregeltes Nebeneinander zu einem Miteinander zu kommen.

Dies ist nicht nur ein deutsches Interesse, denn es hat seine Bedeutung auch für den Frieden in Europa und für das Ost-West-Verhältnis. Unsere und unserer Freunde Einstellung zu den internationalen Beziehungen der DDR hängt nicht zuletzt von der Haltung Ostberlins ab. Im Übrigen wollen wir unseren Landsleuten die Vorteile des internationalen Handels und Kulturaustausches nicht schmälern.

Die Bundesregierung [...] bietet dem Ministerrat der DDR erneute Verhandlungen beiderseits ohne Diskriminierung auf der Ebene der Regierungen an, die zu vertraglich vereinbarter Zusammenarbeit führen sollen. Eine völkerrechtliche Anerkennung der DDR durch die Bundesregierung kann nicht in Betracht kommen. Auch wenn zwei Staaten in Deutschland existieren, sind sie doch füreinander nicht Ausland, ihre Beziehungen zueinander können nur von besonderer Art sein. [...]

Quelle: Auszug aus der Regierungserklärung Willy Brandts am 28.10.1969, zitiert nach: R. A. Müller (Hrsg.), Deutsche Geschichte in Quellen und Darstellung, Band 11, Stuttgart 1996, S. 35–37, bearbeitet

Beispiellösung zu Prüfungsbeispiel 2

Aufgabe 1: Analysieren und Herausarbeiten

Teillösung: formale Analyse (in Stichworten)

Thema: Leitbegriff „Demokratie", umfassendes Reformvorhaben mit drei wichtigen Reformprojekten: Bildungspolitik, Vermögensbildung und innerdeutsche Beziehungen.
Textart: Politische Rede in Form einer Regierungserklärung als sprachliche Quelle.
Zeit/Ort: 28.10.1969, eine Woche nach seiner Wahl zum Bundeskanzler, vor dem Bundestag in Bonn.
Redner: Willy Brandt (1913, als Herbert Ernst Karl Frahm – 1992), deutscher Politiker (SPD). 1957–1966 Bürgermeister von Berlin, Stellvertreter des Bundeskanzlers im Kabinett Kiesinger, 1969–1974 Bundeskanzler der BRD, 1964–1987 SPD-Vorsitzender.
Für seine Ostpolitik unter dem programmatischen Motto „Wandel durch Annäherung", eine Politik, die auf Entspannung und Ausgleich mit den osteuropäischen Staaten ausgerichtet war, erhielt er 1971 den Friedensnobelpreis.
1933 (nach Verbot der SAPD) Emigration nach Oslo, Aufbau einer sozialdemokratischen Zelle, Namenswechsel: Willy Brandt, Arbeit als Journalist und Berichterstatter, ab 1945

Korrespondent für skandinavische Zeitungen in Deutschland (u. a. über die Nürnberger Prozesse), Juli 1948 Rückkehr als deutscher Staatsbürger, ab 1949 politische Karriere, Berliner Abgeordneter (SPD) im ersten Deutschen Bundestag.
Kontext: 1969 erstmals nach dem Ende der NS-Herrschaft geborene Jahrgänge wahlberechtigt, Wechsel von der großen Koalition zur sozial-liberalen Regierung, Innenpolitik im Zeichen 68er-Bewegung/APO, Außenpolitik im Zeichen der Entspannung (Verständigung, Zusammenarbeit und Aussöhnung mit den Ostblockstaaten).
Adressaten: Regierungserklärung an die Mitglieder der Koalition, der Partei, der Opposition, aber auch alle anderen Bürger des Landes.
Intention: Motto „mehr Demokratie wagen", Demokratisierung der Gesellschaft durch tiefgreifende soziale und politische Reformen, Umverteilung von Vermögen, Öffnung des Bildungssystems, Formeln: „Kontinuität und Erneuerung" (Z. 11 f.) und „mehr Demokratie wagen" (Z. 27) auf den Punkt bringen.
Sprache: wenig emotional, kurze, leicht verständliche Sätze, direkte Ansprache der Zuhörenden, politische Leitbegriffe: Freiheit (Z. 54), Frieden (Z. 4), Demokratie (Z. 27, 52, 87, 104, 107,111), Mitbestimmung/Mitverantwortung (Z. 48, 54 f., 95 f.), Reform (Z. 37, 70), Volk/Gesellschaft (Z. 7, 18, 34, 37, 47, 50, 53, 60, 83, 91).

Teillösung: inhaltliche Analyse (linear der Textstruktur folgend)

Der vorliegende Auszug der Regierungserklärung lässt sich in elf Abschnitte gliedern:
Zeile 1–13: Zukunft der BRD = Sicherheit, Frieden, im Zusammenhalt der deutschen Nation, in einer europäischen Friedensordnung und im Wohlstand, damit es von allen anerkannt und geschätzt werde. Notwendig dafür seien Kontinuität und Erneuerung.
Zeile 14–26: Würdigung der vergangenen Arbeit in der und für die BRD, die sowohl von allen Schichten des Volks geleistet wurde als auch namentlich, aber stellvertretend, von Adenauer, Heuss und Schumacher. Die Leistungen der vergangenen zwanzig Jahre könnten das deutsche Volk stolz machen und würden von allen gewürdigt.
Zeile 27–38: Versprechen von mehr Transparenz und Teilhabe aller an den geplanten Reformen durch Informationen, neue Arbeitsweisen, Anhörungen, „Fühlungsnahme".
Zeile 39–47: Ansprache an die unbelastete, in Frieden aufgewachsene junge Generation mit dem Versprechen, nicht die Altlasten der Älteren übernehmen zu müssen, mit der Aufforderung, die Rechte der Demokratie einzufordern und mit dem Hinweis, dass auch diese Generation ein Pflicht gegenüber dem Staat habe.
Zeile 48–60: Die Gesellschaft solle mehr Freiheit und Mitverantwortung fordern und diese Mitverantwortung und Mitbestimmung setze enorme Kräfte frei, die zwar keine perfekte Demokratie, aber eine Regierung schaffen würden, die auf Partnerschaft und Dialog mit allen setze, die Verantwortung im Land tragen.
Zeile 61–67: Zentraler Wille der Regierung sei das Bemühen, das Vermögen in breitere Schichten zu tragen – vor allem in die Arbeiterschaft.
Zeile 68–86: Reformen in den Bereichen Bildung und Wissenschaft müssten an erster Stelle stehen, um einen kritischen und urteilsfähigen Bürger zu erziehen, der sein Dasein im Gesamtzusammenhang eines demokratischen Volkes erkenne, nutze und zeige. Das Bürgerrecht auf Bildung solle sich in einem für jeden zugänglichen Gesamtsystem aus Bildung, Ausbildung und Forschung zeigen.

Zeile 87–96: Die Demokratie müsse getragen werden von engagierten Bürgern, die nicht blind allem zustimmen, was von oben kommt, sondern die kritisch mitdenken, mitentscheiden und mitverantworten. Kritik von demokratiewilligen Bürgern werde von den Regierungsführenden geschätzt, die sich ihrer Position als vom Volk gewählt bewusst seien.
Zeile 97–124: Die demokratische Politik stehe erst am Anfang und habe in den folgenden Jahren die Aufgabe, die Einheit der Nation zu wahren, indem sich das Verhältnis von BRD und DDR zwanzig Jahre nach Gründung der beiden Staaten entspanne und ein weiteres Auseinanderleben verhindert werde. Aus einem Nebeneinander solle ein Miteinander werden.
Zeile 125–134: Brandt erachtet das Verhältnis zwischen BRD und DDR über das deutsche Interesse hinaus auch für den europäischen Frieden und das Ost-West-Verhältnis als wichtig. Zudem solle in der DDR der Vorteil des internationalen Handels und des Kulturaustausches deutlich werden.
Zeile 135–147: Die Bundesregierung sei jederzeit bereit für neutrale Verhandlungen bezüglich einer Zusammenarbeit, was aber keine völkerrechtliche Anerkennung der DDR bedeute, denn Ausland seien die beiden Staaten nicht füreinander.

Teillösung: Herausarbeiten der Schwerpunkte von Brandts Reformpolitik

Als Schwerpunkte sind zu nennen: Transparenz und Nähe zum Volk (Z. 27 ff.) = „Wir wollen mehr Demokratie wagen“; Mitbestimmung und Mitverantwortung, Freiheit (Z. 48 ff.); Das Vermögen muss breiter verteilt werden (Z. 61 ff.); Reformen in Bildung und Wissenschaft (Z. 68 ff.) = „Die Schule der Nation ist die Schule“; Erziehung zur Kritikfähigkeit des Volkes (Z. 93 ff.) = „Wir sind keine Erwählten; wir sind Gewählte“; Wahrung der Einheit der Nation und eine vertragliche Zusammenarbeit zwischen BRD und DDR, also Reformen in der Deutschlandpolitik (Z. 113 ff.) = „Über ein geregeltes Nebeneinander zu einem Miteinander“

Aufgabe 2: Einordnen und Erläutern

Hier soll zunächst der konkrete Zeitpunkt der Rede (Regierungserklärung) benannt und diese Zeit in den Gesamtkontext der BRD eingeordnet werden.

1969 war in erster Linie das Jahr der ersten sozial-liberalen Regierung in Bonn. Nachdem schon am 5.3.1969 Bundesjustizminister Gustav Heinemann zum Bundespräsidenten gewählt worden war, wählte der Bundestag am 21.10. Willy Brandt zum neuen Bundeskanzler. Zwar hatte die Wahl am 28.9. keine klaren Mehrheiten hervorgebracht, doch die Koalition aus SPD und FDP genügte für eine Regierungsbildung. Walter Scheel wurde Vizekanzler und Außenminister. Diese Regierung löste die Große Koalition ab, die 1966 aufgrund des Bruchs von CDU und FDP zustande gekommen war. Vorangegangen war eine Debatte über die Pläne der CDU/CSU, die großen Haushaltsdefizite durch Steuererhöhungen auszugleichen. Die FDP trat daraufhin aus der Koalition aus und am 1.12.1966 kam es zur Regierungsbildung von CDU/CSU und SPD.
Innenpolitisch sind die Jahre bis 1969 geprägt von den Protesten der APO. Die außerparlamentarische Opposition entwickelte sich aus der Opposition gegen die seit 1966 regierende Große Koalition aus CDU und SPD unter Bundeskanzler Kiesinger. Die parlamentarische Opposition war verschwindend klein und somit ohne politischen Einfluss. Als die Bundesregierung die Notstandsgesetzgebung durchsetzte, vergrößerten sich die Proteste in der Bevölkerung und weiteten sich aus. Die APO sah in den Gesetzen eine Entrechtung und eine

massive Kontrolle der Bürger. Eine Forderung der vorwiegend von Studenten getragenen Protestbewegung war die Demokratisierung der Universitätspolitik, die ihrer Meinung nach durch die tradierten Strukturen dem Zeitgeist zuwiderlief. Eine weitere Kritik richtete sich an die Elterngeneration, der man ihre materielle Orientierung und die Verdrängung der NS-Verbrechen vorwarf, bekleideten doch immer noch ehemalige Nationalsozialisten hohe Ämter des Landes. Den Höhepunkt der APO-Aktivitäten bildete die Zeit zwischen dem Tod von Benno Ohnesorg im Juni 1967 und dem Sommer 1968 nach dem Attentat auf SDS-Führer Rudi Dutschke. Benno Ohnesorg war an den Protesten gegen den Staatsbesuch des iranischen Schahs in Westberlin beteiligt. Nach seinem Tod radikalisierte sich die Protestbewegung. Am 11.4.1968 wurde ein Attentat auf Rudi Dutschke, eine der führenden Persönlichkeiten der APO, verübt. In der Folge kam es zu großen Demonstrationen, deren Aktionen sich vorwiegend gegen das Verlagshaus Axel Springer und die Boulevardpresse richteten. Nach 1969 spielte die APO in der Bundesrepublik keine nennenswerte Rolle mehr. Einige ehemalige Mitglieder der APO radikalisierten sich und organisierten als Rote Armee Fraktion (RAF) den „bewaffneten Widerstand".
Neben der Aussöhnungspolitik mit Frankreich unter Konrad Adenauer („Vertrag über die deutsch-französische Zusammenarbeit", Élysée-Vertrag, 1963) und den Handelsverträgen mit Polen, Rumänien und Ungarn unter Außenminister Gerhard Schröder in den Jahren 1963/64 ist außenpolitisch die „Note zur Abrüstung und Sicherung des Friedens" (die sog. Friedensnote) der Regierung Erhard vom 25.3.1966 als relevant für die 1960er-Jahre zu nennen. Die Friedensnote richtete sich vor allem an die östlichen Nachbarn der Bundesrepublik, man vereinbarte einen gegenseitigen generellen Gewaltverzicht. Der entscheidende Wandel in der deutschen Ostpolitik war in den Jahren zwischen 1963 und 1966 zu erkennen, denn eine Entspannungspolitik wurde nicht nur von konkreten Fortschritten auf dem Gebiet der Deutschen Frage abhängig gemacht. Die Außenpolitik unter der Großen Koalition zeichnete sich durch das in Kiesingers Regierungserklärung genannte Ziel der Friedenserhaltung (statt Wiedervereinigung) aus: Die bisherige Leitthese „Entspannung durch Wiedervereinigung" kehrte sich um zu „Wiedervereinigung durch Entspannung". Das Auswärtige Amt stand seit 1966 unter der Leitung von Willy Brandt (Außenminister und Vizekanzler) seine Politik zeigte schon eine neue Ausrichtung in der Ostpolitik durch Annäherungen an Bukarest, Budapest und Sofia.

Der Gedanke der vorhergehenden Leistungen der BRD wird aufgegriffen (Z. 14 ff.)

Konrad Adenauer bestimmte die Bundesrepublik Deutschland seit ihrer Gründung maßgeblich. 1917 bis 1933 war er Oberbürgermeister von Köln, die Nationalsozialisten entfernten ihn aus allen Ämtern und inhaftierten ihn. Nach 1945 konzentrierte sich Adenauer auf den Aufbau der CDU. 1948/49 war er Vorsitzender des Parlamentarischen Rats. Am 15.9.1949 wurde er zum ersten Bundeskanzler der Bundesrepublik Deutschland gewählt. Er führte bis 1963 fünf Bundeskabinette. Seine Ziele der Wiedergewinnung der nationalen Souveränität, der Westintegration und der Aussöhnung mit Frankreich erreichte er, zudem glückten in seiner Regierungszeit der Wiederaufbau und die Konsolidierung des neuen, demokratischen Staats. Hoch angerechnet wurde ihm die Heimführung der Kriegsgefangenen aus Russland. Die Wiedervereinigung stellte er zurück hinter die Anbindung an den Westen, Vorrang hatten die Verankerung der BRD im Kreis der westlichen Demokratien, die Wahrung der Freiheit und die Souveränität der Deutschen im friedlich vereinten Europa.

Theodor Heuss hatte als Mitglied des Parlamentarischen Rats großen Anteil an der Formulierung des Grundgesetzes. Er wurde 1949 zum ersten Bundespräsidenten der Bundesrepublik Deutschland gewählt und hatte die außenpolitische Aufgabe, das nach NS-Zeit und Krieg schlechte Ansehen der Deutschen in der Weltöffentlichkeit zu verbessern. Seine Gedenkrede im ehemaligen Konzentrationslager Bergen-Belsen 1952 trug positiv dazu bei: Die Behauptung, die Menschen hätten nichts von dem Völkermord und den Verbrechen der Nationalsozialisten gewusst, wies er zurück.
Kurt Schumacher begann im April 1945 mit dem Aufbau der SPD in Hannover. Vor der ersten Wahl war Schumacher der unumstrittene Führer der deutschen Sozialdemokraten. Als die SPD 1949 in die Opposition gehen musste, wurde Schumacher Oppositionsführer des ersten Deutschen Bundestags. Er wandte sich gegen Adenauers Europapolitik und setzte sich massiv für die Wiedervereinigung Deutschlands ein. Positiv hervorzuheben ist der unglaubliche Kampfeswille, den Schumacher trotz seiner gesundheitlichen Leiden aufbrachte.
Bezug zu den „Hypotheken der Älteren" (Z. 41).
Bei der Wahl 1969 waren erstmals nach dem Ende der NS-Herrschaft geborene Jahrgänge wahlberechtigt. Sie hatten mehr Distanz zu dieser Zeit als ihre Eltern und Großeltern, von denen sie verlangten, sich mit der Zeit des Nationalsozialismus auseinanderzusetzen, statt diese zu leugnen oder zu verdrängen. Eine massive Kritik der 68er-Bewegung galt der Tatsache, dass auch zu dieser Zeit noch ehemalige Nationalsozialisten in hohen Ämtern saßen. Brandt gesteht dieser jungen Generation, die in Frieden aufgewachsen ist, zu, sich mit der Vergangenheit auseinanderzusetzen, aber keine Stellvertreterschuld auf sich zu nehmen. Sie solle vielmehr das Recht wahrnehmen, das zu verlangen, was ihr ein demokratisches Land zu bieten habe, und zugleich nicht vergessen, dass sie auch Pflichten habe.
Anschließend Bezug zur „Vermögenspolitik" (Z. 63 ff.). Hier ist auf zwei Aspekte einzugehen: die breitere Verteilung des Vermögens aus sozialwirtschaftlichen Gründen und aus sozialgerechten Gründen.
Freiheit, Eigenverantwortung, Sozialverpflichtung sind tragende Säulen der Gesellschafts- und Wirtschaftsordnung in der Sozialen Marktwirtschaft. Privates Eigentum an Vermögenswerten ist eine Ausprägung dieser Grundprinzipien. Wer Vermögen hat, besitzt größere Freiheitsspielräume als der Besitzlose. Ein Zeichen praktizierte er Eigenverantwortung und Sozialverpflichtung ist die Vermögensbildung zum Zwecke der individuellen Vorsorge. Damit die Soziale Marktwirtschaft aber funktioniert, muss Kapital in die Produktion von Gütern und Dienstleistungen gelenkt werden, die den Wohlstand der Bevölkerung ausmachen, sichern und im idealen Fall vermehren. Aus diesem Grund fördert der Staat die Vermögensbildung der Bürger. Die Wurzel des Gedankens einer Umverteilung der Vermögen liegt in der Diskussion um die Soziale Frage im 19. Jahrhundert. Auch Arbeiter sollten eine menschenwürdige und lebenssichernde Existenz haben. Die SPD als sozialdemokratische Partei habe das Ziel, so Brandt, die Arbeiter teilhaben zu lassen am Gewinn der Unternehmen. Bisherige Bemühungen der breiteren Streuung von Vermögen zeigten sich in zwei Gesetzen. Das 1. Vermögensbildungsgesetz von 1961 förderte erstmals ausschließlich das Arbeitnehmersparen. 1965 gab es dann das 2. Vermögensbildungsgesetz mit dem Ziel, das private Sparen der Arbeitnehmer durch Arbeitnehmersparzulagen staatlich zu fördern.

Eingehen auf die „blinde Zustimmung" (Z. 91 ff.).

Brandt meint hiermit, dass die Kluft zwischen denjenigen, die regieren, und denjenigen, die regiert werden, überwunden werden muss. Die Menschen sollen mitdenken, kritisch sein, Verantwortung übernehmen. Damit wird das Ideal einer Staatsbürgergesellschaft aufgezeigt, die von obrigkeitsstaatlichen Traditionen entlastet sein sollte und an der alle Bürger gleichermaßen, unabhängig von ihrer sozialen Herkunft, teilhaben können: Emanzipation und Partizipation. Brandt grenzt sich bewusst von seinem Vorgänger Kurt Georg Kiesinger ab, der seine Regierungsaufgabe nicht im Sinne dieses Ideals sah. Der einzige Kanzler der Bundesrepublik mit nationalsozialistischer Vergangenheit war eher ein Bewahrer autoritärer Strukturen.

Die „zweite deutsche Demokratie" (Z. 105 ff.).

Die Weimarer Republik war der erste Versuch, Deutschland eine demokratische Staatsform zu geben. Sie scheiterte wegen des fehlenden Rückhalts in der Bevölkerung, aber auch wegen mangelnder Geschlossenheit und Unterstützung angesichts von Massenarbeitslosigkeit, Reparationsforderungen, Kriegsschäden infolge des Ersten Weltkriegs. Brandt sieht für die BRD diese Gefahr nicht, sie finde im Unterschied zu Weimar eine breite Akzeptanz. Diese Einschätzung war berechtigt, denn das Grundgesetz hatte auf die Schwäche von Weimar reagiert und einen unveränderbaren Verfassungskern eingefügt. In der BRD besteht die Möglichkeit, verfassungsfeindliche Parteien zu verbieten; zudem verhindert die 5%-Hürde eine Aufsplitterung des Parteienspektrums. Die Nachkriegsdemokratie der BRD erwies sich als wirtschaftlich und sozial stabil. Die Soziale Marktwirtschaft brachte Sicherheit und einen steigenden Lebensstandard. Die Inflation (1923), die Weltwirtschaftskrise (ab 1929) und die Massenarbeitslosigkeit in Weimar hingegen lastete man der Demokratie an.

Abschließend soll Bezug genommen werden auf die Aussagen zum Verhältnis zwischen BRD und DDR: Lösen „der gegenwärtigen Verkrampfung" (Z. 117 f.), „20 Jahre nach Gründung der BRD und der DDR" (Z. 118 f.), „erneute Verhandlungen" (Z. 136 ff.).

Das Verhältnis zwischen BRD und DDR war geprägt von gegenseitigem Misstrauen und wenig Toleranz. Der Alleinvertretungsanspruch beider Seiten verschärfte die Gegensätze. Er und die Nichtanerkennung der DDR waren bis Ende der 1960er-Jahre Hauptpfeiler der Bonner Deutschlandpolitik. Jeder offizielle Kontakt mit der SED-Führung wurde abgelehnt. Die DDR konnte ihren Alleinvertretungsanspruch völkerrechtlich nicht durchsetzen.

Nach der Kapitulation im Mai 1945 und der anschließenden Potsdamer Konferenz wurde Deutschland in vier Besatzungszonen aufgeteilt. Vier Jahre später entstand aus der amerikanischen, britischen und französischen Zone die Bundesrepublik Deutschland (23.5.1949) und aus der sowjetischen Besatzungszone die DDR (7.10.1949). Kurz nach dem Amtsantritt von Willy Brandt verhandelte die sozial-liberale Regierung mit den Machthabern der DDR, vor allem mit dem Ziel, die Folgen der Teilung für die DDR-Bevölkerung zu lindern. Diese Verhandlungen gerieten aber bald ins Stocken – zwar zeigte sich die sowjetische Regierung gegenüber der BRD nachgiebig, verlangte aber von der DDR einen klaren Abgrenzungskurs. Immerhin gab es nun Gespräche: In den 1950er-Jahren hatte es zwar von beiden Seiten Bekenntnisse zu einer Wiedervereinigung gegeben, jedoch bei gleichzeitiger Ablehnung. Die 1960er-Jahre brachten hier keine Fortschritte, Ulbricht verfolgte eine Zwei-Staaten-Doktrin. Die BRD zeigte Gesprächsbereitschaft, die Maximalforderung der DDR war ihre völkerrechtliche Anerkennung. Es kam aber doch zu einem Passierscheinabkommen 1963-

66 (Westberliner durften Verwandte im Ostteil der Stadt besuchen, das war nach dem Mauerbau zunächst nicht möglich) und zum Austausch von Noten auf Regierungsebene 1967. Erst in den 1970er-Jahren war eine Annäherung zu erkennen.

Aufgabe 3: Beurteilen

Tipp zum Punktesammeln

Vermeiden Sie Formulierungen wie *„Ich glaube …“*, *„Ich bin der Meinung, dass …“* oder *„Ich finde, dass …“*, weil damit immer die eigene Meinung bekundet wird.
Verwenden Sie Formulierungen wie: *„Der Reformwille von Willy Brandt ist nachvollziehbar / überzeugend / widersprüchlich / stichhaltig / schlüssig / …“* oder *„Der Redner berücksichtigt nicht, dass …“* oder *„In seiner Vorstellung geht Brandt davon aus, dass …“*.

Zunächst wird überprüft, in welcher Weise Brandt seine Reformvorschläge darlegt.
Brandt strebte einen gesellschaftlichen Wandel an, der auch durch eine veränderte Wissenschafts- und Bildungspolitik gelingen sollte. Er wollte innere Reformen: Eine breitere Vermögensverteilung und mehr politische Teilhabe (Demokratisierung der Gesellschaft). Weitere Reformen strebte er in der Deutschlandpolitik an: Ziel war ein Weg mit zwei Staaten, die DDR sollte, wenn nicht völkerrechtlich, so doch informell anerkannt werden. „Wir wollen mehr Demokratie wagen“ (Z. 27) sollte dank konkreter Reformvorschläge Wirklichkeit werden. Brandt verwendet in der Rede den Pluralis Majestatis (Z. 1, 14, 27, 28, 30, 39, 51) und drückt damit Zusammengehörigkeit und Partnerschaft aus, bindet sich zugleich aber an die Notwendigkeit und Umsetzung seiner Reformen.
Reformen in der Wissenschafts- und Bildungspolitik:
Brandts Reformwille ist nachvollziehbar, denn die Gesellschaft präsentierte sich im Sinne des Studentenprotests als in den Vorkriegsstrukturen verknöchert. Brandt wollte die höheren Schulen und Universitäten auch für Arbeiterkinder öffnen und strebte die Gleichwertigkeit von allgemeiner und beruflicher Ausbildung (Z. 80 ff.) und wissenschaftsorientiertes Lernen auch an den beruflichen Schulen an. Breite Bildung als Grundlage gesellschaftlicher und politischer Teilhabe war ein zentrales Thema seiner Politik. Zudem brauchte die deutsche Wirtschaft qualifizierte Fachkräfte.
Innere Reformen:
Die innenpolitischen Reformbestrebungen von Willy Brandt waren schlüssig und konsequent, denn die sozial-liberale Regierung trat als Reformregierung mit dem Willen zur Demokratisierung der Gesellschaft und zum Ausbau der sozialen Sicherheit an, traditionell Programmpunkte sozial-liberaler Politik. Es war zudem Zeit, sich von den 1968 erlassenen Notstandsgesetzen zu distanzieren, die im Parlament und in der Öffentlichkeit umstritten waren, weil man die Demokratie in Gefahr sah. Die sozial-liberale Regierung setzte sich deutlich von der Politik der Großen Koalition ab.

Reformen in der Deutschlandpolitik:
Brandt wollte mit der DDR-Regierung verhandeln und die Staatlichkeit der DDR anerkennen, was zuvor stets abgelehnt worden war, weil man den Alleinvertretungsanspruch hätte aufgeben müssen. Er knüpfte an die Bemühungen der Großen Koalition um ein entspanntes Verhältnis zu den Staaten Osteuropas an und setzte sich mit seinem engsten Mitarbeiter Egon Bahr für eine „Politik der kleinen Schritte" ein. Auf internationaler Ebene zeigte sich die Sowjetunion wenig veränderungswillig: Reformversuche der kommunistischen Partei in der Tschechoslowakei („Prager Frühling") wurden von Truppen der Warschauer-Pakt-Staaten im August 1968 gewaltsam niedergeschlagen. Brandts Vorgehen zeigt strategisches Geschick: Er ahnte, dass die kommunistische Herrschaft in Osteuropa nicht abgeschafft werden konnte und dass die deutsche Teilung in absehbarer Zeit nicht aufgehoben, jedoch erträglich gemacht werden konnte.
Gesamturteil:
Brandts Reformbestrebungen waren mutig und visionär. Indem er konkrete Maßnahmen ergriff, blieben sie nicht utopisch, sondern schienen realisierbar. Seine Modernisierung von Staat und Gesellschaft bewirkten langfristig auch veränderte Moral- und Wertevorstellungen.

Beispiel 3: Grundkurs, Aufgabentyp B

Analyse von Sekundärliteratur und kritische Auseinandersetzung mit ihr
Inhaltliche Schwerpunkte: IF 4 und IF 7
Materialtyp: Wissenschaftliche Sekundärliteratur

Aufgabenstellung:

Interpretieren Sie das vorliegende Material, indem Sie
1. den Textauszug analysieren,
2. ausgehend von der Gesamteinschätzung Stürmers die für den Verlauf des Ersten Weltkrieges relevanten historischen Sachverhalte und Zusammenhänge erläutern, die für die Argumentation des Autors von Bedeutung sind,
3. sich kritisch mit den Ausführungen des Verfassers auseinandersetzen.

Methode: Sekundärliteratur interpretieren

Merkmal historischer Sekundärliteratur ist, dass sie eine Deutung eines historischen Sachverhalts anbietet, die unter Verwendung historischer Quellen und weiterer historischer Fachliteratur zustande gekommen ist. Ihre Aufgabe ist es, dieses Deutungsmuster zu erkennen und sich kritisch, also überprüfend, damit auseinanderzusetzen. Gehen Sie so vor:

Schritt 1: Benennen Sie die äußeren formalen Kriterien.

Autor (ideologischer/politischer/wissenschaftlicher Hintergrund?), Art der Sekundärliteratur (fachwissenschaftlich: erkennbar etwa am wissenschaftlichen Veröffentlichungsnachweis und der Verwendung von Fachsprache; populärwissenschaftlich: z. B. Magazine, Schulbuchtexte), Zeit und Ort (bibliografische Angabe: Fundort des Textauszugs, Entstehungsort und -jahr, ggf. Besonderheiten der Veröffentlichung, z. B. Gedenktag, Ausstellung), Adressaten (z. B. Fachpublikum, historisch interessierte Leserschaft, breiteres Publikum).

Schritt 2: Fassen Sie den Inhalt und die Argumentationsstruktur zusammen.

Thema und die strittige Fragestellung; Hauptthese mit Argumenten, die sie stützen; historische Sachverhalte.

Schritt 3: Erläutern Sie die historischen Sachverhalte und Zusammenhänge.
Im Text enthaltene Sachverhalte detailliert darstellen und mit weiteren Beispielen veranschaulichen. Textbezüge mit Zeilenangaben versehen, Regeln zum Zitieren beachten (s. S. 13).

Schritt 4: Setzen Sie sich kritisch mit Thesen und Argumenten auseinander.
Historische Sachverhalte und Entwicklungen in einen Zusammenhang mit den Textaussagen bringen; ggf. ideologisch geprägte Argumente deutlich machen und so die Perspektive des Autors auf den historischen Gegenstand einordnen; den Gedankengang des Autors auf Schlüssigkeit, Monokausalität überprüfen.

Schritt 5: Vergleichen Sie die Aussagen mit anderen Aussagen der historischen Literatur und überprüfen Sie unter Hinzuziehen eigener Kenntnisse die Angemessenheit.
Eigenes Urteil formulieren, indem Sie sachlich und begründet der Darstellung zustimmen, sie relativieren (also teilweise zustimmen) oder ablehnen.

Materialgrundlage: „Das ruhelose Reich"

Das ruhelose Reich (Auszug) *Michael Stürmer*[1]

Wenig Zweifel, der Eintritt der USA in den Krieg war nur eine Frage der Zeit gewesen, und seit Kriegsbeginn hatte ein steigender Strom von Rüstungsgütern und Krediten die englische Kriegsanstrengung unterstützt. Der Chef des State Departments, William Jennings Bryan, verlangte strikte Neutralität und wählte, als sie nicht zu haben war, den Rücktritt. Die amerikanischen Eliten, schon 1900 im Besitz der drittstärksten Flotte, hatten fast instinkthaft gegen die deutsche Kontinentalherrschaft und für die britische Seeherrschaft reagiert. Es bedurfte aber, um das gewaltige Land in den Massenkrieg zu stürzen und den Einsatz amerikanischer Landtruppen 4000 Meilen fernab zu rechtfertigen, der dramatischen Begründung. Sie wurde vorbereitet, als die deutsche Unbestimmtheit die amerikanische Friedensinitiative vom Dezember 1916 ins Leere laufen ließ, nicht anders als den Friedensappell Wilsons vom Januar 1917 – darin erstmals Umrisse der „14 Punkte" von 1918 –, und sie kam, als der deutsche Admiralstab die Torpedos gegen alles freigab, was sich bewegte. Seit der Samoakrise 1889[2], die die USA auf die Bedeutung von Seemacht verwiesen hatte, hatte die deutsche Führung das Potenzial Amerikas unterschätzt. Leichtfertigkeit, Arroganz und Ingenieursmentalität, die sich auf die Berechnung des Unberechenbaren verließ? Vor allem wohl Hybris[3] und Ahnungslosigkeit des kontinentalen Denkens gegenüber der industriellen Weltmacht und ihren Möglichkeiten der Machtprojektion. Die deutsche Militärführung, zu Wasser und zu Lande, hatte den Krieg ausgeweitet, um die Entscheidung zu erzwingen. Aber es war der Weg in den deutschen Zusammenbruch.

Europa hatte sich ausgekämpft, jetzt wurde der große europäische Krieg wahrhaft zum Weltkrieg. Als die Wende des Krieges eintrat, begann ein neues Weltstaatensystem, ja ein neues Weltsystem, wo quer durch die alt gewordenen Nationen die Fronten des Bürgerkrieges verliefen. So wenig Ludendorff begriff, dass der Sonderzug der Bolschewiki durch Deutschland den Weltbürgerkrieg auslösen würde, so wenig verstanden die Admirale, dass der freie Schuss der deutschen U-Boote den europäischen Krieg in die Dimension des Weltstaatensystems schleuderte und den USA die Entscheidung im Weltkrieg geben musste. Diese Entscheidungsmacht der USA aber beruhte auf industriellem Potenzial und unbegrenzter Menschenkraft einer Nation, die einen Kontinent besaß.

Das Jahr 1917, vom amerikanischen Kriegseintritt bis zur bolschewistischen Revolution, brachte die Wende im Krieg und veränderte die Welt. Aus dem Todeskampf Europas entstanden zwei Friedensvisionen, deren Wirkung bis heute anhält: aus dem Osten die Botschaft der Weltrevolution, aus dem Westen die Vision einer Welt freier Völker. Zwei globale Missionsideen traten gegeneinander an, während die ältere, europäische Weltordnung in sich verbrannte. Als die OHL noch von Triumphen träumte, wurden Lenin und Wilson Gegenspieler einer künftigen Welt: „Schluss mit dem Krieg!" – „Alle Macht den Räten!" – „Das Land der Gutsbesitzer den Bauern!" – „Den Arbeitern die Macht in den Fabriken!" So nutzte Lenin die Sehnsucht nach Frieden für die – vorerst vage und ausdeutbare – Verheißung der Sozialrevolution. Die USA aber wollten *„a world safe for democracy"*. Wilson meinte diese Vision, als er am 8. Januar 1918 in 14 Punkten dem Kongress ein Programm des Weltfriedens vorlegte: offene Diplomatie, Freiheit des Handels und der Weltmeere, Abrüstung und Selbstbestimmung lautete die Verheißung [...]. Und über allem ein Völkerbund, um durch Garantien und Sanktionen die Welt zu stabilisieren. Der *American Dream* war Waffe im Krieg und Plan einer besseren Welt. Wilson wollte die alliierten Kriegsziele zügeln, die die Bolschewiki durch Veröffentlichung der zaristischen Geheimverträge aufgedeckt hatten, und den Krieg Amerikas ethisch untermauern. Wirksames Mittel des Ideenkriegs gegen die Mittelmächte, stand dahinter ein neuer Entwurf der Welt, weder Alteuropa noch Diktatur des Proletariats. Die Zeit war absehbar, da das ausgeglühte Europa nichts mehr sein würde als ein Brückenkopf, umkämpft zwischen den Weltmächten. Von hier und heute, wie einst von der Schlacht bei Valmy[4], ging eine neue Epoche der Weltgeschichte aus.

Anmerkungen:

1 **Michael Stürmer** (*29.9.1938) ist ein konservativer deutscher Historiker, der 1973–2003 als Professor für Mittlere und Neuere Geschichte an der Universität Erlangen-Nürnberg lehrte. Stürmer war in den 1980er-Jahren politischer Berater des Bundeskanzlers Helmut Kohl (CDU) und maßgeblich am Historikerstreit beteiligt. Von 1988–1998 war er Direktor des Forschungsinstituts für Internationale Politik und Sicherheit (Stiftung Wissenschaft und Politik) in Ebenhausen/Isartal. Seit 1989 ist er Chefkorrespondent der Zeitung Die Welt.

2 **Der Konflikt um Samoa** entstand im letzten Drittel des 19. Jahrhunderts um die strategisch bedeutsame Inselgruppe im Pazifik (Seeweg nach China) zwischen den Großmächten Deutschland, Großbritannien und den Vereinigten Staaten

3 **Die Hybris** (aus dem Griechischen, dt.: der Übermut, die Anmaßung) bezeichnet eine Selbstüberhebung, oftmals Auslöser des Falls vieler Hauptfiguren in griechischen Tragödien.

4 **Die Kanonade von Valmy** vom 20.9.1792 war ein Gefecht im Ersten Koalitionskrieg zwischen der Koalition aus Österreichern und Preußen auf der einen und der französischen Revolutionsarmee auf der anderen Seite. Die Franzosen besiegten hier erstmals ein Heer der Koalition und beendeten damit die Illusion der alten Monarchien bezüglich ihrer Überlegenheit.

Quelle:
Michael Stürmer: Das ruhelose Reich. Deutschland 1866–1918. © 1985 Wolf Jobst Siedler Verlag, München, in der Verlagsgruppe Random House GmbH, S. 387 f.

Beispiellösung zu Prüfungsbeispiel 3

Aufgabe 1: Analysieren

Teillösung: formale Analyse

Autor: Michael Stürmer, deutscher Universitätshistoriker, auch politisch beratend in konservativen Kreisen sowie publizistisch tätig
Textart/bibliografische Angabe: Auszug aus „Das ruhelose Reich. Deutschland 1866–1918", Berlin, aus dem Jahr 1998: wissenschaftliche Sekundärliteratur (Autor, Fachsprache, historisches Wissen voraussetzend)
Adressat: fachkundiges Publikum sowie Fachkollegen
Thema: die Bedeutung des Jahres 1917 in Europa und innerhalb des politischen Weltsystems sowie die Folgen der Ereignisse 1917 für die Nachkriegszeit
Hauptthese: Michael Stürmer behauptet, dass das Jahr 1917 mit dem Eintritt der USA die Wende im Ersten Weltkrieg brachte und die ältere, europäische Weltordnung durch ein bipolares System mit den Weltmächten USA und Russland ablöste.

Teillösung: inhaltliche Analyse (linear der Textstruktur folgend)

Argumente, die diese These stützen:
Z. 1-14: Behauptung, der Eintritt der USA in den Krieg sei nur eine Frage der Zeit gewesen, da die USA seit Kriegsbeginn die englische Kriegsanstrengung mit Rüstungsgütern und Krediten unterstützt hätten und die USA die drittstärkste Flotte hatten, die gegen die deutsche Kontinentalherrschaft gerichtet gewesen sei.
Z. 14-27: Die USA hätten eine Begründung für den Kriegseintritt gebraucht, die in der deutschen Ablehnung der Friedensinitiative vom Dezember 1916 und endgültig mit dem uneingeschränkten U-Boot-Krieg der Deutschen gefunden worden sei.
Z. 27–38: Die Deutschen hätten schon vor dem Ersten Weltkrieg die USA als See- und Führungsmacht unterschätzt. Die „deutsche Arroganz" habe zu einer leichtfertigen Ausweitung des Kriegs zu Wasser geführt, die den deutschen Zusammenbruch befördert hätte.
Z. 38–50: Das deutsche Verhalten habe die Wende des Kriegs bewirkt, die die Ausweitung des bisher europäischen Kriegs zum Weltkrieg bedeutet und ein neues Weltstaatensystem begründet habe.
Z. 50–62: Die militärische Führung Deutschlands (Ludendorff, OHL, Marineführung) habe die Verantwortung für diese historische Wende, weil sie nicht richtig einschätzte, was die bolschewistische Revolution in Russland bedeutete und dass der durch den U-Boot-Krieg leichtfertig provozierte Eintritt der USA in den Krieg die Gewichte dauerhaft zu einer Machterweiterung der USA verschieben würde. Beides habe einen „Weltbürgerkrieg" ausgelöst.
Z. 63–84: Das Jahr 1917 sei geprägt von zwei Friedensvisionen, deren Wirkung bis heute anhalte: zum einen die Botschaft der Weltrevolution aus dem Osten („Schluss mit dem Krieg!" und „Alle Macht den Räten!" als Verheißung der sozialistischen Revolution) und zum anderen die Vision einer freien Welt aus dem Westen („a world safe for democracy"). Damit seien zwei globale Missionsideen gegeneinander angetreten, die die bisherige (europäische) Ordnung entmachtet hätten.

Z. 85–110: Wilsons „14 Punkte" als Programm für den Weltfrieden und die Idee eines Völkerbunds seien ein „Plan für eine bessere Welt" gewesen, der zugleich die alliierten Kriegsziele zügeln, sowie die amerikanische Kriegsbeteiligung ethisch untermauern sollte. Beides bedeutete das Ende „Alteuropas" und die Konfrontation zweier Missionsideen.

Aufgabe 2: Erläutern

Im Text wird in Bezug auf den Kriegsverlauf auf drei wesentliche Aspekte eingegangen. Diese zentralen Aspekte können Ihre Darstellung gliedern. Der Kriegsverlauf ist anhand dieser Aspekte mindestens in groben Zügen zu skizzieren, wobei zeitliche Einordnungen vorzunehmen sind.

Für die Argumentation des Autors ist wesentlich, welche Faktoren zum Kriegseintritt der USA 1917 beigetragen haben. Diese Faktoren sind hervorzuheben, als Erstes der U-Boot-Krieg.
Es sind hier einige Aspekte des Kriegsverlaufs, die zum deutschen Ausruf des uneingeschränkten U-Boot-Kriegs 1917 führten, zu nennen: seit zweieinhalb Jahren Krieg; Erwartung aller Kriegsparteien bei Kriegsausbruch im Sommer 1914: gerechter und kurzer Verteidigungskampf, falsche Hoffnungen; Dezember 1916 zwei Vorstöße für einen Verhandlungsfrieden: Friedensangebot von Reichskanzler Bethmann-Hollweg vom 12.12.1916 und die Friedensnote des amerikanischen Präsidenten Woodrow Wilson vom 18.12.1916 (beide Initiativen scheiterten); militärische Lage des Deutschen Reichs war Ende 1916 kritisch, die alliierten Offensiven an der Somme und in Galizien knapp abgewehrt, das Heer geschwächt; Österreich-Ungarn geschwächt, nach dem Tod Kaiser Franz Josephs I. am 21.11.1916 in unsicherer Lage; wirtschaftlich hatte der Krieg ab 1916 massive Auswirkungen auf die eigene Bevölkerung: Rationierungen, Güter- und Nahrungsmittelknappheit, in der Folge Hungerkrisen besonders in den Städten; die 3. Oberste Heeresleitung (OHL) unter von Hindenburg und Ludendorff entschied sich für die Ausweitung des U-Boot-Kriegs gegen die Alliierten (U-Boote erwiesen sich im Ersten Weltkrieg erstmals als wichtige Waffe im Sinne des technisierten Kriegs; im U-Boot-Krieg wurden Kriegs-, aber auch Handelsschiffe im Atlantik versenkt, es gab spektakuläre Zwischenfälle wie die völkerrechtswidrige Versenkung des britischen Passagierschiffs „Lusitania" am 7.5.1915 mit 1201 Toten); U-Boot-Krieg auch in Deutschland umstritten, allerdings mit der Hoffnung verbunden, Großbritannien entscheidend zu schwächen; am 1.2.1917 Aufnahme des uneingeschränkten U-Boot-Kriegs, Ergebnis: am 6.4.1917 erklärten die USA Deutschland den Krieg; Großbritannien wirtschaftlich nicht geschwächt.
Der zweite wesentliche Aspekt der Argumentation des Autors ist die Revolution in Russland. In Bezug auf die „Bolschewiki" sind hier die historischen Sachverhalte zu erläutern.
Russland von Beginn des Kriegs an in der militärischen Defensive gegen die Mittelmächte, die große Teile russischen Gebiets eroberten; einige Nationalitäten, große Teile der Arbeiterschaft, die Bauern und das gebildete Bürgertum wandten sich von der zentralen Zarenregierung ab; erster Aufstand 1905, in der Folge Zustimmung für liberale und sozialistische Opposition; innenpolitische Reformen blieben aus; infolge des Kriegs Versorgungsengpässe und Hungerkrisen (Russland war nicht auf einen Krieg vorbereitet gewesen); Politik des Zaren provozierte liberale Kräfte, aber auch zaristische Konservative; Finnen, Balten, Ukrainer und Polen strebten immer stärker nach Autonomie; ausgehend von einem Arbeiterinnen-

streik in Petersburg nach dem 8.3.1917 eine Protestwelle, die blutig niedergeschlagen wurde, Teile des Militärs widersetzten sich; sozialistische Politiker beriefen erstmals den Petrograder Rat (Sowjet) der Arbeiter und Soldaten ein, Parteien des Progressiven Blocks bildeten im Parlament „Provisorisches Komitee"; 15.3.: Provisorische Regierung, in der Folge doppelte Herrschaftsstruktur (liberale Provisorische Regierung/sozialistische Arbeiter- und Soldatenräte, Räte betrachteten sich als Kontrollorgane der „Massen" gegenüber der bürgerlichen Regierung), Abdankung Zar Nikolaus' II.; Provisorische Regierung unter Kerenski und Lwow hielt an der Fortführung des Kriegs fest, verschob innenpolitische Reformen, sog. „Kerenski-Offensive" des Militärs im Juli 1917 scheiterte, in der Folge Meutereien in der Armee; bolschewistische Partei gewann an Zustimmung, Bevölkerung kriegsmüde; Wladimir Iljitsch Lenin, Führer der Bolschewiki, im April 1917 nach Russland zurückgekehrt, leitete die weiteren Umsturzversuche; nach Lenins Rückkehr aus Finnland kam es in Petersburg am 6./7.11.1917 zu bewaffnetem Aufstand von Arbeitern und Soldaten, Verhaftung der Provisorischen Regierung; Macht an neu gebildeten bolschewistischen „Rat der Volkskommissare" unter Vorsitz Lenins und mit Beteiligung Trotzkis und Stalins; erste Maßnahmen: Waffenstillstandsangebot an die Mittelmächte, Aufteilung des Großgrundbesitzes an die Bauern; bolschewistische Revolution in blutigen Kämpfen und einem Bürgerkrieg bis 1922 durchgesetzt; Krieg endete mit dem Frieden von Brest-Litowsk am 3.3.1918.

Als dritter Punkt müssen die Vorstellungen Wilsons erläutert werden, die aus Sicht des Autors wesentlich sind für die Einschätzung der Auswirkung des Epochenjahrs 1917.

In den seit dem Ende des 19. Jahrhunderts zur Großmacht aufgestiegenen USA herrschte eine isolationistische Stimmung in Politik und Gesellschaft vor, die eine Beteiligung an einem Krieg in Europa ablehnte. Der uneingeschränkte U-Boot-Krieg Deutschlands half der Regierung, die Stimmung allmählich zu verändern. Hinzu kamen Aussichten auf wirtschaftliches Wachstum durch die Rüstungsindustrie.

Nach den gescheiterten Friedensbemühungen Ende 1916 griffen die USA ab 1917 mit ca. vier Millionen Soldaten v. a. an der Westfront in Frankreich ein und gewährten Großbritannien und Frankreich weitere massive Kriegskredite.

Am 8. Januar 1918 proklamierte Wilson seine „14 Punkte". Darin beschrieb der amerikanische Präsident seine Vorstellungen von einer Friedensordnung und forderte territoriale und v. a. politische Veränderungen in Europa. Es sollte zu Demokratisierungsprozessen in den alten Mächten Europas kommen. Die „14 Punkte" entsprachen nicht den Zielen Großbritanniens und Frankreichs. Zugleich beinhalteten sie Zusagen und Unterstützungen an Russland, um die dortige sozialistische Revolution zu untergraben und eine Ausweitung in Europa zu verhindern.

Aufgabe 3: Kritisch Auseinandersetzen (Anforderungsbereich III)

Folgende Argumente des Autors könnten dabei mit Ihrem Wissen und Ihren Vorkenntnissen überprüft werden:

War der Kriegseintritt der USA absehbar? Der Aufstieg der USA zur Industriemacht hatte sie zu einem Konkurrenten unter den Großmächten werden lassen, auch beim Erwerb von Kolonien im pazifischen Raum. Die traditionelle Verbindung der USA mit Großbritannien führte zur Verschlechterung der Beziehungen mit Deutschland. Andererseits gab es kaum Begeisterung für eine aktive Kriegsbeteiligung (Wahlsieg Wilsons 1916).

War der uneingeschränkte U-Boot-Krieg tatsächlich der endgültige Grund für den Eintritt der USA in den Ersten Weltkrieg? Ohne einen konkreten Anlass hätte die amerikanische Regierung kaum Unterstützung für den Kriegseintritt bekommen.
Hat die Ahnungslosigkeit und/oder die Arroganz der Deutschen tatsächlich die Wende im Krieg herbeigeführt und damit den Weg in den deutschen Zusammenbruch geebnet? Die deutschen Kriegsziele reichten weiter. Der mächtige Einfluss der Obersten Heeresleitung und damit des Militärs machte immer wieder neue Offensiven möglich und ließ Friedensbemühungen scheitern. Erst 1918 kam die Einsicht, dass der Krieg nicht zu gewinnen sei. Diese Einsicht führte allerdings auch nicht zu Friedensbemühungen, sondern zur Abgabe von Verantwortung an eine neue Regierung im Oktober 1918. Zugleich hielten auch die Alliierten an der Kriegführung fest, sodass der Stellungskrieg an der Westfront ohne Erbarmen und mit enormen Opfern an Menschen und Material weitergeführt wurde.
Ist das Jahr 1917 tatsächlich ein Epochenjahr? Die USA traten 1917 erstmals als führende Großmacht in Europa auf und entschieden den Kriegsausgang. Ihre isolationistische Haltung wurde trotz der Zurückhaltung in den Jahren nach dem Ersten Weltkrieg langfristig nicht mehr aufrechterhalten. Die USA wurden zur führenden wirtschaftlichen, politischen und kulturellen Macht der westlichen Welt. Dabei spielte das Streben, eine Ausweitung der sozialistischen Revolution zu verhindern, eine entscheidende ideologische Rolle. Die letztlich siegreiche Russische Revolution im gleichen Jahr ließ mittelfristig eine sozialistische Weltmacht entstehen. Das vom Autor Michael Stürmer behauptete neue „Weltstaatensystem“ (Z. 56), das sich an „Ost“ und „West“ orientierte, war tatsächlich die Folge und begründete eine neue weltgeschichtliche Epoche. Die Bezeichnung „Epochenjahr“ ist in der Wissenschaft weithin akzeptiert und wird von Stürmer nachvollziehbar bestätigt.

Ausgewählte Originalprüfungen 2017

Achten Sie beim Ausformulieren bzw. beim abschließenden Überarbeiten Ihrer Abiturarbeit auf die Kriterien, die für die **Bewertung der Darstellungsleistung** herangezogen werden:

- Strukturieren Sie den Text schlüssig, stringent sowie gedanklich klar und beziehen Sie sich dabei genau und konsequent auf die Aufgabenstellung.
- Beziehen Sie beschreibende, deutende und wertende Aussagen inhaltlich, aber auch sprachlich schlüssig aufeinander.
- Belegen Sie Ihre Aussagen durch angemessene und korrekte Nachweise (Zitat mit Zeilenangabe, Bezüge etc.).
- Formulieren Sie unter Beachtung der Fachsprache präzise und begrifflich differenziert.
- Achten Sie auf sprachliche Richtigkeit (Grammatik, Rechtschreibung, Zeichensetzung) und verwenden Sie geeignete Textverknüpfungen.

Prüfung 1 – Leistungskurs: Aufgabentyp A (IF 4, 5, 7)

Aufgabenstellung:

1. Analysieren Sie den vorliegenden Textauszug. (26 Punkte)
2. Erläutern Sie ausgehend von Z. 19 f. die Bedeutung des Versailler Vertrages für den Entstehungskontext der Weimarer Republik (10 Punkte) und arbeiten Sie die Auswirkungen der weiteren im Text angesprochenen Faktoren für das Scheitern der Republik heraus (18 Punkte). (28 Punkte)
3. Nehmen Sie zur Position des Redners Stellung. (26 Punkte)

Materialgrundlage:

Rede des Bundestagspräsidenten Prof. Dr. Norbert Lammert zu 90 Jahre[n] Weimarer Reichsverfassung – Festakt im Deutschen Nationaltheater Weimar, 11. August 2009.

Hinweise zum Autor: Prof. Dr. Norbert Lammert (* 16.11.1948) ist Politikwissenschaftler und CDU-Politiker. Seit 1980 ist er Mitglied und seit 2005 Präsident des Deutschen Bundestages.

Zugelassene Hilfsmittel: Wörterbuch zur deutschen Rechtschreibung

90 Jahre Weimarer Reichsverfassung *Norbert Lammert*

Die Unterzeichnung der Weimarer Reichsverfassung am 11. August 1919 ist ein bedeutendes Ereignis der deutschen Geschichte, jedenfalls in der vergleichsweise kurzen Geschichte der mühsamen Entwicklung von Demokratie und Parlamentarismus in Deutschland. [...]

Der Vertrag von Versailles, der Frieden schaffen sollte, aber Unfrieden unter den Völkern Europas stiftete, lag wie ein Schatten über dem ehrgeiz≠igen Versuch, nach der militärischen Niederlage und dem Sturz der Monarchie in die politische Moderne aufzubrechen durch den Aufbau einer parlamentarischen Demokratie, die tatsächlich nach wenigen Jahren scheiterte und in einer beispiellosen Katastrophe endete. Über die tragische Geschichte der Weimarer Verfassung und der von ihr begründeten Demokratie lässt sich nicht reden, jedenfalls nicht urteilen, ohne die Vorgeschichte und die Nachwirkungen des Versailler Vertrages, der mit ähnlichem Ehrgeiz verhandelt wurde und wie diese gescheitert ist. [...]

Für den unvermeidlichen Neuanfang, den die einen wollten und die anderen nicht verhindern konnten, gab es weder Vorarbeiten noch Vorlagen. In manchen Anliegen konnte man an die Paulskirchenverfassung anknüpfen, insbesondere im Blick auf Grundrechte. Der durchaus eindrucksvolle Katalog der Grundrechte galt in der Weimarer Verfassung freilich nur nach Maßgabe der Gesetze, stand also zur Disposition des Gesetzgebers. Dagegen hat das Grundgesetz bekanntlich umgekehrt alle Gesetze an die Grundrechte gebunden und damit erstmals alles staatliche Handeln nur nach Maßgabe der Verfassung legitimiert und deren Auslegung einem eigenen, unabhängigen Verfassungsgericht übertragen.

Die Weimarer Verfassung hat gleichwohl beachtliche Verdienste in der Verankerung der demokratischen Legitimation staatlicher Machtausübung. Dies kommt in den Wahlen zu den Parlamenten wie des Reichspräsidenten zum Ausdruck, der Verantwortung der Regierung vor dem Parlament wie auch in demokratischen Ansprüchen an die Sozialverfassung. [...]

Die Weimarer Reichsverfassung war sicher gut gemeint, aber nicht wirklich gut gelungen. Sie war zweifellos besser als die damaligen Verhältnisse, vielleicht zu gut für schwierige Zeiten – also nicht gut genug für die Verhältnisse, die sie ordnen sollte.

Das uneingeschränkte Verhältniswahlrecht der neuen Republik wollte die Beteiligung auch von Minderheiten an der parlamentarischen Entscheidungsfindung sichern, hat durch den Verzicht auf jede Sperrklausel aber die Entwicklung eines funktionsfähigen Parteiensystems nicht befördert, sondern behindert und die parlamentarische Willensbildung erschwert. Allerdings hat sich in Preußen unter dem gleichen Verhältniswahlrecht das entwickelt, was im Weimarer Reichstag kaum je vorhanden war: stabile, handlungsfähige Regierungen, die von Parteien mit hohem Verantwortungsgefühl getragen waren. Das Wahlrecht alleine kann die Fehlentwicklungen dieser Zeit also weder verursacht haben noch erklären.

Der wohl folgenreichste Konstruktionsfehler der Weimarer Verfassung war die fehlende Balance zwischen den Verfassungsorganen. Die juristisch kunstvolle, politisch eher künstliche Gewichtsverteilung der zentralen Institutionen und ihrer Kompetenzen – Reichspräsident und Reichskanzler, Reichstag und Regierung, dazu die Möglichkeit von Plebisziten anstelle parlamentarischer Entscheidungen – hat eine längerfristig angelegte Arbeit der Regierung geradezu verhindert, da sie zwischen den jeweils durch Wahl direkt legitimierten Verfassungsorganen Präsident und Parlament immer wieder aufgerieben wurde. Die regelmäßigen vorzeitigen Auflösungen des Reichstages vor Ende der gesetzlichen Legislaturperiode sind Ausdruck dieser strukturellen Instabilität.

Sie wurde begünstigt durch den berüchtigten Artikel 48 der Verfassung, die dem Reichspräsidenten ein Notverordnungsrecht zugestand, das sich mit der zunehmenden Handlungsunfähigkeit des Reichstages immer mehr zu einer Ersatzgesetzgebung entwickelte.

[...] Die Weimarer Republik scheiterte – neben institutionellen Mängeln einer nur auf dem Papier eindrucksvollen Gewaltenteilung – nicht nur am Fehlen einer unangefochtenen, den Staat als Ganzes repräsentierenden republikanischen Autorität, sondern auch und vor allem an einer Serie politischer Fehlleistungen von Wählern und Gewählten, denen das wirklich Wichtige nicht wichtig genug und das eigene Interesse allzu wichtig war.

Die politische Kultur der Weimarer Republik litt von Beginn an unter dem weitverbreiteten Zweifel über die Vorzüge und die Bedingungen einer parlamentarischen Demokratie. Diese Skepsis war genährt von Vorbehalten gegenüber dem Prinzip der Repräsentation und vom Misstrauen in pluralistisch-demokratische Entscheidungsprozesse. Das bei den Wählern wie bei ihren Repräsentanten verbreitete Unverständnis für die Notwendigkeit von Kompromissen als der vielleicht wichtigsten demokratischen Tugend stürzte 1930 die letzte von einer parlamentarischen Mehrheit getragene Reichsregierung. [...]

Danach bestimmte nicht mehr das Parlament über gesetzliche Regelungen, sondern der Reichspräsident über die sog. Notverordnungen. Der Reichstag hatte sich als Gesetzgebungsorgan längst aufgegeben, bevor er mit der Zustimmung zu Hitlers „Ermächtigungsgesetz" seine eigene Abdankung beurkundete. Die Republik von Weimar ist keineswegs nur an ihren vielen Gegnern, die es zweifellos gab, zugrunde gegangen, sondern auch und vor allem durch das Versagen ihrer demokratischen Stützen. [...]

Für das Scheitern der Weimarer Republik gibt es viele Gründe, die Mängel ihrer Verfassung gehören wohl dazu. Theodor Heuss, der ihren Aufbau wie ihre Auflösung persönlich erlebt und politisch begleitet hat, verwies während der Beratungen des Parlamentarischen Rates 1948 auf die „offenkundigen Fehlkonstruktionen in der Weimarer Verfassung selber".

Aber es waren weder alleine die institutionellen Strukturfehler noch der Versailler Vertrag, weder die Reparationszahlungen am Anfang und die Weltwirtschaftskrise am Ende, nicht einmal das Elend einer steigenden Massenarbeitslosigkeit, gewiss nicht die versäumte Demokratisierung von Justiz und Verwaltung oder das Fehlen eines unabhängigen Verfassungsgerichts. Und auch nicht die Plebiszite: gegen Volksabstimmungen gibt es durchaus beachtliche Argumente, aber dass sie die erste parlamentarische Demokratie in Deutschland zerstört hätten, lässt sich nicht ernsthaft vortragen. Tatsächlich hätte die junge Republik die eine oder andere der genannten Belastungen vielleicht bewältigen können, unter der geballten Gleichzeitigkeit der Herausforderungen wie der eigenen Fehler ist sie zusammengebrochen.

Die Weimarer Republik war – im Unterschied zu den Verhältnissen davor und danach – eine Demokratie, natürlich nicht ohne Demokraten, wie später allzu geringschätzig immer wieder behauptet wurde, aber gewiss mit zu wenig engagierten Demokraten, sie war eine Republik, in der die Republikaner nie eine verlässliche Mehrheit hatten – nicht einmal für die Wahl des Staatsoberhauptes. Insofern war ihr Ende weder zwangsläufig noch zufällig.

[...]

Quelle:
https://www.bundestag.de/bundestag/praesidium/reden/2009/007/247758 (aufgerufen 01.11.2016)

Beispiellösung für Prüfung 1

Aufgabe 1: Analysieren (AFB I und II)

Tipp zum Punktesammeln

Volle Punktzahl ist zu erreichen, wenn alle Textmerkmale sowie der Inhalt bzw. die gedankliche Struktur des Textes zutreffend und mit deutlicher Akzentuierung (hier: These – Darstellung der Bedeutung der Weimarer Verfassung laut Autor – Fazit) herausgearbeitet werden.

Formale Aspekte
Textsorte: Es handelt sich um eine Darstellung in Form einer Gedenkrede.
Datierung: 11.08.2009
Autor: Bundestagspräsident Norbert Lammert
Adressaten: Zuhörer/-innen während des Festaktes, über die mediale Verbreitung historisch-politisch interessierte Öffentlichkeit in Deutschland
Anlass: Festakt zum 90. Jahrestag der Unterzeichnung der Weimarer Reichsverfassung (im Nationaltheater Weimar, dem Sitzungsort der Deutschen Nationalversammlung 1919)
Thema und Absicht: Herausarbeitung der Bedeutung der Weimarer Verfassung für die demokratische Entwicklung Deutschlands und der Verfassungsschwächen, die zum Scheitern der Weimarer Republik beitrugen.

Inhalt/Gedankengang:
Ausgangsthese:
Die Mängel der Weimarer Verfassung hätten zum Scheitern der Weimarer Republik beigetragen, seien jedoch keinesfalls allein verantwortlich für das Scheitern der ersten deutschen Republik. Hierzu hätten eine Vielzahl von innen- wie außenpolitischen Faktoren beigetragen.

Hauptaspekte der Argumentation:
Außenpolitische Bedingungen:
- Belastungen durch den 1919 beschlossenen Versailler Vertrag, insbesondere durch die Zuschreibung der alleinigen Kriegsschuld und die auferlegten Reparationszahlungen; diese Punkte konnten durch Republikgegner im Sinne einer Verunglimpfung der die Republik tragenden Politiker instrumentalisiert werden. Insgesamt sei der Versuch Frieden in Europa zu stiften gescheitert.
- Seit 1929 führt die Weltwirtschaftskrise zu wirtschafts- und sozialpolitischen Belastungen.

Aspekte der Verfassung:
- Grundrechte fanden Eingang durch die demokratische Tradition der Paulskirchenverfassung von 1848/49; ansonsten jedoch keine ausreichende Vorbereitung.
- Ausführung der Grundrechte waren jedoch an Gesetze gebunden, nicht umgekehrt.
- Insgesamt hohe demokratische Legitimation der staatlichen Macht durch Stellung des Reichstags, direkte Wahl des Reichspräsidenten sowie Volksabstimmungen/Plebiszite.
- Die „Balance zwischen den Verfassungsorganen“ (Z. 75 – 76) sei nicht gegeben gewesen, sodass eine kontinuierliche Regierungs- und Parlamentsarbeit durch die Konkurrenz der Verfassungsorgane erschwert gewesen sei.

- Dazu habe der Artikel 48 (Notverordnungsrecht) ebenso beigetragen, wie das Verhältniswahlrecht ohne Sperrklausel.

Politische Wirklichkeit:
- Politiker und Wähler hätten zu wenig das demokratische Ganze im Blick gehabt, sondern das „eigene Interesse" habe im Vordergrund gestanden und zu mangelnder Kompromissfähigkeit geführt.
- Das Misstrauen gegenüber der republikanischen Ordnung sei verbreitet gewesen, sodass nur wenig Akzeptanz für die parlamentarischen Vorgänge und die politische Arbeit in der Gesellschaft zu finden gewesen sei.
- Die Republik habe keine „Autorität" und auf Dauer zuwenige starke Persönlichkeiten gehabt, die solches Misstrauen hätten beseitigen können.
- Der Staatsapparat in Verwaltung und Justiz habe die demokratischen Werte zu wenig verkörpert und ebenfalls eher zum Misstrauen beigetragen.

Scheitern der Republik:
- Die hohe Zahl an innen- wie außenpolitische Belastungen hätten zum Scheitern beigetragen. Das Scheitern sei nicht vorhersehbar oder ohne Alternative gewesen; das verbreitete Misstrauen habe letztendlich auch zu „Fehlleistungen" der Verantwortlichen geführt, die ein Scheitern bewusst herbeigeführt – oder in Kauf genommen hätten.
- Die Verfassungsschwächen seien keinesfalls alleiniger Grund für das Scheitern der Weimarer Republik, sondern vielmehr die Unfähigkeit und der Unwillen, die Chancen der parlamentarischen Demokratie zu nutzen.

Aufgabe 2: Erläutern und herausarbeiten (Anforderungsbereich II)

Tipp zum Punktesammeln

- Die Erläuterung sollte die wesentlichen Bestimmungen des Versailler Vertrags von 1919 und ihre politischen Auswirkungen in den Anfangs- und Krisenjahren enthalten. Detaillierte Darstellungen der politischen Abläufe erhöhen die Punktzahl.
- Die Herausarbeitung der Faktoren für das Scheitern der Weimarer Republik sollte in strukturierter Weise erfolgen und muss sowohl die Weltwirtschaftskrise ab 1929 sowie die politischen Entwicklungen in deren Folge ab 1930 im Detail darstellen.

Die ausgewählten Aspekte zur Weimarer Verfassung sind unerlässlich, um die politischen Abläufe erklären zu können, z. B. das System der Präsidialkabinette.

Erläutern der Bedeutung des Versailler Vertrages (Bezug zu Z. 19 f.) für den Entstehungskontext der Weimarer Republik:
Annahme des Versailler Vertrages erfolgte nach Ultimatum durch die Alliierten durch Mehrheitsentscheidung im Reichstag, Rücktritt der Regierung

Wesentliche Vertragsbestimmungen:
- Kriegsschuldartikel 231
- Gebietsabtretungen (in Ost- und Westdeutschland sowie Verlust der Kolonien)

- sehr hohe, jedoch hinsichtlich der Leistung unklare Reparationszahlungen
- militärische Bestimmungen, v. a. Beschränkung des Heeres, Entmilitarisierungen im Rheinland

Wirkung des Versailler Vertrages:
- hoher Grad an politisch radikaler Agitation von rechts und links gegen „Erfüllungspolitiker" und Fortwirken monarchischer und antidemokratischer Haltungen
- Zunahme an extremen republikfeindlichen Bewegungen
- politische Morde (z. B. Matthias Erzberger, Walter Rathenau)
- Putschversuche (Kapp-Lüttwitz-Putsch 1920, Hitler-Putsch 1923)
- Ruhrbesetzung wg. ausbleibender Reparationszahlungen, bürgerkriegsähnliche Zustände
- wirtschaftliche Unsicherheiten, die zu Inflation führen, nach der Weltwirtschaftskrise 1929 zur Deflationspolitik des Reichskanzlers Brüning

Herausarbeiten der Auswirkungen der weiteren Faktoren (mit Textbezug!) für das Scheitern der Weimarer Republik, z. B.:

Außen- und wirtschaftspolitische Bedingungen:
- Durch den internationalen Geldkreislauf nach dem Ersten Weltkrieg kam den USA eine entscheidende Rolle zu; die internationalen Finanz-Verflechtungen auch durch die Reparationszahlungen und Kriegsschuldenrückzahlungen machten die Auswirkungen der im Oktober 1929 ausbrechenden Weltwirtschaftskrise umso schlimmer.
- In Deutschland waren die Folgen massiv: Firmenpleiten, Bankenschließungen, Massenarbeitslosigkeit und Produktionsrückgang führten zu einer Wirtschafts- und Staatsfinanzkrise.
- Die sozial- und wirtschaftspolitischen Maßnahmen der Regierung Brüning ab 1930 („Deflationspolitik") blieben weitgehend erfolglos.

Mängel der Reichsverfassung:
- Politische Instabilität durch häufige Regierungswechsel: Diese wurden insbesondere verursacht durch Zersplitterung des Parlaments aufgrund fehlender Sperrklausel sowie mangelndem Kompromisswillen der Parteien.
- Starke Stellung des Reichspräsidenten („Ersatzkaiser") führte zu einer Konkurrenz von Parlament, Regierung und Präsident, besonders nachdem mit von Hindenburg ein erklärter Gegner des parlamentarischen Systems Reichspräsident geworden war.
- Ausnutzung von Artikel 48 (Notstandsverordnungsrecht) und Artikel 25 (Recht zur Auflösung des Reichstags durch den Reichspräsidenten) entmachteten das Parlament.
- Dadurch ab 1930 das System der Präsidialkabinette, die vom Reichspräsidenten von Hindenburg abhängig waren.

„Politische Kultur":
- Zunehmende Unzufriedenheit mit den gemäßigten Parteien, die unfähig erschienen, die Probleme zu lösen; verstärkt nach dem Bruch der großen Koalition im März 1930, die zu einer Zunahme antiparlamentarischer Grundhaltungen in der Bevölkerung führte
- Politische Radikalisierung von rechts und links; zunehmende republikfeindliche Mehrheit im Reichstag, teilweise bürgerkriegsähnliche Zustände durch gewaltsame Auseinandersetzungen gegnerischer „Kampftruppen" der Parteien
- Hoher Bedeutungsgewinn der rechts- und nationalkonservativen Kreise aus Großindustrie, adeligen Großgrundbesitzern, Zeitungsverlegern wie Hugenberg und Militär durch das

System der von Hindenburg abhängigen Präsidialkabinette; direkte Einflussnahme auf politische Entscheidungen bis hin zur Ernennung Hitlers zum Reichskanzler
- Deutliches Fortwirken autoritärer Grundüberzeugungen aus der monarchischen, antidemokratischen Tradition des Deutschen Kaiserreichs, die im Zuge der politischen und wirtschaftlichen Krisen immer stärker werden.

Aufgabe 3: Stellung nehmen (Anforderungsbereich III)

Tipp zum Punktesammeln

Die Stellungnahme sollte die wertenden Aussagen Norbert Lammerts (Beispiele siehe unten) aufnehmen und vor dem Hintergrund der in den Aufgaben 1 und 2 dargestellten Ausgangsthese des Autors und der Verhältnisse zu einer eigenständigen Stellungnahme hinsichtlich der Bedeutung der Weimarer Verfassung sowie hinsichtlich des Scheiterns der Weimarer Republik kommen. Diese Stellungnahme sollte in einem abschließenden Fazit formuliert werden und die Position Lammerts bestätigen oder ihre Gewichtung aufgrund der gesammelten Argumente anders bewerten. Dabei können eigene, weitere Annahmen einbezogen werden.

Es kann hier u. a. auf folgende Aspekte eingegangen werden:
- Die durch die Alliierten verfehlte Frieden schaffende Wirkung des Versailler Vertrags, dessen mentalen Folgen für die Deutschen von höchster politischer Bedeutung waren (z. B. durch den Kriegsschuldartikel, die Form des Zustandekommens).
- Die Entstehung der Weimarer Republik aus den revolutionären Verhältnissen Ende 1918, Anfang 1919 mit einem Bürgerkrieg von Anhängern der Räterepublik und der parlamentarischen Demokratie unter Beteiligung von rechtsradikalen Freicorps-Einheiten, die schon den Beginn des neuen Staates belasteten.
- Die gegen Widerstände durchgesetzte Weimarer Verfassung, die mit Grundrechtskatalog (wenn auch nicht unantastbar), demokratischem Wahlrecht inklusive Frauenwahlrecht, starken plebiszitären Elementen wichtige demokratische Prinzipien erstmals in Deutschland durchsetzt.
- Republikfeinde konnten hingegen diese Verfassung ausnutzen und der parlamentarischen Demokratie entscheidend schaden (z. B. „Ersatzkaiser-Rolle“ des Reichspräsidenten und seine mächtige Stellung, siehe: Notstandsverordnungsrecht, reines Verhältniswahlrecht).
- Die Zerstrittenheit unter den Parteien und ihre häufig auf ideologischen Prinzipien beharrende Politik, die die politische Kompromissfähigkeit lähmten und zu einer Übermacht der republikfeindlichen Kräfte führte.
- Weitere eigene Aspekte sind möglich, z. B. der Verweis auf die antidemokratischen Traditionen aus der Kaiserzeit sowie eine starke Verflechtung so genannter „alter Eliten“ aus Adel, Militär und Wirtschaft.

Fazit:
Insgesamt ein Versagen der Stützen der Demokratie, die sich nicht wehrhaft genug zeigten, um ein Scheitern des parlamentarischen Systems zu verhindern.

Prüfung 2 – Leistungskurs: Aufgabentyp A (IF 6)

Aufgabenstellung:

Interpretieren Sie die vorliegende Quelle, indem Sie

1. sie analysieren, (26 Punkte)
2. Kohls Sicht auf die europäische Staatenordnung des 19. Jahrhunderts (12 Punkte) und seine Sicht auf den europäischen Einigungsprozess bis zur Veröffentlichung des Textes (16 Punkte) erläutern, (28 Punkte)
3. zu den zentralen Aussagen Kohls über „das vereinte Deutschland und Europas Architektur“ (siehe Titel) in der zweiten Hälfte des 20. Jahrhunderts Stellung nehmen. (26 Punkte)

Materialgrundlage:

Helmut Kohl: Das vereinte Deutschland und Europas Architektur. Pressemitteilung Nr. 431/90 des Presse- und Informationsamts der Bundesregierung (28. Oktober 1990). (Rechtschreibung und Hervorhebungen wie im Original.)

Hinweise zum Material: Pressemitteilungen der Bundesregierung informieren Journalisten und Nachrichtenagenturen über Ereignisse und Sichtweisen der Bundesregierung. Der Text durfte erst am 29. Oktober 1990 durch die Presse veröffentlicht werden und war für die Deutschland-Sonderbeilage der Financial Times bestimmt.

Zugelassene Hilfsmittel: Wörterbuch zur deutschen Rechtschreibung

Das vereinte Deutschland und Europas Architektur *Helmut Kohl*

Wir alle waren 1989 und 1990 Zeugen eines dramatischen Wandels, der Politik, Wirtschaft und Gesellschaft in Mittel-, Ost- und Südosteuropa erfasste. [...]

Mittlerweile ist die Frage unabweisbar geworden, wie denn die Architektur des Europa von morgen aussehen soll. Diese Frage richtet sich nicht zuletzt an die Deutschen im Herzen des bis vor kurzem noch geteilten Kontinents: Sie erlangten mit der Überwindung der staatlichen Teilung Deutschlands wieder die volle Souveränität. Doch im Zeitalter zunehmender Verflechtung zwischen Staaten und Volkswirtschaften ist nationale Souveränität kein Wert an sich, sondern ein Instrument, das es verantwortungsbewußt und im Geiste der Partnerschaft zu nutzen gilt. Dazu gehört auch die Bereitschaft, Souveränität im Zuge der fortschreitenden europäischen Integration mit anderen zu teilen.

In den vergangenen Monaten haben die Deutschen die wichtige Erfahrung gemacht, daß sie die staatliche Freiheit ihres Landes in vollem Einvernehmen mit ihren Freunden, Partnern und Nachbarn in West und Ost vollenden konnten. Ihnen ist bewußt, daß es vor allem die Solidarität der Drei Mächte – der Vereinigten Staaten von Amerika, Frankreichs und Großbritanniens – war, die dazu beigetragen hat, daß die Menschen im Westen Deutschlands und namentlich die

Menschen im Westteil Berlins über vierzig Jahre lang in Frieden und Freiheit leben durften. Diese beiden Erfahrungen werden ihre positive Einstellung zur europäischen Integration und zur Weiterentwicklung der atlantischen Partnerschaft nachhaltig prägen.

Integration und Kooperation – das sind die Schlüsselbegriffe zur Gestaltung der Architektur des Europa von morgen. Sie bedeuten zugleich eine endgültige Abkehr von der europäischen Staatenordnung des 19. Jahrhunderts, die sich als unfähig erwiesen hat, dauerhafte Stabilität hervorzubringen. Wo Macht durch gemeinsame Institutionen ausgeübt wird, ist für die nationalstaatlichen Rivalitäten und für das Dominanzstreben früherer Zeiten kein Platz mehr. An die Stelle des Ringens um eine „balance of power" tritt das Bemühen um eine vernünftige Balance zwischen den Befugnissen einer supranationalen Gemeinschaft und den Kompetenzen ihrer Mitglieder. In diesem Sinne gehört dem Föderalismus und der Subsidiarität[1] die Zukunft als Ordnungsmodell für das Europa der Zwölf – und über diesen Kreis hinaus.

Mit der Wiederherstellung der staatlichen Einheit Deutschlands am 3. Oktober 1990 ist kein neuer Staat entstanden; vielmehr sind fünf neue Bundesländer – Brandenburg, Mecklenburg-Vorpommern, Sachsen, Sachsen-Anhalt und Thüringen – sowie der Ostteil Berlins der Bundesrepublik Deutschland beigetreten. [...]

Schon jetzt lässt sich feststellen, daß der Prozeß der deutschen Wiedervereinigung dem Prozeß der europäischen Integration wichtige Impulse gegeben hat. Für uns Deutsche ist die Wiedervereinigung unseres Vaterlandes Ansporn und Verpflichtung, zu vertiefen und weiterzuentwickeln, was wir gemeinsam mit unseren Verbündeten und Partnern in den vergangenen vierzig Jahren aufgebaut haben. In diesem historischen Augenblick sehen wir es als eine der wichtigsten Zukunftsaufgaben an, den in der Präambel unseres Grundgesetzes niedergelegten Auftrag zur aktiven Mitwirkung am Bau eines vereinten Europa zu erfüllen. Dieser Auftrag stand schon immer gleichrangig neben der Verpflichtung, in freier Selbstbestimmung die Einheit und Freiheit unseres Vaterlandes zu vollenden.

Kern und Fundament der Einigung Europas bildet für uns die Europäische Gemeinschaft, die wir – in Umsetzung der Vision ihrer Gründungsväter – zur Europäischen Union ausbauen wollen. [...]

Europa hört eben nicht an Oder und Neiße auf. Auch die Menschen in Polen, in der ČSFR[2], in Ungarn und in den anderen Ländern Mittel- und Südosteuropas brauchen eine europäische Perspektive. Gleiches gilt für die Länder der EFTA[3], mit denen wir bereits heute eng zusammenarbeiten und mit denen wir gemeinsam einen Europäischen Wirtschaftsraum schaffen wollen, der Modellcharakter für ein immer enger zusammenwachsendes Europa annehmen könnte.

Es kann jedoch nicht darum gehen, jetzt möglichst alle Länder unseres Kontinents in die Europäische Gemeinschaft aufzunehmen. Die Gemeinschaft könnte einen solchen Kraftakt nicht ohne Schaden bestehen. Folge müsste sein – und dies wäre fatal –, daß die Europäische Gemeinschaft auf die Stufe einer gehobenen Freihandelszone zurückfallen würde. Genau dies war und ist nicht unser Ziel bei der europäischen Einigung. Wer die politische Einigung Europas will, muß den Beitritt zur Gemeinschaft auf absehbare Zeit daher auf solche Länder beschränken, die zugleich bereit und in der Lage sind, ohne Vorbehalt die Europäische Union zu schaffen.

Das ändert nichts daran, daß die Gemeinschaft energischere Anstrengungen unternehmen muß, um den erfolgreichen Fortgang der Reformprozesse in Mittel-, Ost- und Südosteuropa abzustützen und die Zusammenarbeit mit diesen Ländern – wie auch mit den EFTA-Staaten – auf eine neue Stufe zu heben. Die Kooperations- bzw. die geplanten Assoziierungsabkommen sind hierbei ein wesentliches Instrument.

Die Einigung, die wir für ganz Europa anstreben, erfordert darüber hinaus die Schaffung übergreifender Strukturen für die Zusammenarbeit und die Festigung von Sicherheit und Stabilität. Der Prozeß der Sicherheit und Zusammenarbeit in Europa, die KSZE[4], hat einen unschätzbaren Beitrag geleistet, die trennenden Gräben auf unserem Kontinent zu überwinden. Sie bietet zugleich ein Forum, um auf weitere Fortschritte bei Abrüstung und Rüstungskontrolle zu drängen.

Wir messen dem weiteren Ausbau der KSZE besondere Aufmerksamkeit bei – nicht zuletzt im Blick auf die Atlantische Partnerschaft zwischen den USA und Europa. In den nächsten Jahren wird es vor allem darauf ankommen, die Bindungen zwischen den USA und einem zusammenwachsenden Europa nicht nur zu erhalten, sondern zu stärken: durch eine Weiterentwicklung des Bündnisses, das seine *raison d'être*[5] gerade nicht aus irgendwelchen Feindbildern bezieht, durch eine intensiver werdende Zusammenarbeit zwischen der EG und den USA sowie im Rahmen des KSZE-Prozesses.

Eine der größten Herausforderungen im Blick auf die Architektur des Europa von morgen wird darin bestehen, die Sowjetunion in den kommenden Jahren mehr und mehr in die Gestaltung der europäischen Zukunft einzubeziehen – politisch, in Fragen der Sicherheit, ökonomisch und kulturell. Jahrzehnte des Ost-West-Konflikts haben viele vergessen lassen, daß viele Völker der Sowjetunion nicht nur geographisch, sondern auch durch Geschichte und Kultur mit Europa verbunden sind. Diese Verbundenheit kann jetzt für die Zukunft endlich auch politisch wieder fruchtbar gemacht werden.

Nach allem gibt es nur ein Fazit: In der Außenpolitik des vereinten Deutschlands wird es keine Brüche geben. Sie ist und bleibt Friedenspolitik. Ihre Leitmotive sind Verständigung und Versöhnung. Ihre Maßstäbe und Prioritäten bleiben unverändert, denn sie haben sich bewährt. Sie bleiben unser Kompass auf dem Weg in eine gute Zukunft.

Anmerkungen:
1 Hier: Prinzip, nach dem übergeordnete Institutionen (hier: die Europäische Gemeinschaft bzw. Union) nur solche staatenübergreifenden Aufgaben übernehmen, zu denen untergeordnete Einheiten (hier: die Einzelstaaten) nicht in der Lage sind. Die Eingriffe und Maßnahmen sollen jeweils unterstützende, ordnende Wirkung haben.
2 Kurzform für die Tschechische und Slowakische Föderative Republik.
3 Kurzform für die Europäische Freihandelsassoziation (engl. European Free Trade Association): internationale Wirtschaftsorganisation europäischer Staaten, die nicht in der Europäischen Gemeinschaft organisiert waren.
4 KSZE: Abk. für Konferenz für Sicherheit und Zusammenarbeit in Europa.
5 Existenzberechtigung, Selbstverständnis.

Quelle:
Pressemitteilung Nr. 431/90 des Presse- und Informationsamts der Bundesregierung (28. Oktober 1990)

Beispiellösung für Prüfung 2

Aufgabe 1: Analysieren (AFB I und II)

Formale Aspekte
Autor: Helmut Kohl, Bundeskanzler
Adressaten: Leserschaft der Financial Times und die deutsche Presse

<u>Textart:</u> Zeitungsbeitrag bzw. öffentliche Pressemitteilung der Bundesregierung
<u>Ort:</u> Bonn
<u>Erscheinungsjahr:</u> Zeitpunkt der Veröffentlichung ist der 28. bzw. 29. Oktober 1990
<u>Zeitliche Einordnung:</u> deutsche Wiedervereinigung
<u>Thema:</u> die positive Darstellung und Interpretation des Zusammenhangs zwischen der deutschen Wiedervereinigung und der erfolgreichen Zukunftsgestaltung Europas
<u>Intention:</u> Kohl wollte (mit dieser positiven Darstellung) eventuelle Befürchtungen zerstreuen, die in Bezug auf die integrative Rolle Deutschlands im Prozess der europäischen Einigung hätten geäußert werden können.

Inhalt und Gedankengang
Zeilen 1–4: Hinweis auf den Wandel in Politik, Wirtschaft, Gesellschaft in europäischen Staaten.
Zeilen 5–21: Visionen der „Architektur des Europas von morgen" (Z. 6 f.), ebenfalls für und mit Deutschland, das mit der Wiedervereinigung nun die volle Souveränität habe. Einschränkung: Nationale Souveränität sei aufgrund der Verflechtungen von Staaten und Volkswirtschaften ein Instrument, mit dem man verantwortungsvoll umgehen müsse.
Zeilen 22–38: Die Freiheit des gesamten Landes habe Deutschland nur im Einvernehmen der Freunde/Nachbarn in West und Ost wiedererlangt, allen voran den USA, Frankreich und Großbritannien. Diese Erfahrungen werden die europäische Integration prägen.
Zeilen 39–58: Das Europa von morgen stehe unter dem Motto „Integration und Kooperation", also der Abkehr von der Staatenordnung des 19. Jahrhunderts. Macht müsse durch gemeinsame Institutionen ausgeübt werden. Es werde keine „balance of power" (Z. 50 f.) wie früher geben, sondern eine Balance innerhalb einer supranationalen Gemeinschaft.
Zeilen 59–66: Die Wiedervereinigung habe keinen neuen Staat hervorgebracht, sondern neue, weitere Bundesländer seien der Bundesrepublik Deutschland beigetreten.
Zeilen 67–85: Der Prozess der deutschen Wiedervereinigung könne der europäischen Integration wichtige Impulse geben.
Zeilen 86–102: Alle Länder benötigen eine europäische Perspektive. Diese könne z. B., wie mit der EFTA geplant, einen gemeinsamen Wirtschaftsraum erschaffen.
Zeilen 103–118: Nicht alle Länder des Kontinents können in die Europäische Gemeinschaft aufgenommen werden, weil die EU dann zu einer Freihandelszone werde.
Zeilen 119–128: Die europäische Gemeinschaft müsse die Reformprozesse in Mittel-, Ost- und Südeuropa stützen und die Zusammenarbeit mit diesen Ländern erweitern.
Zeilen 129–140: Die europäische Einigung erfordere übergreifende Strukturen für die Zusammenarbeit und für eine Festigung von Sicherheit und Stabilität. Die zuständige KSZE biete ein Forum, um über Abrüstung und Rüstungskontrollen zu sprechen.
Zeilen 141–154: Die KSZE müsse weiter ausgebaut werden, auch im Hinblick auf die Partnerschaft zwischen den USA und Europa, die gestärkt werden müsse.
Zeilen 155–169: Eine der größten Herausforderungen auf dem Weg in ein geeintes Europa sei der Einbezug der Sowjetunion – und zwar politisch, in Fragen der Sicherheit, ökonomisch und kulturell. Man dürfe trotz des jahrzehntelangen Ost-West-Konflikts nicht die historische und kulturelle Verbundenheit zwischen der Sowjetunion und Europa vergessen.
Zeilen 170–178: Die Außenpolitik des vereinten Deutschlands müsse eine Friedenspolitik ohne Brüche mit den Leitmotiven „Verständigung und Versöhnung" (Z. 174 f.) bleiben.

Hauptaussagen zusammengefasst:

Kohls Blick auf Europa:

- internationale Verflechtungen, partnerschaftliches Europa, Integration und Kooperation als zentrale Schlüsselbegriffe für das zukünftige Europa
- Bekenntnis zur Westbindung, verstärkte Zusammenarbeit zwischen USA und Europa
- Balance zwischen Machtausübung auf europäischer und nationaler Ebene
- Destabilisierung der europäischen Gemeinschaft durch Aufnahme aller Länder des Kontinents
- Einbeziehung der Sowjetunion in Prozesse eines zukünftigen Europas

Die Rolle Deutschlands in Europa:

- zentrale Rolle Deutschlands bei der europäischen Einigung durch Wiedervereinigung
- positive Einstellung zur europäischen Integration und zum atlantischen Bündnis
- Freiheitsgarantie für Westdeutschland für mehr als vierzig Jahre durch die Westmächte

Fazit:

Kontinuität der friedlichen Außenpolitik der Bundesrepublik Deutschland.

Aufgabe 2: Erläutern (AFB II)

Tipp zum Punktesammeln

Die Erläuterung sollte die Grundzüge der Staatenordnung des 19. Jahrhunderts darlegen. Eine volle Punktzahl wird nur erreicht, wenn sowohl die Ereignisse im 19. Jahrhundert als auch der europäische Einigungsprozess bis 1990 dargelegt werden.

Kohls Sicht auf die europäische Staatenordnung des 19. Jahrhunderts:

Insgesamt können hier folgende Aspekte genannt werden:

- nationalistische Grundhaltung in den europäischen Nationalstaaten, nahe dem Chauvinismus; starke Konkurrenz untereinander (Z. 51 f.)
- lange Phase des Friedens in der Folge des Wiener Kongresses, trotz fortbestehender Rivalitäten zwischen den Großmächten (auch später im Verlauf der imperialistischen Politik)
- Gründung des Deutschen Kaiserreiches 1870/71 wirbelte Mächtegefüge durcheinander
- europäisches Bündnissystem sollte Konkurrenten „in Schach halten"
- Friedenssicherung war fragil, die Rivalitäten mündeten in den Ersten Weltkrieg

Fazit:

Kohl äußert sich negativ über die europäische Staatenordnung des 19. Jahrhunderts.

Kohls Sicht auf den europäischen Einigungsprozess bis 1990:

Insgesamt können hier folgende Aspekte genannt werden:

- Z. 13: „[...] zunehmende Verflechtung von Staaten und Volkswirtschaften"
- Ausweitung des wirtschaftlichen Einigungsprozesses
- Gründung der Europäischen Gemeinschaft für einheitlichen Handelsraum
- Plan: weitere Staaten aufnehmen, EG zunehmend erweitern
- „europäische Perspektive" (Z. 95) durch eine Zusammenarbeit auch jenen Ländern geben, die nicht der EG beitreten

- einen einheitlichen europäischen Markt ohne Zölle schaffen
- deutsches Rohstoffaufkommen für einen europäischen Wiederaufbau nutzbar machen
- Z. 34: Westbindung der Bundesrepublik als Garant für „Frieden und Freiheit"
- Erfahrungen während der Berlin-Krisen (1948, 1958, 1961)
- Ablehnung der Stalin-Noten
- Ergebnisse der Pariser Verträge von 1955
- pluralistische Gesellschaftsordnung im Westen vs. zum Einparteienstaat im Osten
- Zeile 131 f.: „[...] Strukturen für die Zusammenarbeit und die Festigung von Sicherheit und Stabilität."
- Entwicklung und Auswirkungen des KSZE-Prozesses

Fazit:
Kohl propagiert eine durchgängig positive Sicht auf den Prozess der europäischen Einigung. Das Teilen nationalstaatlicher Souveränität und die Teilung von Macht (vgl. Z. 20 f. und Z. 45 ff.) sind in seinen Augen der Schlüssel zur Sicherung von Frieden und Stabilität der europäischen Gemeinschaft.

Aufgabe 3: Stellung nehmen (AFB III)

Tipp zum Punktesammeln

Die Stellungnahme muss die sehr zuversichtliche Darstellung der Rolle Deutschlands im Rahmen des europäischen Einigungsprozesses darstellen, aber ebenso die möglichen Risiken, auf die Helmut Kohl nicht eingeht. Hierbei sollten mögliche Aspekte der Bestätigung der Aussagen des Bundeskanzlers (Zustimmung), der Differenzierung (Relativierung) oder Abweisung (Ablehnung) genannt werden. Es folgen beispielhafte Argumente für ein eigenes abschließendes Urteil, das die Argumente abwägt – andere und weitere Begründungen auf sachlicher Basis sind möglich.

Zustimmung – möglich wären folgende Argumente:
- Abbau der Spannungen im Ost-West-Konflikt, z. B. Regelung der Oder-Neiße-Grenze
- Ziele in der Rüstungskontrolle und Abrüstungspolitik
- Charta für ein neues Europa, KSZE-Gipfel im November 1990 in Paris
- Perspektive eines dauerhaften Friedens schaffen, ebenso Sicherheit und politische Stabilität im Rahmen demokratischer Prozesse
- Gründung der Europäischen Union
- weiterhin regelmäßige Aufnahme neuer Mitgliedsstaaten und auch für die anderen Staaten Perspektiven aufzeigen und mit ihnen zusammenarbeiten
- Einbindung der Sowjetunion in politischen, gesellschaftlichen und kulturellen Aspekten

Relativierung / Ablehnung – möglich wären folgende Argumente:
- Vorbehalte gegenüber einer befürchteten möglichen Hegemonialstellung des wiedervereinigten Deutschlands innerhalb Europas
- Schwierigkeiten bei der Anpassung von Institutionen und politischen Prozessen
- Kontroversen zwischen Interessen einzelner EU-Mitgliedstaaten

- Zunahme europäischer und außereuropäischer Krisensituationen im globalen Kontext
- Skepsis in Bezug auf die Zusammenarbeit mit der Sowjetunion
- geringe Tragfähigkeit europäischer Konzepte angesichts global veränderter Bedingungen

Fazit / Abschließendes Urteil, z. B.:

- Kohls Darlegungen haben in gewisser Weise einen richtungsweisenden Charakter für den europäischen Einigungsprozess und den von ihm dargelegten Beitrag der Bundesrepublik Deutschlands.
- Insgesamt erscheinen die Ausführungen und Aussagen von Kohl zu positiv. Negative oder zumindest hemmende Aspekte finden in Kohls Darlegungen keine Berücksichtigung.
- In Anbetracht der Quellenart und der damit zusammenhängenden Intention ist die positive Darstellung sachlogisch und dient vordergründig der Beschwichtigung der Bedenken von Großbritannien und Frankreich.

Tipp zum Punktesammeln

Eine volle Punktzahl wird nur erreicht, wenn ein abwägendes, eigenständiges Sachurteil auf Grundlage überzeugender Argumente formuliert wird. Es zählt die Anzahl der Aspekte, die Sie nennen. Für die volle Punktzahl sollten sechs Aspekte berücksichtigt werden, für die halbe Punktzahl vier. Es dürfen keine sachlichen Fehler enthalten sein und Sie müssen das Urteil aufgrund breiter historischer Kenntnisse fällen.

Prüfung 3 – Grundkurs, Aufgabentyp B (IF 4)

Aufgabenstellung:

1.	Analysieren Sie den Text.	(26 Punkte)
2.	Erläutern Sie wesentliche im Text enthaltene Bezüge zum Durchbruch der modernen Industriegesellschaft (16 Punkte) und arbeiten Sie ihre Bedeutung für die politische Entwicklung heraus (12 Punkte).	(28 Punkte)
3.	Nehmen Sie Stellung zu der Aussage des Verfassers, dass „[d]er Krieg ... lediglich als Katalysator [funktionierte], der die alten Strukturen rascher zum Einsturz brachte und neuen Identitäten schneller erlaubte, selbstbewußt aufzutreten" (Z. 31 – 33).	(26 Punkte)

Materialgrundlage:

Philipp Blom: Der taumelnde Kontinent. Europa 1900 – 1914. 6. Auflage, Hanser Verlag, München 2014, S. 11 – 15
(Rechtschreibung und Hervorhebung wie im Original.)

Hinweise zum Autor: Philipp Blom (*1970) ist ein Historiker und Journalist.

Zugelassene Hilfsmittel: Wörterbuch zur deutschen Rechtschreibung

[...] Heute sehen wir die Zeit vor dem Ausbruch des Ersten Weltkriegs oft als Idyll, als eine Zeit vor dem Sündenfall, als die gute alte Zeit, die *Belle Époque*. Sie wird in aufwendig ausgestatteten Kostümfilmen als eine intakte Gesellschaft zelebriert, die doch unaufhaltsam einem Weltkrieg entgegengetrieben wurde, an dem sie zerbrechen mußte. Nach diesem Krieg, so diese Lesart der Geschichte, erhob sich aus der Asche der alten Welt der Phönix der Moderne.

Die meisten Menschen, die das Jahr 1900 erlebt haben, wären sehr erstaunt über diese nostalgische und statische Interpretation ihrer Zeit. Ihren eigenen Briefen, Tagebüchern, Zeitungen, wissenschaftlichen Veröffentlichungen und Romanen nach zu urteilen war ihre eigene Erfahrung dieser Zeit gekennzeichnet von Unsicherheit und Erregtheit, eine rohe, kraftvolle Lebenswelt, die unserer eigenen in vielerlei Hinsicht ähnlich ist. Damals wie heute waren tägliche Gespräche und Presseartikel dominiert von neuen Technologien, von der Globalisierung, von Terrorismus, neuen Formen der Kommunikation und den Veränderungen im Sozialgefüge; damals wie heute waren die Menschen überwältigt von dem Gefühl, daß sie in einer sich beschleunigenden Welt lebten, die ins Unbekannte raste. [...]

Beschleunigung und Erregung, Angst und Schwindelgefühle waren Themen, die in den Jahren zwischen 1900 und 1914 in vielfältiger Form immer wiederkehrten und deren Ursachen auf der Hand liegen: Die Städte wuchsen explosionsartig an, und die Gesellschaft wurde durch die rapide Industrialisierung aller Lebensbereiche transformiert, massenproduzierte Güter und Elektrizität begannen das tägliche Leben zu bestimmen und alle Städter zu Konsumenten zu machen, Zeitungen wurden zu Imperien, Kinofilme wurden von Millionen von Zuschauern gesehen, die Globalisierung brachte Fleisch aus Neuseeland und Mehl aus Kanada und Rußland in britische und deutsche Haushalte und sorgte damit auch für den Niedergang des Adels, dessen Wohlstand großteils auf der Landwirtschaft gründete, und für den Aufstieg einer neuen Art von Menschen: dem Ingenieur, dem Mathematiker, dem Technokraten, dem Städter. Die moderne Welt, das zeigt sich beim näheren Hinsehen, erhob sich nicht aus den Schützengräben der Somme und den Ruinen Flanderns, sondern hatte schon vor 1914 die Menschen längst ergriffen. Der Krieg funktionierte lediglich als Katalysator, der die alten Strukturen rascher zum Einsturz brachte und neuen Identitäten schneller erlaubte, selbstbewußt aufzutreten.

[...] Einen weiteren Charakterzug teilt diese Periode mit unserer eigenen: die Offenheit ihrer Zukunft, die zugleich ungewiß, verheißungsvoll und sehr bedrohlich ist. Zwischen 1910 und 1914 wußte niemand, welche der politischen Mächte erfolgreich sein würde, welche Gesellschaft aus der rasenden Transformation alles bis dahin Bekannten erwachsen würde. Nach Europas zweitem dreißigjährigen Krieg, 1914 bis 1945, gab es ein halbes Jahrhundert lang keine offene Zukunft. Im Kalten Krieg waren die Alternativen klar und es ging nur darum, welches der beiden ideologischen Systeme, Kommunismus oder Kapitalismus, den Sieg davontragen würde. Erst mit dem Zusammenbruch des Sowjetreichs haben wir wieder eine offene Zukunft und mit ihr auch die Erregung und die radikale Ungewißheit der Jahre zwischen 1900 und 1914, als alles möglich schien.

Ein großer Teil der Ungewißheit, die wir heute spüren, erwuchs aus Erfindungen, Gedanken und Veränderungen, die in jenen ungeheuer kreativen fünfzehn Jahren artikuliert wurden, und es ist wohl kaum übertrieben zu sagen, daß alles, was im 20. Jahrhundert wichtig werden sollte – von der Quantenphysik bis zur Frauenrechtsbewegung, von abstrakter Kunst bis zur Genetik, von Kommunismus bis Faschismus bis zur Konsumgesellschaft, vom industrialisierten Mord bis zur Macht der Medien –, zwischen 1900 und 1914 erstmals eine Massenwirkung entfaltete oder sogar erfunden wurde. In all diesen Bereichen wurde Neuland betreten, und der Rest des Jahrhunderts war wenig mehr als eine Abwicklung und Auslotung dieser Möglichkeiten, die manchmal wunderbar und manchmal schrecklich waren.

[...]

Quelle: Philipp Blom: Der taumelnde Kontinent. Europa 1900-1914. 6. Auflage, München 2014, S. 11-15

Beispiellösung für Prüfung 3

Aufgabe 1: Analysieren (AFB I und II)

Formale Aspekte

Textart: historische Darstellung

Autor: Philipp Blom, Historiker und Journalist

Erscheinungsjahr: (2014, 6. Auflage)

Adressaten: historisch interessierte Leserschaft

Thema: Beschleunigte Modernisierung Deutschlands und Europas zwischen 1900 und 1914 aus der Perspektive des beginnenden 21. Jahrhunderts.

Intention: Korrektur der idealisierten Vorstellungen über die Zeit von 1900 und 1914 und ein Aufzeigen von Gemeinsamkeiten der beschleunigten Zeit damals und „heute"

Inhalt und Gedankengang

Folgende Hauptaussagen sollten herausgearbeitet werden:

Zeilen 1–11: Rückblickend wird die Phase vor dem Ersten Weltkrieg (Belle Époque) als „gute alte Zeit" mit intakter Gesellschaft idealisiert, die einem Weltkrieg unaufhaltsam entgegengetrieben wird, an dessen Ende sich aber der „Phönix der Moderne" (Z. 11) erhob.

Zeilen 12–30: Zeitzeugenberichte demaskieren nostalgische oder statische Interpretationen der Jahrhundertwende, denn sie dokumentieren die Unsicherheit der Menschen angesichts der Dominanz neuer Technologien, der Globalisierung, von Terrorismus und neuen Kommunikationsformen. Sie fühlten sich überwältigt von der beschleunigenden Welt.

Zeilen 31–61: Ursachen für die Verunsicherung zwischen 1900 und 1914 waren das schnelle Wachstum der Städte, die rapide fortschreitende Industrialisierung und die Veränderungen im alltäglichen Leben. Der Krieg beschleunigte den Einsturz alter Strukturen, aber er brachte seinerseits keine neuen hervor.

Zeilen 62–82: Ungewissheit wirkte damals gleichermaßen bedrohlich und verheißungsvoll: Welche politische Macht würde sich durchsetzen? Wie würde die Gesellschaft aussehen? Eine ähnliche Offenheit habe erst der Zusammenbruch der Sowjetunion wieder bewirken können.

Zeilen 83–101: Ungewissheit heute entsteht aus strukturell ähnlichen Erfindungen, Vorstellungen und Veränderungsprozessen wie zur Zeit der vorletzten Jahrhundertwende. In den Jahren zwischen 1900 und 1914 wurden Akzente gesetzt, die erstmals eine Massenwirkung entfalteten, sei es in Technik, Kunst, Politik oder Wissenschaft.

Kurze Zusammenfassung

Heutige Perspektive auf die Zeit von 1900 – 1914:

- idealisierte, statische, konservative und intakte Phase, zerstört durch den Ersten Weltkrieg
- Aufstieg der Moderne erst nach 1914

Wahrnehmung der Zeitgenossen:

- Zeit der Instabilität, Verunsicherung, Erregung und Angst
- Jahre des Wandels in allen Bereichen des Alltags, der Kunst, Wissenschaft und der Politik
- rasante Veränderungen durch neue Technologien, neue Formen der Kommunikation und Globalisierung, die allumfassend waren und Auswirkungen auf die Gesellschaft hatten
- Offenheit im Gegensatz zur Zeit des Kalten Krieges
- Parallelen zur Gegenwart
- vergleichbar offene Zukunft durch Zerfall der Sowjetunion
- Herausforderung durch Globalisierung und Gefahren durch Terrorismus
- Verunsicherung in der Gesellschaft und ungewisse Zukunft, Verlust von Gewissheiten

Fazit

- tiefgreifende Modernisierung und Umwälzung setzte bereits vor dem Ersten Weltkrieg ein
- Tendenzen der „Moderne" im 20. Jahrhundert wurden zwischen 1900 und 1914 grundgelegt

Aufgabe 2: Erläutern (AFB II)

Tipp zum Punktesammeln

Die Erläuterung sollte die Grundzüge des Durchbruchs der modernen Industriegesellschaft darlegen. Eine volle Punktzahl wird nur erreicht, wenn sowohl diese, als auch deren Bedeutung für die weitere politische Entwicklung herausgearbeitet wird.

Wesentliche Bezüge zum Durchbruch der modernen Industriegesellschaft:

Neue Technologien (Z. 24 f., Z. 39 ff.):

- Fortschritte in der Chemie: synthetische Farben, Kunststoffe, Arzneimittel, Fotografie
- Elektroindustrie: Generatoren für größere Strommengen, öffentliche Elektrizitätswerke, Starkstromübertragungen über Distanzen, Strom als zentraler Energieträger
- industrielle Fertigungsprozesse durch Elektromotoren revolutioniert, Transportwesen u. a. durch elektrische Straßenbahnen ausgebaut, Entwicklung großer Elektrokonzerne
- neue Kommunikationsformen (Z. 13 f.): elektrische Telegrafie, später Telefon, v. a. in Wirtschaft und Militär
- Ausbau des Zeitungswesens

Globalisierung (Z. 24, Z. 52):

- Ausbau der Verkehrswege, Modernisierung der Transportmittel (Eisenbahn, Hochseeschiffe)
- Ausweitung internationaler Handelsbeziehungen, rasantes Wachstum des Welthandels
- Exportsteigungen des Deutschen Reiches, Export als wichtiger Wachstumsfaktor der deutschen VolkswirtschaftUrbanisierung (Z. 36):
- starkes Bevölkerungswachstum in den Städten und zunächst noch hohe Geburtenraten, Entstehen von Ballungszentren, Kehrseite: Umweltprobleme
- knapper Wohnraum durch Bevölkerungswachstum und daraus resultierender Bevölkerungsdichte, Bau von Siedlungen und Beginn gezielter Städteplanung

Freizeit- und Konsumverhalten (Z. 25 f.):

- Arbeitszeiten wurden nach und nach reduziert, Anstieg freier Zeit
- große Teile der Bevölkerung weiterhin arm, dennoch verbessertes Lohnniveau
- gut besuchte Freizeiteinrichtungen: Sportvereine und Kinos
- Warenhäuser mit internationalem Warenangebot, vorwiegend für kaufkräftige Schichten

Veränderungen im Sozialgefüge (Z. 12 f.):

- Entwicklung der Industriearbeiterschaft zu einer weitgehend homogenen gesellschaftlichen Schicht (Angleichung von Arbeits- und Lebensbedingungen, politisches Bewusstsein)
- Zunahme von Angestellten (höherer Verdienst, Abgrenzung zu den Arbeitern)
- wachsende Bedeutung des Bürgertums (ökonomisch, kulturell)
- Forderung von politischer Gleichberechtigung der Frauen, veränderte Geschlechterrollen

Bedeutung für die politische Entwicklung:
- Gewerkschaften und Sozialdemokraten verzeichneten steigende Mitgliederzahlen.
- Wirtschaftliche Interessenverbände bekamen zunehmend politischen Einfluss.
- Der konservative Adel hatte politische Macht und war eng mit dem Militär vernetzt.
- Industrienationen konkurrierten zunehmend um internationale Marktanteile.
- Der Nationalismus verstärkte sich und das Deutsche Reich orientierte sich weltpolitisch.

Aufgabe 3: Stellung nehmen (AFB III)

Tipp zum Punktesammeln

Die Stellungnahme sollte die gesellschaftlichen Veränderungen durch die Industrielle Revolution berücksichtigen. Hierbei sollten mögliche Aspekte/Argumente zur Bestätigung der Aussagen des Autors (Zustimmung), für eine differenzierende (relativierende) Einschätzung oder zur Begründung einer Ablehnung genannt werden. Die Argumentation muss in ein abschließendes, eigenes Urteil münden (Fazit).

Zustimmung – möglich wären folgende Argumente:
- Schon vor 1914 waren Anzeichen möglicher gewalttätiger Auseinandersetzungen erkennbar; damit wäre der Erste Weltkrieg kein einschneidender Wendepunkt.
- Das politische System war reformbedürftig, da sich durch die Zweite Industrielle Revolution das gesellschaftliche Sozialgefüge geändert hatte → Modernisierungsdruck.
- Parlamentarisch-demokratische Reformbestrebungen waren nicht aufzuhalten.
- Die organisierte Arbeiterbewegung im Kaiserreich erlangte politische Macht – auch das führte zur Streikbewegung und der Novemberrevolution 1918.
- Die Weimarer Verfassung enthielt fortschrittliche Elemente – das war auch ein Zeichen für den Einfluss des Bürgertums und der Frauenbewegung.

Relativierung – möglich wären folgende Argumente:
- Der Kaiser verlor Legitimation und Autorität, die Monarchie brach zusammen – Ergebnisse der drohenden militärischen Niederlage im Ersten Weltkrieg.
- Der politische Wechsel zur parlamentarischen Demokratie verhinderte nicht eine grundsätzliche monarchisch-autoritäre Gesinnung.
- Einer Parteiendemokratie stand man skeptisch gegenüber – das stärkte den Reichspräsidenten, quasi als Gegengewicht.
- Die traditionsbewussten, „alten“ Machteliten wie das Militär, die Polizei, das Beamtentum hatten immer noch einen starken Einfluss – sie wollten die Monarchie wiederherstellen.
- Das kapitalistische Wirtschaftssystem war gestört; eine Folge des Ersten Weltkriegs.

Fazit / Zusammenfassendes Urteil:
Je nach der Gewichtung der einzelnen Aspekte sollte hier ein zusammenfassendes zustimmendes oder relativierendes Urteil gegeben werden.

Prüfung 4 – Grundkurs, Aufgabentyp A (IF 5, 6)

Aufgabenstellung:

Interpretieren Sie die Quelle, indem Sie

1. sie analysieren, (26 Punkte)
2. sie in den historischen Kontext der ersten Kriegsjahre bis 1941 einordnen (12 Punkte) und die Botschaften Churchills im Hinblick auf mögliche Adressaten der Rede erläutern (16 Punkte), (28 Punkte)
3. Stellung zu Churchills Aussagen nehmen. (26 Punkte)

Materialgrundlage:

Winston S. Churchill: „Der vierte kritische Zeitpunkt." Rundfunkaufruf anlässlich des deutschen Angriffs auf Russland am 22. Juni 1941.
(Rechtschreibung und Hervorhebungen wie im Original.)

Hinweis zum Material: Winston Churchills Radioansprache zum deutsch-sowjetischen Krieg wurde am Tag des deutschen Angriffs auf Russland gesendet.

Zugelassene Hilfsmittel: Wörterbuch zur deutschen Rechtschreibung

[...] Das Naziregime läßt sich von den schlimmsten Erscheinungen des Kommunismus nicht unterscheiden. Es ist bar jedes Zieles[1] und jedes Grundsatzes, es sei denn Gier und Rassenherrschaft. Es übertrifft jede Form menschlicher Verworfenheit an Grausamkeit und wilder Angriffslust. Niemand war ein folgerichtigerer Gegner des Kommunismus als ich in den letzten fünfundzwanzig Jahren. Ich nehme kein Wort von dem zurück, was ich darüber gesagt habe. Aber dies alles verblaßt vor dem Schauspiel, das sich nun abspielt. Die Vergangenheit mit ihren Verbrechen, ihren Narrheiten und ihren Tragödien verschwindet im Nu. Ich sehe die russischen Soldaten an der Schwelle des Landes stehen, das ihre Väter seit undenklichen Zeiten bebaut haben. Ich sehe sie ihre Heimstätten schützen, in denen Mütter und Frauen beten – es gibt Zeiten, in denen jeder betet – für die Sicherheit ihrer Lieben, für die Heimkehr des Ernährers, des Kämpfers und Verteidigers. Ich sehe die zehntausend Dörfer Rußlands, in denen die Existenzmittel dem Boden so hart abgerungen wurden, in denen aber noch immer die ursprünglichsten Freuden des Menschen herrschen, in denen Mädchen lachen und Kinder spielen. Über sie hinweg sehe ich die Nazi-Kriegsmaschine ihren scheußlichen Angriff vortragen, mit ihren säbelrasselnden, Hacken zusammenschlagenden, stutzerhaften preußischen Offizieren, ihren geschickten Fachleuten, die eben erst ein Dutzend Länder eingeschüchtert und in Fesseln gelegt haben. [...]

Doch nun muß ich den Entschluß der Regierung Seiner Majestät bekanntgeben [...], denn wir müssen jetzt offen reden, ohne auch nur einen Tag zu verlieren. Ich habe die Erklärung abzugeben, aber können Sie daran zweifeln, wie unsere Politik sein wird? Wir haben nur eine Absicht, wir haben nur ein einziges, unverrückbares Ziel. Wir sind entschlossen, Hitler und jede Spur des Naziregimes zu vernichten. Und davon wird uns nichts abhalten – nichts. Wir werden niemals mit Hitler oder irgendeinem aus seiner Bande verhandeln oder unterhandeln. Wir werden ihn bekämpfen zu Lande, wir werden ihn bekämpfen zur See, wir werden ihn in der Luft bekämpfen, bis wir mit Gottes Hilfe die Erde von seinem Schatten und die besiegten Völker von seinem Joch befreit haben. Jeder Mensch und jeder Staat, der gegen das Nazitum kämpft, wird unsere Hilfe haben. Jeder Mensch und jeder Staat, der mit Hitler marschiert, ist unser Feind. [...] Das ist unsere Politik, das ist unsere Erklärung. Daraus folgt, daß wir jede nur mögliche Hilfe Rußland und dem russischen Volk gewähren werden. Wir werden auch an alle unsere Freunde und Alliierten in der ganzen Welt appellieren, denselben Kurs einzuschlagen und ihn, wie wir, getreu und standhaft bis ans Ende durchzuhalten.

Wir haben der Regierung Sowjetrußlands jede technische und wirtschaftliche Unterstützung angeboten, die ihr dienen kann und die in unserer Macht steht. [...]

Dies ist kein Klassenkrieg, sondern ein Krieg, an dem das ganze britische Empire und Commonwealth of Nations ohne Unterschied der Rasse, des Glaubens oder der Partei beteiligt ist. Es steht mir nicht zu, darüber zu sprechen, was die Vereinigten Staaten tun werden. Nur das eine möchte ich sagen: Falls Hitler sich einbildet, sein Angriff auf Rußland würde das geringste Abweichen von den Zielen oder ein Nachlassen der Anstrengung in den großen Demokratien zur Folge haben, die das Urteil über ihn gesprochen haben, dann hat er sich jämmerlich getäuscht. Im Gegenteil, wir werden gestärkt und ermutigt an die Befreiung der Menschheit von seiner Tyrannei gehen. Wir werden stärker und nicht schwächer in unserem Entschluß und in unseren Mitteln werden.

Es ist nicht die Zeit, über die Narrheit der Länder und Regierungen, die es zugelassen haben, daß sie eines nach dem anderen niedergeschlagen wurden, moralische Betrachtungen anzustellen, während sie durch einiges Handeln sich selbst und die Welt vor dieser Katastrophe gerettet hätten. Als ich aber vor einigen Minuten von Hitlers Blutgier und seinen hassenswerten Trieben sprach, die ihn in das russische Abenteuer gelockt haben, sagte ich, es läge noch ein tieferes Motiv hinter seiner Freveltat. Er will Rußland zerstören, weil er hofft, daß er dann die Hauptmacht seiner Armee und seiner Luftwaffe aus dem Osten zurückziehen kann, um sie gegen diese Insel zu werfen. Denn er weiß, sie muß er erobern oder die Strafe für seine Verbrechen erleiden. Sein Überfall auf Rußland ist nur das Vorspiel zu einem Invasionsversuch der britischen Inseln. Er hofft zweifellos, das alles würde noch vor Einbruch des Winters getan sein und er könnte Großbritannien überwältigen, bevor die Flotte und die Luftmacht der Vereinigten Staaten sich einmengen[2]. Er hofft noch einmal, nur in größerem Ausmaß als je zuvor, einen seiner Feinde nach dem anderen vernichten zu können, womit er so lange Glück und Erfolg gehabt hat, und daß dann der Schauplatz für den letzten Akt bereit stünde, ohne den alle Eroberungen nichts wären – nämlich die Unterwerfung der gesamten westlichen Hemisphäre unter seinen Willen und sein System.

Daher ist die Gefahr Rußlands unsere Gefahr und die Gefahr der Vereinigten Staaten. Und die Sache jedes Russen, der für seinen Herd und sein Heim kämpft, ist die Sache der freien Menschen und der freien Völker in jedem Teil der Erde. Wir wollen die Lehre aus dieser grausamen Erfahrung ziehen. Wir wollen unsere Anstrengungen verdoppeln und mit vereinter Kraft kämpfen, solange wir noch Leben und Kraft haben.

Anmerkungen:
1 bar jedes Zieles: frei von Zielen
2 einmengen: einmischen

Quelle:
https://www.nationalchurchillmuseum.org/winston-churchills-broadcast-on-the-soviet-german-war.html [aufgerufen 05.10.2017]; in deutscher Sprache: In: Winston S. Churchill: Reden 1940-1941. Der unerbittliche Kampf, gesammelt von Charles Eade, Zürich 1947, S. 257-263.

Beispiellösung für Prüfung 4

Aufgabe 1: Analysieren (AFB I und II)

Tipp zum Punktesammeln

Volle Punktzahl ist zu erreichen, wenn alle Textmerkmale sowie der Inhalt bzw. die gedankliche Struktur des Textes zutreffend und mit deutlicher Akzentuierung (hier: Beschreibung der Ausgangslage – Darstellung der Reaktion der britischen Regierung – Begründung und Ausblick) herausgearbeitet werden.

Formale Aspekte
Textcharakterisierung: historische Quelle in Form einer Radioansprache (Niederschrift)
Autor: Winston S. Churchill, britischer Premierminister
Adressaten: britische und internationale Zuhörer/-innen an Radiogeräten, Fachwissenschaft
Kontext: 22.6.1941, anlässlich des Angriffs der deutschen Wehrmacht auf die Sowjetunion
Thema: Reaktion der britischen Regierung auf den deutschen Angriff auf die Sowjetunion
Intention: Appell an die Briten sowie die internationale Gemeinschaft zum Kampf gegen das nationalsozialistische Deutschland und für Unterstützung der Sowjetunion trotz eigener antikommunistischer Einstellung.
Inhalt/Gedankengang:
Beschreibung der Ausgangslage:
- Nationalsozialismus und Kommunismus werden als nicht unterscheidbare, faschistische Ideologien verurteilt.
- NS-Deutschland habe sich auf eine Stufe mit dem verwerflichen Kommunismus gestellt.
- Das russische Volk sei in seiner Verteidigung gegen Nazi-Deutschland zu unterstützen.

Reaktion der britischen Regierung:
- Großbritannien werde vereint mit Kräften des Empires und Commonwealth einen uneingeschränkten Krieg gegen Deutschland und seine Verbündeten führen.
- Die Vernichtung Hitlers sei unumkehrbares Ziel; ohne Verhandlungsbereitschaft.

Begründung und Ausblick:
- Von Deutschland angegriffene Völker seien zu unterstützen und zu befreien.
- Eine ideologische Unterscheidung könne keine Rolle mehr spielen („kein Klassenkrieg"), sodass auch die kommunistische Sowjetunion Hilfe von den „großen Demokratien" erhalten könne.
- Es ginge um die „Befreiung der Menschheit" von der „Tyrannei" des Nazi-Regimes.

- Eine Niederlage der Sowjetunion würde Hitler die Möglichkeiten zum weiteren Angriff auf Großbritannien geben, da er seine Kräfte im Westen bündeln könne.
- Die Unterstützung der UdSSR sei demnach im Interesse der Sicherheit Großbritanniens und auch der USA, die indirekt zum Kriegseintritt gegen Deutschland aufgefordert werden.

Aufgabe 2: Einordnen und erläutern (Anforderungsbereich II)

Tipp zum Punktesammeln

In der Erläuterung der Botschaften ist es empfehlenswert, strukturiert und wie in der Aufgabenstellung vorgegeben nach Adressaten gegliedert vorzugehen.
Für die Einordnung der Rede in den Kriegsverlauf ist eine Konzentration auf die erste Phase des Zweiten Weltkriegs in der Aufgabenstellung vorgesehen. Hier sollten möglichst detaillierte Kenntnisse der Verläufe eingebracht werden können, um eine volle Punktzahl zu bekommen.

Einordnung in den historischen Kontext der ersten Kriegsjahre bis 1941:

Darstellung der Ereignisse seit Kriegsausbruch 1939 und ihre ideologischen Grundlagen:
- 1.9.1939 deutscher Angriff auf Polen nach Absicherung durch Hitler-Stalin-Pakt vom 22.8.1939, der eine gegenseitige Nichteinmischung durch die Sowjetunion bzw. Deutschland vorsah und die Grenzen und Interessen beider Mächte in Polen absteckte.
- Besetzung und grausame Niederschlagung Polens in kurzer Zeit; gefolgt von Verfolgung und Morden insbesondere der jüdischen Bevölkerung und der intellektuellen Eliten.
- Umsetzung ideologischer Ziele des Nationalsozialismus: Lebensraumpolitik im Osten sowie antisemitische Rassenpolitik, die zum Beginn des systematischen Völkermords und Vernichtungskriegs führten.
- Kriegserklärungen Großbritanniens und Frankreichs in Folge des Angriffs auf Polen.
- Weitere Angriffe besonders auf Skandinavien und Westeuropa (Dänemark, Norwegen, Niederlande, Belgien, Frankreich) mit relativ schnellen militärischen Erfolgen durch Besetzungen; U-Bootkrieg und Luftangriffe gegen Großbritannien; Abwehr einer Besetzung Englands durch Deutschland.
- 1941: Abschluss der ersten Phase des Zweiten Weltkriegs durch Angriff auf die Sowjetunion (mit Verstoß gegen Hitler-Stalin-Pakt) am 22.6.1941: endgültige Durchführung des rassistischen Vernichtungskriegs im Osten Europas.

Erläuterung der Botschaften Churchills unter Beachtung der Adressaten:

Als Adressaten sind zu nennen: britische Öffentlichkeit, Sowjetunion, Deutschland, USA.
Britische Öffentlichkeit:
- Die Gefahr durch einen Angriff Deutschlands auf Großbritannien wird heraufbeschworen.
- Der Zusammenhalt des britischen Volkes einschließlich des kolonialen Weltreichs und der Länder des Commonwealth wird betont und mit den Prinzipien des Kampfes gegen Tyrannei und für Freiheit und für die gemeinsamen Werte der Demokratien begründet.

- Wandel in der Wahrnehmung der kommunistischen Sowjetunion, die nun im gemeinsamen Kampf unterstützt werden müssen; ideologische Vorbehalte gegen den Kommunismus müssten im Interesse der Sicherheit des britischen Volkes nun zurückstehen.

Sowjetunion:

- Deutliche Signale der Sorge und des Beistands für die russische Bevölkerung, deren Verteidigung und Kampf gegen Nazi-Deutschland heroisiert wird.
- Auf diese Weise auch Unterscheidung zwischen russischem Volk und kommunistischer Staatsführung, mit der sich Großbritannien als Mittel zum Zweck verbünden müsse.
- Dennoch uneingeschränkte Hilfezusage seitens der britischen Regierung an die sowjetische Regierung und das russische Volk.

Deutschland:

- Deutliche Warnung, den Krieg und die Verletzung von Menschenrechten weiterzuführen.
- Klarer persönlicher Angriff auf Adolf Hitler sowie die Nationalsozialisten, die bei Fortführung des Krieges nichts anderes als ihre Vernichtung zu erwarten hätten.
- Zusätzlich implizit ein Appell auch an diejenigen Deutschen, die illegaler Weise britischen Rundfunk abgehört haben und die bereit wären, sich gegen das Nazi-Regime zu wehren, dass sie hierfür Unterstützung erfahren könnten.

USA:

- Warnung vor Bedrohungssituation im Falle einer Niederlage der Sowjetunion.
- Klarer Appell zum Kriegseintritt, Nennung gemeinsamer Werteorientierungen.
- Der Appell schließt weitere Völker und Staaten mit gleichem politischen Bekenntnis ein.
- Betonung der Dringlichkeit durch Hinweise auf die sehr schnelle Reaktion auf den deutschen Einmarsch in die Sowjetunion durch die britische Regierung.

Aufgabe 3: Stellung nehmen (Anforderungsbereich III)

Tipp zum Punktesammeln

Die Stellungnahme bezieht sich auf die Einschätzungen der Situation durch Churchill. Zentral ist dabei die Überlegung, inwieweit diese den Tatsachen entspricht und interessengeleitet ist. Entsprechend kann die eigene Argumentation aufgebaut sein. Die Darstellung muss im Fazit mit einem abwägenden Sachurteil abschließen.

Mögliche Argumente zur Einschätzung der Lage durch Churchill:

- Verbrecherisches und menschenverachtendes Vorgehen Deutschlands in den besetzten Gebieten, besonders in Polen und nun die akute Gefahr für die Sowjetunion.
- Notwendigkeit des Zusammenschlusses mit der Sowjetunion gegen Deutschland.
- Bedeutung der unerlässlichen Unterstützung in diesem Kampf durch die USA.

Interessengeleitete Argumentation Churchills:

- Gleichsetzung der kommunistischen und nationalsozialistischen Ideologien, um den endgültigen Kampf gegen Nazi-Deutschland und die Unterstützung des zuvor eigentlich verurteilten kommunistischen Russlands und der Stalin-Diktatur rechtfertigen zu können.
- Notwendigkeit einer Verteidigung der Sowjetunion, um einen konzentrierten Angriff auf Großbritannien zu verhindern und die eigene Sicherheit zu gewährleisten.

- Gefahr der Niederlage gegen Nazi-Deutschland und damit Unterwerfung unter den Faschismus sowie Verlust der freiheitlichen Demokratie.
- Uneingeschränkte Kriegsführung mit allen Mitteln wird durch die Betonung des drängenden Existenzkampfes der Völker gegen Deutschland gerechtfertigt.
- Damit Betonung der Bedrohung zur Gewinnung der USA für den Kriegseintritt.

Sachurteil als Fazit:
Gewichtende Position, die einerseits das klare Bekenntnis Churchills zum Kampf gegen das nationalsozialistische Deutschland und die Verteidigung der freiheitlichen Demokratie berücksichtigt, andererseits herausarbeitet, dass Churchill angesichts der existenziellen Bedrohung seine ideologischen Vorbehalte gegenüber dem Kommunismus fallen lässt. Es sollte auch der Hinweis auf die Gleichsetzung von Nationalsozialismus und Kommunismus beachtet werden und im Urteil darauf eingegangen werden, dass der Ausbruch des Zweiten Weltkriegs klar von deutscher Seite ausgegangen ist und die Verantwortung beim Nationalsozialismus und seiner Ideologie zu suchen ist.

Prüfung 5: Mündlich, Aufgabentyp A (IF 4)

Aufgabenstellung:

1. Analysieren Sie den vorliegenden Text formal und inhaltlich.
2. Ordnen Sie die Rede Bebels in den historischen Zusammenhang ein.
3. Beurteilen Sie Bebels Vorhersagen in Bezug auf die Folgen der Außenpolitik des Deutschen Kaiserreiches.

Materialgrundlage: August Bebel, Rede im Reichstag zur zweiten Marokko-Krise, 9.11.1911 (Auszug)

Hinweis zum Redner: August Bebel (1840–1913), Mitbegründer und Vorsitzender der SPD, seit 1867 Mitglied des Reichstags, Unterbrechung während der Sozialistenverfolgungen (Inhaftierung, Mitglied des sächsischen Landtags)

[...] Dann kam das bekannte Abkommen vom 9. Februar 1909 [zwischen Deutschland und Frankreich zur Verständigung in Marokko], in welchem ausdrücklich erklärt wurde, dass Deutschland nur wirtschaftliche Interessen in Marokko habe, im Gegensatz zu Frankreich, das auch politische Interessen dort zu vertreten habe. [...] Nun wissen wir ja, dass es insbesondere die Rivalität bestimmter Kapitalistencliquen ist, die hauptsächlich den ganzen Streit aufgerührt haben. Wir wollen uns darüber nicht täuschen: Die ganze Kolonialpolitik ist in Wahrheit eine Kapitalistenpolitik. [...] Ich habe zu allen Zeiten hier im Hause den Standpunkt vertreten und insbesondere in den neunziger Jahren [1890er-Jahre], wo noch die Möglichkeit dazu vorlag, zu befürworten, dass wir nichts Klügeres in unserer auswärtigen Politik tun könnten, als uns mit England zu verständigen und England als viertes Glied in den Dreibund aufzunehmen, aus dem Dreibund einen Vierbund zu machen. Mit England im Bund wäre es undenkbar gewesen, dass irgendein Krieg ohne den Willen dieser Mächte ausbrach. Das ist jetzt vorbei. Unsere deutsche Politik ist andere Wege gewandelt, sie ist einer derartigen Verständigung aus dem Wege gegangen, sie hat sie fast unmöglich gemacht. Die Folgen werden in der Zukunft zu Tage treten. [...] Nun, der jetzige Vertrag [über den Austausch von Gebieten als Ergebnis der zweiten Marokko-Krise] wird, da wir leider nicht über ihn zu entscheiden haben, Geltung erlangen. Der neue Besitz wird dem deutschen Kolonialgebiet eingereiht werden. Aber ich fürchte, man wird in Frankreich nicht vergessen, dass ihm mitten im Frieden durch einen Vertrag ein Stück Kolonialland von dieser Größe abgeknöpft worden ist; und die deutschen Chauvinisten[1] werden nicht vergessen, dass ihnen die gehoffte Beute in Marokko entgangen ist. Sie machen England, wie wir gehört haben, dafür verantwortlich. So wird man eben von allen Seiten rüsten und wieder rüsten, man wird rüsten bis zu dem Punkte, dass der eine oder andere Teil eines Tages sagt: lieber ein Ende mit Schrecken als ein Schrecken ohne Ende. [...] Dann kommt die Katastrophe. Alsdann wird in Europa der große Generalmarsch geschlagen, auf den hin 16 bis

18 Millionen Männer, die Männerblüte der verschiedenen Nationen, ausgerüstet mit den besten Mordwerkzeugen, gegeneinander als Feinde ins Feld rücken. Aber nach meiner Überzeugung steht hinter dem großen Generalmarsch der große Kladderadatsch[2]. [...] Sie werden ernten, was Sie gesät haben. Die Götterdämmerung der bürgerlichen Welt ist im Anzuge. Seien Sie sicher: Sie ist im Anzug! Sie stehen heute auf dem Punkte Ihre eigene Staats- und Gesellschaftsordnung zu untergraben, Ihrer eigenen Staats- und Gesellschaftsordnung das Totenglöckchen zu läuten. Was wird die Folge sein? Hinter diesem Kriege steht der Massenbankrott, steht das Massenelend, steht die Massenarbeitslosigkeit, die große Hungersnot. Das wollen Sie bestreiten? [...]

Anmerkungen:
1 **Chauvinist:** Ausdruck für überheblichen, radikalen Nationalisten
2 **Kladderadatsch:** zeitgenössischer Ausdruck für großes Durcheinander, Unordnung, Zusammenbruch

Quelle: Verhandlungen des Reichstages, XII. Legislaturperiode, II. Session, Bd. 268, Stenographische Berichte, S. 7726-7730

Beispiellösung für Prüfung 5

Erster Prüfungsteil: Vortrag (10 Minuten)

Aufgabe 1: Formale und inhaltliche Analyse

Textart/Material: historische Quelle/Überrest, politische Rede (9.11.1909)
Kontext/Anlass/Adressat: außenpolitische. Krisen vor dem Ersten Weltkrieg; Debatte zum Vertragsabschluss zur zweiten Marokko-Krise im Reichstag; Abgeordnete des Reichstags, deutsche Öffentlichkeit
Autor/Redner: August Bebel, SPD-Vorsitzender, führender Oppositionspolitiker des Kaiserreichs, sozialistische Perspektive
Thema und Absicht: Kritik der imperialistischen Außenpolitik der Regierung und des Kaisers:
- kolonialpolitische Krise (hier Marokko-Krise) sei Auseinandersetzung unter Kapitalisten;
- frühzeitige Verständigung mit England hätte außenpolitische Isolierung des Reiches und Kriegsgefahr in Europa verhindert;
- Gewinn des neuen Besitzes (durch Vertrag zur Lösung der Krise) führe zu verstärkter politischer Konfrontation (bes. mit Frankreich und England) und zu weiterem Wettrüsten in Europa;
- imperialistische Politik führe zu Krieg in Europa;
- europäischer Krieg hätte neue, enorme Dimensionen und führe zum Zusammenbruch der herrschenden Staats- und Gesellschaftsordnung, des „Kapitalismus“ (Bürgertum und Industrie zerstörten sich somit durch ihre aggressive Politik ihre eigene Grundlage).

Aufgabe 2: Einordnung

Historischer Zusammenhang: Außenpolitik des Deutschen Kaiserreichs im Kontext des Imperialismus und Nationalismus:

- Deutsche Außenpolitik seit Wilhelm II. (1888/90): Weltmachtstreben, Teilnahme am imperialistischen Wettlauf, Kolonialpolitik als nationale Prestigefrage;
- imperialistische Politik erfordert Aufrüstung (besonders Flottenbau), führt zu Konfrontation besonders mit Frankreich und Großbritannien, Folge: internationale Krisen (z. B. Marokko-Krise);
- Bündnispolitik missachtet Sicherheiten des Bismarckschen Bündnissystems (Beispiele: Entente cordiale, Triple Entente);
- Faktoren führen zum Ausbruch des Ersten Weltkriegs 1914 (Julikrise);
- zweite Phase der Industrialisierung führt zur Massenproduktion auch im Rüstungsbereich.

Aufgabe 3: Beurteilung

Vorhersagen Bebels:

- Kriegsausbruch, Krieg mit ungeheuren Dimensionen, Zusammenbruch der Staats- und Gesellschaftsordnung;
- Vorhersagen erfüllen sich zu großen Teilen;
- Erster Weltkrieg; Aspekte des „modernen Kriegs“:
  - „Heimatfront“ und Massenelend (Versorgungsprobleme);
  - Zusammenbruch alter Ordnungen: Epochenjahr 1917
  - Ende des Kaiserreichs und Revolution 1918/19, Entstehung der Weimarer Republik, SPD in Regierungsverantwortung, Reichspräsident Ebert.

Als einschränkende Faktoren können genannt werden: Ablösung des kapitalistischen Systems nicht vollzogen in der Revolution, gesellschaftlich behalten „alte Eliten“ (Militär / Adel / Großbürgertum) entscheidenden Einfluss.

Info Bewertung

- **Orientierung für eine gute bzw. sehr gute Leistung:**
  Die Erwartungen für die Anforderungsbereiche I und II sowie im Bereich Beurteilung werden detailliert und mit ausführlichen methodischen und inhaltlichen Kenntnissen strukturiert erfüllt.
- **Orientierung für eine ausreichende Leistung:**
  Die Erwartungen für den Anforderungsbereich I werden im Wesentlichen erfüllt und grundlegende Aspekte des Anforderungsbereichs II werden zur historischen Kontextualisierung erbracht.

Zweiter Prüfungsteil

Tipp zum Punktesammeln

Im zweiten Prüfungsteil werden Fragen zu den Inhalten verschiedener IF gestellt. Inhaltliche Grundlage sind hier die verbindlichen Vorgaben für das Zentralabitur, es soll jedoch auch der jeweilige Unterricht berücksichtigt werden (z. B. in Bezug auf die Behandlung von Thesen unterschiedlicher Historiker oder Materialien, auf die zurückgegriffen werden kann.)
Bei der Beantwortung sollen Bezüge zwischen den Inhalten hergestellt werden, sodass ein umfassendes Verständnis historischer Prozesse gezeigt werden kann.

Es folgen mögliche Fragen/Aspekte, die im zweiten Teil der Prüfung in einem Gespräch diskutiert werden könnten, sowie den dazu erwarteten Inhalten.

***Aspekt 1:** Vergleich staatlicher Bedingungen Ende des Ersten Weltkriegs (Versailler Vertrag) mit staatlichen Bedingungen Ende des Zweiten Weltkrieges (Potsdamer Abkommen):*

Aspekte des Vergleichs staatlicher Bedingungen „Versailles“ – „Potsdam“:
- Unterschiede: Staat blieb nach dem Ersten Weltkrieg erhalten, hörte nach dem Zweiten Weltkrieg auf zu existieren; Konsequenz: Besatzung nach bedingungsloser Kapitulation 1945.
- Probleme mit Potsdamer Abkommen: „Doppelcharakter“ - Bestimmungen einerseits = Abschluss einer gemeinsamen Deutschlandpolitik der Siegermächte, aber gleichzeitig = Ausgangspunkt auseinanderstrebender Deutschlandpolitik (Interessenkonflikte), damit Voraussetzungen für völlig gegensätzliche Deutschlandpolitik der vier Siegermächte.
- Folge: Gründung zweier deutscher Staaten, offene deutsche Frage; zwei unterschiedliche staatliche Entwicklungen; Lösung der deutschen Frage erst 1990.
- Beurteilung der Schuld an der deutschen Teilung (Rolle der ideologischen Konfrontation der beiden Blöcke Ost und West).

***Aspekt 2:** Deutsche Nation als Ergebnis der NS-Diktatur und des Zweiten Weltkriegs 1945 nach weniger als 80 Jahren Existenz geteilt; kurze Darstellung des ersten deutschen Nationalstaats (Kaiserreich, seit 1871):*

Darstellung der Reichsgründung:
- Reichsgründung „von oben“, Ergebnis der Einigungskriege Bismarcks, Ausschaltung Österreichs aus Deutschem Bund
- Grundprobleme: Deutsches Reich als Bund der deutschen Fürsten, nicht des Volkes, Konflikt der Liberalen (Prinzipien- vs. Realpolitik);
- Reichsverfassung: monarchisches Prinzip gewahrt, Dominanz Preußens, des Reichskanzlers und des Kaisers; aber auch modernes Reichstagswahlrecht, Weiterentwicklung des Parlamentarismus;
- Historikerdebatte um Fortschrittlichkeit und Rückständigkeit des Deutschen Reichs (z. B. Wehler/Nipperdey).

Folgen für die Politik des Deutschen Reichs:
- Prägende Gestalt: Otto von Bismarck;
- Innenpolitik: konservative Politik gegen sog. Reichsfeinde (Katholische Kirche, Sozialisten, Teile der Liberalen), Sozialgesetzgebung;
- Außenpolitik: Prinzip der „Saturiertheit" des Reiches; Absicherung durch Bündnissystem, zunächst defensive Kolonialpolitik.

Aspekt 3: *Politik des Kaiserreichs führt mit in den Ersten Weltkrieg, Vergleich mit dem Ausbruch des Zweiten Weltkriegs (Außenpolitik des NS-Staates):*
Darstellung der NS-Außenpolitik:
- Krieg als Ziel durch Rüstungspolitik und außenpolitische Schritte (u. a. Revision des Versailler Vertrags, Völkerbund, Wehrpflicht, Gebietserweiterungen – Österreich, Tschechien, Slowakei –, Vier-Jahres-Plan 1936, Hitler-Stalin-Pakt);
- „Doppelgesichtigkeit" Hitlers („Friedensrede" 1933, Abkommen mit Polen und Flottenabkommen mit Großbritannien);
- Politik des Appeasement führt zu Münchner Abkommen (1938).

Darstellung der NS-Ideologie als Faktor:
- ideologische Prägung der Politik,
- Rassismus und Antisemitismus,
- Lebensraum-Politik.

Info **Bewertung**

- **Orientierung für eine gute bzw. sehr gute Leistung:**
  Die Erwartungen für die Anforderungsbereiche I und II sowie im Bereich Beurteilung/Bewertung werden detailliert und mit ausführlichen methodischen und inhaltlichen Kenntnisse strukturiert erfüllt.
- **Orientierung für eine ausreichende Leistung:**
  Die Erwartungen für den Anforderungsbereich I werden im Wesentlichen erfüllt und grundlegende Aspekte des Anforderungsbereichs II werden erbracht.

Prüfung 6: Mündlich, Aufgabentyp B (IF 5)

Aufgabenstellung:

Interpretieren Sie das Material, indem Sie
1. es hinsichtlich der formalen und inhaltlichen Kriterien analysieren,
2. die in Zeile 44 ff. aufgestellte These erläutern,
3. sich kritisch mit der Argumentation von Goldhagen auseinandersetzen.

Materialgrundlage: Daniel Jonah Goldhagen: Hitlers willige Vollstrecker. Ganz gewöhnliche Deutsche und der Holocaust. Berlin, 1996 (Rechtschreibung und Zeichensetzung entsprechen der Vorlage).

Hinweis zum Autor: Daniel Jonah Goldhagen ist ein US-amerikanischer Soziologe und Politikwissenschaftler. Sein Buch „Hitlers willige Vollstrecker“ löste 1996 (erneut) eine öffentliche Debatte um die Ursachen des Holocausts aus. Der Vater von Daniel Jonah Goldhagen, Erich Goldhagen, überlebte den Holocaust.

Daniel Jonah Goldhagen über den „eliminatorischen[1] Antisemitismus“

Daß die Täter den Massenmord billigten und bereitwillig daran teilnahmen, steht fest. Daß ihre Zustimmung im Wesentlichen von dem Bild bestimmt war, das sie von den Juden hatten, kann man ebenfalls mit Gewißheit sagen, denn es läßt sich kein anderer plausibler Grund für ihr Handeln nennen. Wären sie nicht Antisemiten, und zwar Antisemiten einer ganz bestimmten Ausprägung gewesen, dann hätten sie sich nicht an der Vernichtung beteiligt, und Hitlers Feldzug gegen die Juden hätte sich völlig anders entwickelt. Der Antisemitismus der Täter und damit das Motiv, das sie zum Morden trieb, entsprang einzig und allein ihrer Weltanschauung. Diese ist keine zusätzliche, sondern eine unabhängige Variable, die sich ihrerseits auf keinen anderen Faktor zurückführen läßt.

Das jedoch, um es noch einmal ausdrücklich zu sagen, bedeutet nicht, daß sich der Holocaust monokausal erklären ließe. Dafür, daß Hitler und andere ihr Programm des Völkermords entwickeln, daß sie in die Lage kommen konnten, dieses Programm auch in die Tat umzusetzen, daß die notwendigen Voraussetzungen für seine Durchführung gegeben waren und daß es dann tatsächlich durchgeführt wurde, dafür mußten viele, im großen und ganzen bekannte Faktoren zusammenwirken. Dieses Buch hat sich auf einen davon konzentriert, und zwar auf denjenigen, der bislang am wenigsten verstanden worden ist: Untersucht wurde das Motiv, das die deutschen Männer und Frauen, ohne die der Holocaust nicht hätte verübt werden können, dazu trieb, ihren Körper, ihre Seele und ihren Erfindungsgeist diesem Unternehmen zur Verfügung zu stellen. Allein im Hinblick auf das Motiv ist bei den meisten Tätern eine monokausale Erklärung ausreichend.

Die These ist also: Die bösartige Form des deutschen Rassenantisemitismus ist in diesem historischen Fall nicht nur ein zureichender Grund für die Entscheidungen der NS-Führung, sondern er lieferte den Tätern auch die erforderliche Motivation, sich an der Vernichtung der Juden bereitwillig zu beteiligen. Natürlich könnte auch eine Reihe anderer Faktoren – unabhängig von ihrem Antisemitismus oder in Verbindung mit diesem – die Deutschen veranlaßt haben, die Juden zu ermorden. Doch dem war nicht so.

Anmerkung:
1 **eliminatorisch:** von Elimination = Ausschaltung, Beseitigung, Entfernung

Quelle: Daniel Jonah Goldhagen: Hitlers willige Vollstrecker. Ganz gewöhnliche Deutsche und der Holocaust. © 1996 Wolf Jobst Siedler Verlag, München, in der Verlagsgruppe Random House GmbH, Übersetzung: Klaus Kochmann, S. 487 f.

Beispiellösung für Prüfung 6

Erster Prüfungsteil: Vortrag (10 Minuten)

Aufgabe 1: Formale und inhaltliche Analyse

Textart/Material: wissenschaftliche Sekundärliteratur, Auszug aus der Publikation von Daniel Jonah Goldhagen, „Hitlers willige Vollstrecker" von 1996.
Kontext/Anlass/Adressat: Goldhagen reiht sich in die Antisemitismusdebatten ein und geht der Frage nach, warum und wie der Holocaust geschah und wodurch er ermöglicht wurde. Goldhagens Publikation ist seine 1996 veröffentlichte Dissertation, eingereicht an der Harvard University in Cambridge. Sie richtet sich an ein interessiertes Fachpublikum. Das Buch erschien also nach den 50-jährigen Gedenkfeiern zum Ende des Zweiten Weltkrieges.
Autor: Daniel Johan Goldhagen, US-amerikanischer Soziologe und Politikwissenschaftler.
Thema und Absicht: Goldhagen geht der Frage nach, wie der Holocaust geschehen konnte und warum er ausgerechnet in Deutschland stattfand. Goldhagen behauptet, dass der Holocaust nur erklärt werden könne, wenn er systematisch auf die Gesellschaft des „Dritten Reiches" und auf den Antisemitismus als ihren integralen Bestand bezogen werde. Mittelpunkt der Dissertation/des Textauszugs ist die Auseinandersetzung mit dem Holocaust und dem Antisemitismus während der nationalsozialistischen Herrschaft zwischen 1933 und 1945 und der antijüdische Terror (Nürnberger Gesetze 15.9.1935, Reichspogromnacht 9.11.1938, Massenvernichtung ab der Wannseekonferenz 20.1.1942).
Kernthese: Die deutsche Sonderform des Antisemitismus ist die Ursache für die Beteiligung der deutschen Bevölkerung am Holocaust.
Zentrale Bedeutung der „Schuldfrage" in den Ausführungen:
- Behauptung: Weitgehende Billigung des Massenmordes durch die deutsche Bevölkerung; hohe Bereitschaft zur aktiven Beteiligung an der „Rassenverfolgung"; später am Genozid.
- Begründung: Die bösartige Form des deutschen „Rassenantisemitismus" als Motivation für die bereitwillige Teilnahme der Deutschen an der Vernichtung.

Aufgabe 2: Erläutern

„Die bösartige Form des deutschen Rassenantisemitismus […] beteiligen." Z. 44–51
Historische Fakten:
- Vernichtung der Juden: KZ und Massenvernichtungslager (Auschwitz, Birkenau, Treblinka

u.a.m.), systematische Verfolgung und Tötung von Millionen Juden, Misshandlung und Missbrauch von Häftlingen (z.B. für medizinische Zwecke), freiwillige Beteiligung von deutschen Männern und Frauen (Polizeieinsatztruppen, SS, KZ-Aufseher), aktive Beteiligung an Deportation und Selektionen (z.B. Bahnpersonal), Beschluss der systematischen Ausrottung der Juden auf der Wannseekonferenz unter Reinhard Heydrich.
- Phasen nationalsozialistischer Judenverfolgung: 1. Ausgrenzung, Diskriminierung/2. Entrechtung, Enteignung/3. Deportation, Vernichtung.
- Nationalsozialistische Ideologie: Rassismus als These vom ewigen Kampf zwischen höher- und minderwertigen Rassen um Lebensraum; Sozialdarwinismus und nationalsozialistischer Antisemitismus.
- Rassenlehre: Bezeichnung für die pseudo-wissenschaftliche Anwendung der biologischen Unterscheidung von menschlichen Gruppen ähnlicher erblicher Merkmale (z.B. der Hautfarbe) auf das gesellschaftlich-politische Leben.

Erläuterung der These:
- Goldhagen stellt die Täter in den Mittelpunkt seiner Dissertation, und zwar die Täter, die als Mitglieder von Einsatzgruppen, Polizei, Wachpersonal in Lagern usw. direkt an Tötungs- und Vernichtungsaktionen beteiligt waren, und er behauptet, dass ihre Zahl viel größer war als bisher angenommen.
- Goldhagen will zeigen, dass diese Menschen keine fanatischen SS-Kämpfer waren, sondern gewöhnliche Deutsche, Ehemänner und Familienväter – ein repräsentativer Querschnitt der Gesellschaft.
- Goldhagen sagt, dass diese Männer nicht töteten, weil sie dazu gezwungen wurden oder weil sie Angst vor Strafen hatten, sondern sie töteten aus freien Stücken, weil der rassistisch motivierte Antisemitismus zu dieser Zeit tief in der politischen deutschen Kultur und der Gesellschaft verankert war.

Aufgabe 3: Auseinandersetzen

Goldhagen zufolge ist das Motiv für den Holocaust, dass die Deutschen Antisemiten einer ganz bestimmten Ausprägung waren. Wären sie es nicht gewesen, hätten sie sich nicht an der Vernichtung beteiligt und Hitlers Feldzug gegen die Juden hätte sich anders entwickelt. Ohne die Beteiligung der deutschen Bevölkerung hätte die Judenvernichtung nicht verübt werden können.

Zustimmend, z.B.:
- Widerstand war nicht unmöglich. Wer (aus moralischen Gründen) die Ausgrenzung zu Anfang und später die Deportation und Ermordung der Juden nicht mittragen wollte, hätte sich dem entziehen können.
- Die Geschichte schon vor 1933 zeigte Vorgehen (anderer Ausprägung) gegen die Juden, zum Beispiel im Deutschen Kaiserreich.

Ablehnend, z.B.:
- Goldhagen stellt eine Vereinfachung in den Mittelpunkt seiner Ausführungen, die den Glauben erweckt, das Geschehene sei das Ergebnis einer zwingenden Logik.
- Eine Berücksichtigung der nichtjüdischen Opfer wird hier nicht deutlich und ist in Teilen nicht mit Goldhagens Begründung vereinbar.

- Der jahrhundertelange Antisemitismus ist eine notwendige, aber keine hinreichende Voraussetzung für die Judenverfolgung und den Völkermord.
- Weitere Faktoren, wie beispielsweise ökonomische Motive, Autoritätshörigkeit, Gruppendruck, werden vollständig unberücksichtigt gelassen.
- Den gesamtgesellschaftlichen deutschen Antisemitismus als Triebfeder des Holocaust herauszustellen ist vergleichbar mit dem Vorwurf einer Kollektivschuld, die nicht tragbar ist, weil hierbei die Komplexität und Individualisierung innerhalb einer Gesellschaft nicht berücksichtigt wird.

Fazit: Goldhagens These erklärt den Holocaust nicht hinreichend, da weitere Faktoren für die Beteiligung der deutschen Bevölkerung an der nationalsozialistischen Rassenverfolgung maßgeblich sind. Auch wurde nicht auf weitere Elemente des NS-Systems hingewiesen, zum Beispiel die Blut-und-Boden-Ideologie, Propaganda, autoritäre Staatsauffassung etc. Relativierend: Aspekte der oben genannten zustimmenden und ablehnenden Argumentation müssen gegeneinander abgewogen werden.

Zweiter Prüfungsteil

Aspekt 1: Benennen Sie wichtige Stationen zur Gründung eines deutschen Nationalstaates und erklären Sie: „Reichsgründung von oben".
Hier wird keine vollständige chronologische Aufzählung mit der Nennung aller korrekten Jahreszahlen erwartet, sondern eine Kenntnis der relevanten Ereignisse.
Wichtige Stationen in Stichworten: preußischer Verfassungskonflikt, Deutsch-Dänischer Krieg, preußisch-österreichischer Krieg, deutsch-französischer Krieg, Gründung Kaiserreich.

Aspekt 2: Erläutern Sie Bismarcks Aussage, auf die „äußere" Reichsgründung müsse nun die „innere" Reichsgründung folgen.
Wichtiges Ziel: Volk als Träger an der Gründung des Nationalstaates beteiligen.

Aspekt 3: Benennen Sie die Beziehung Europas zum Deutschen Reich, erläutern Sie die Motivation Bismarcks zu seiner umtriebenen Außenpolitik und beurteilen Sie die Bismarck zuteil gewordenen Beinamen wie „Weichensteller", „Dirigent" oder „Taktiker".
Zur Position Bismarcks in Stichworten: zu stark, etwas gegen den Willen des Reiches zu unternehmen, zu schwach für die Vorherrschaft; Sicherung des Deutschen Reiches als oberstes Ziel von Bismarcks Außenpolitik; Bündnispolitik durch Defensivbündnisse; Frieden gewahrt.

Aspekt 4: Benennen Sie einige Bündnisse, die Bismarck schloss und charakterisieren Sie sie.
Bündnisse in Stichworten: Drei-Kaiser-Bündnis, Zweibund, Dreibund, Rückversicherungsvertrag.

Aspekt 5: Erläutern Sie das Verhältnis von Bismarck zu Wilhelm I. sowie auch zu Wilhelm II. und beurteilen Sie die Entlassung Bismarcks.
Bestimmende Gegensätze in Stichworten: Vertrauen/Misstrauen, jung und unerfahren/erfahren, aber verbissen.